KAI SPELLMEIER

Love, You: Ein Buch für dich

© privat

Kai Spellmeier (er/ihm) studierte Literatur und Englisch in Berlin und Edinburgh. Wenn er nicht selbst mit dem Kopf in einem Buch steckt, findet man ihn online, wo er seit 2015 über Literatur bloggt und den queeren Buch-club »Das Pinke Sofa« co-leitet. Er schreibt unverschämt queere Literatur.

Weitere Informationen unter:
Instagram: @kaispellmeier
TikTok: @kaispellmeier

KAI SPELLMEIER

LOVE, YOU

EIN BUCH FÜR DICH

LYX in der Bastei Lübbe AG
Dieser Titel ist auch als E-Book erschienen.

Originalausgabe:
Copyright © 2023 by Kai Spellmeier
Copyright © 2023 by Bastei Lübbe AG, Köln
Bastei Lübbe AG, Schanzenstraße 6–20, 51063 Köln
Dieses Werk wurde vermittelt durch die
Michael Meller Literary Agency GmbH, München.

Textredaktion: Cara Rogaschewski
Umschlaggestaltung: © Jeannine Schmelzer
Layout und Satz: two-up, Düsseldorf
Gesetzt aus der Chaparral
Druck und Verarbeitung: Livonia Print, Riga

Printed in Latvia
ISBN 978-3-7363-1890-8

1   3   5   7   6   4   2

Weitere Informationen unter:
lyx-verlag.de
luebbe.de | lesejury.de

Liebe Leser*innen,

dieses Buch enthält potenziell triggernde Inhalte.

*Eine Aufzählung der Inhalte findet ihr
auf der letzten Seite.*

*Wir wünschen uns für euch alle
das bestmögliche Leseerlebnis.*

Euer Kai und euer LYX-Verlag

Dieses Buch ist für dich.

Es gehört dir.

Du verdienst ein Buch
in deinem Namen.

Mitwirkende

Stimmen aus der Community, die in
diesem Buch zu Wort kommen:

Anna Ruhland

Evelyne Aschwanden

Dominik Djialeu

Chantal-Fleur Sandjon

Gialu

Leni Bolt

Marius Schaefers

Sophie Bichon

Mehr Informationen zu den einzelnen Mitwirkenden
findest du auf Seite 293. Wir bedanken uns herzlich
für die Zusammenarbeit!

PLAYLIST

Wenn du einen passenden Soundtrack für dieses Buch suchst,
kann ich dir folgende queere Artists und Songs empfehlen:

Claire Waldoff – *Hannelore*

Drangsal – *Mädchen sind die schönsten Jungs*

Fasia Jansen – *Verbrannte Erde in Deutschland*

Felix Jaehn, Calum Scott – *Love On Myself*

Kim Petras – *I Don't Want It At All*

JNNRHNDRXX – *MOOD 4 EVA*

LEA, LUNA – *Küsse wie Gift*

Lie Ning – *tonight*

Mavi Phoenix – *Grass And The Sun*

Nura – *On Fleek*

Die komplette Playlist zu »Love, you – Ein Buch für dich« mit
queerer Musik aus dem deutschen Raum findest du auf Spotify.

INHALT

Hey du,

etwas hat dich dazu bewegt, nach diesem Buch zu greifen und es aufzublättern, daher möchte ich dir gleich zu Anfang eine Wahrheit verraten, die felsenfest und unumstößlich ist: Queersein ist wunderschön. Egal, wer du bist und was du bereits über Queerness weißt, ist das eine Botschaft, die ich dir mit auf den Weg geben will. Die Sonne geht im Osten auf, Hunde sind knuffig, und Queersein ist wunderschön. Allesamt Naturgesetze.

Ich kann nur vermuten, warum du dich entschieden hast, einen Blick in dieses Buch zu werfen. Du hast eine Schwäche für hübsche Bücher und konntest nicht widerstehen. Du bist queer und hast Fragen. Du weißt nicht, ob du queer bist und suchst Antworten. Du bist nicht queer, aber jemand in deinem Umfeld ist es, und du möchtest aufgeklärt sein. Du kannst nicht genau sagen, wieso, aber irgendetwas hat dich angesprochen, und du musstest wissen, worum es hier geht. Auf jeden Fall bist du neugierig und möchtest mehr erfahren. Was auch immer davon auf dich zutrifft, hier bist du richtig.

Dies ist ein Buch für dich.

Queerness ist ein bisschen wie ein Spiegel, in dem du eigentlich nur checken willst, dass die Frisur sitzt, nur um im nächsten Moment mit allerhand Fragen über dich selbst und dein Leben überschüttet zu werden. Fragen wie: Wer bin ich? Wer will ich sein? Zu wem fühle ich mich hingezogen? Brauch ich ein Label? Wie erzähle ich meinem Umfeld davon? Muss ich es überhaupt irgendwem erzählen? Und was bedeutet es, queer zu sein?

Das Ding mit existenziellen Fragen ist, dass sie sich gar nicht so einfach beantworten lassen. Wenn's um Identität geht, beginnt das Rätselraten. Deswegen schauen wir uns Queerness und alles, was damit zusammenhängt, gemütlich und vor allem gemeinsam an. Du bist bei weitem nicht die einzige Person, die sich diese und andere Fragen stellt. Es gibt viele von uns, die auf der Suche sind, die zweifeln, die sich verirren.

Tatsächlich ist Queerness ein stark bewanderter Trampelpfad. Viele sind den Pfad vor dir gegangen, haben ihn geebnet und Dornen beseitigt. Sie können dir von ihren Erfahrungen erzählen, während du immer selbstbewusster deinen Schritt findest. Weil Identitätsfragen aber auch echt verzwickt sind, lässt sich selten eine magische Antwort finden, die alle von uns zufriedenstellt. Vielleicht findest du auf diesem Pfad nicht all das, was du dir erhoffst. Das ist okay, denn queere Erfahrungen sind von Person zu Person anders. Daher wirst du hier viele Tipps und Empfehlungen zu Büchern, Serien, Podcasts und Co. finden, die sich auf ihre ganz eigene Weise mit Queerness auseinandersetzen. Wenn du möchtest, kann auch dieses Buch dein Wegweiser sein.

Um etwas Licht ins queere Chaos zu bringen, beschäftigen wir uns auf diesen Seiten mit Sprache, Körpern und Gesundheit, wir sprechen über Sex und Beziehungen, wir tauchen ein in queere Geschichte, werfen einen Blick auf queere Politik und finden queeres Glück. Wir schauen uns all die kleinen und großen Erfahrungen an, die Queersein zu Queersein machen.

Einen hilfreichen Tipp hab ich schon jetzt: Queerness ist keine Quantenphysik. Sie mag dir momentan vielleicht wie ein Rätsel erscheinen, aber in Wahrheit ist Queersein recht simpel. Es ist ein bisschen wie Atmen. Wenn du anfängst, darüber nachzudenken, was ein Mensch alles braucht, um die Lungen mit Sauerstoff zu füllen, eröffnet sich ein unvorstellbar komplexer Prozess: von der

Steuerung im Gehirn über die Atemwege und den Gasaustausch, bis hin zum Kreislauf. Trotzdem atmet dein Körper ganz ohne dein Zutun – weil Atmen eine naturgegebene Selbstverständlichkeit ist. Und Queersein ist das auch.

Was aber, wenn die Luft mal wegbleibt? Wenn du vor lauter Rennen nach Atem ringst, oder die Sorgen so schwer auf der Brust liegen, dass Luftholen zur Anstrengung wird?

Dann soll dir dieses Buch eine Verschnaufpause schenken; einen Platz zum Durchatmen. Wie bei den meisten Lebenserfahrungen kommt es auch beim Queersein zu ungeplanten Hindernissen und so manchem Sturm, der jegliches Vorankommen unmöglich macht; ein Wirbelwind, der dir die Kontrolle entreißt. Das Gute ist, es gibt immer einen Unterschlupf, wo man sich vor der Welt verstecken kann. Dieses Buch ist einer dieser Orte. Ich hoffe, du kannst hier Kraft tanken und Mut finden.

Eine letzte Sache noch, dann kann's losgehen: Ich kenne kaum einen Menschen, der in den Spiegel blickt und genau weiß, was er dort sieht. Fragen gehören zum Menschsein genauso wie Zweifel, und mit Queersein verhält es sich nicht anders. Aber das hält uns nicht vom Mensch- und erst recht nicht vom Queersein ab. So ein Weg ist selten grade; Irr- und Umwege gehören dazu. Sie ändern vielleicht, wohin du gehst, aber nicht, wer du bist.

Sei stolz und denk dran: Queersein ist wunderschön.

Love,
Kai

SPRACHE

Sprache ist mächtig. Sie kann als Waffe genutzt werden und Wahrheiten vertuschen, Grenzen ziehen und Angst schüren. Ich erzähle dir hier nichts Neues; wahrscheinlich weißt du genau wie ich, wie sehr Drohungen, Beleidigungen oder Lügen wehtun.

Aber Sprache kann auch Wunden heilen, Mauern niederreißen und Menschen vereinen. Sie zeigt uns, wer wir sind, wozu wir fähig sind und wie wir zu anderen Menschen stehen.

Wer hat nicht schon mal einer anderen Person gelauscht und dabei die Welt aus ihrem Blickwinkel betrachtet? Hey, genau in diesem Moment liest du die Worte eines queeren Menschen, der versucht, die Welt ein klein bisschen queerfreundlicher zu machen.

Sprache ist kein striktes, solides Konstrukt, dem wir uns fügen müssen – sie passt sich uns und unserer Realität an. Wir schaffen neue Wörter, wenn alte nicht ausreichen, um neue Phänomene und bisher undefinierte Erfahrungen zu beschreiben. Wir geben existierenden Wörtern neue Definitionen, damit sie unserer Zeit gerecht werden. Andere streichen wir aus unserem Wortschatz, weil wir sie für unpassend erklären oder schlicht vergessen. Außerdem ist Sprache nicht auf Tinte, Töne und Tastaturen begrenzt. Unsere Körper sprechen, egal ob wir einen Laut von uns geben oder nicht. **Allein dadurch, dass wir existieren, teilen wir uns immer anderen Menschen mit.**

Menschen und Sprache haben eins gemeinsam – sie entwickeln sich stets weiter; sie sind fluide. Sie wachsen, verändern und erweitern sich. Es gibt Regelwerke und Versuche, Sprache zu konservieren. Aber Wörter kommen in und aus der Mode so wie der Vokuhila, Bubble Tea oder Vampire, egal wie verzweifelt wir uns dagegen wehren.

Ein Mensch kann nicht mit einem einzigen Wort beschrieben werden. Wir sind zu kompliziert und gegensätzlich, als dass man uns einen Stempel aufdrücken und glauben könnte, man wüsste genau, wer wir sind. Oft wissen wir das schließlich selbst nicht – **und das ist vollkommen okay.**

Trotzdem kann Sprache uns bei dem Prozess helfen, uns selbst zu finden. Dieser wird ein Leben lang andauern, denn – man erinnere sich – wir sind fluide. Klingt anstrengend, sich ständig fragen zu müssen, wer man eigentlich ist. Aber ganz im Gegenteil: In uns stecken unentdeckte Tiefen, unendliche Welten. Diese zu erforschen heißt, sich selbst kennenzulernen. Und wenn man mal genug vom Forschen hat, tun es auch Netflix und ein Nickerchen.

Gleichzeitig ist es extrem wichtig, anderen Menschen nicht abzusprechen, wie sie sich selbst definieren. Es steht keiner Person zu, einer anderen ihre Erfahrungen, ihre Gefühle oder ihre Identität abzusprechen. Das ist der Unterschied zwischen Fremd- und Selbstbezeichnungen. Wenn dir ein Stempel aufgedrückt wird, kann er sich beengend und falsch anfühlen. Wenn du die Sprache, die zu dir und deinem Empfinden am besten passt, aber selbst wählen kannst, ist das ein verdammt gutes Gefühl.

Was auf den nächsten Seiten folgt, sind ein paar Worte und Definitionen, die dir helfen können, dich selbst oder auch deine Mitmenschen zu verstehen. Probiere sie an, teste sie aus, und wenn der Schuh nicht sitzt, mach dir keinen Stress. Wörter gibt es viele, Schuhe auch. Irgendwo wird sich einer finden, der passt. Und falls nicht, nun, manchmal läuft es sich am besten barfuß.

Allem voran aber noch ein kleiner Hinweis: Dieses Buch wurde zu einem bestimmten Zeitpunkt geschrieben und veröffentlicht. Damit ist es fest in einer Zeit verankert. Es kann also sein, dass sich das Verständnis für manche Begriffe und Schreibweisen in Zukunft verändert – zumal es auch jetzt schon für viele Begriffe ganz unterschiedliche Definitionen gibt. Dieses Buch ist kein Regelwerk, sondern mehr ein **Wegweiser**, um dich so zu definieren, wie es sich für dich richtig anfühlt. Du kannst es als Sprungbrett in eine queere Welt nutzen. Eine perfekte Landung ist dabei nicht garantiert. Zwar sammeln wir hier ein paar Hilfestellungen, aber es braucht eben Zeit und Übung, bis man weiß, was sich richtig anfühlt.

Bevor es ans Eingemachte geht, will ich ein paar Wörter anreißen, die wie Konfetti in diesem Buch verstreut und somit nur schwer zu ignorieren sind:

Geschlecht und Gender sind zwei große Wörter, die kaum wegzudenken sind, wenn es um Queersein – und generell ums Menschsein – geht.

Geschlecht – englisch: *sex* – ist die wissenschaftliche Kategorie, in die jegliche Lebewesen auf dieser Welt anhand ihrer körperlichen Merkmale eingeordnet werden. Diese Kategorien sind bei Menschen – laut der World Health Organisation und deutschen Geburtsurkunden – »männlich«, »weiblich«, »intersex« und »divers«. Allerdings ist Geschlecht in den Köpfen vieler Menschen ausschließlich binär, also nur weiblich oder männlich.

Gender ist das soziale Geschlecht eines Menschen. Es beschreibt die Rolle, die ein Mensch aufgrund der Kombination von körperlichen Eigenschaften und sozialem Geschlecht in der Gesellschaft annimmt. Gender bzw. die eigene Genderidentität ergibt sich aus Fragen wie: Wie definiere ich mich? Wie fühle und sehe ich mich? Wie verhalte und präsentiere ich mich? Welche Erfahrungen mache ich aufgrund meines Genders? Werde ich wegen meines Genders benachteiligt oder diskriminiert? Gender ist fluide, grenzenlos und kann männlich, weiblich, inter*, aber auch nonbinär, agender, trans und viele andere Dinge sein.

Trans heißt, dass der ursprüngliche Stempel falsch ist: Man kann sich nicht mit dem Geschlecht identifizieren, das man bei Geburt zugeschrieben bekommen hat.

Cis heißt, der Stempel sitzt und kann bleiben. **Cishet** beschreibt Menschen, bei denen der Geburtsstempel passt *und* die sich dazu als heterosexuell begreifen.

Wenn wir von Kategorien, Rollen, Labeln und Stempeln sprechen, dann sind das alles Versuche, uns selbst oder andere zu definieren. Das ist eine teils hilfreiche, teils nervige Angewohnheit, die wir Menschen an den Tag legen. Einerseits hilft sie uns, die Welt, in der wir leben, zu verstehen, aber dabei vergessen wir auch schnell, dass sich nicht alles so leicht einordnen lässt.

Ein **Stempel** drückt für mich einem komplizierten Konzept eine leicht verständliche Definition auf – nur gilt es dabei, nicht zu vergessen, dass Nuancen verloren gehen und dass Identität und Sprache unfassbar komplex sind. Ich selbst definiere mich als gay, schwul, homosexuell und queer, allerdings verwende ich diese Worte sehr unterschiedlich, obwohl sie ähnliche Erfahrungen benennen. Je nachdem, in welchem Land ich bin, ob ich mit Freund*innen, meiner Ärztin oder meiner Mutter spreche, ändert sich meine Wortwahl und somit auch die Bedeutung.

Und da wir schon beim Thema Nuancen sind: Vielleicht hat sich die ein oder andere Person schon gefragt, warum ich ständig mit dem **Asterisk (oder Sternchen)** um mich schmeiße. Das ist eine weitere Strategie, in der sehr binären deutschen Sprache Raum für nichtbinäre Erfahrungen zu schaffen, da es sein kann, dass sich eine Person weder von der männlichen noch der weiblichen Wortform angesprochen fühlt. Es gibt einige Alternativen zum Gendersternchen wie den Doppelpunkt (Leser:innen) oder den Unterstrich (Leser_innen). Da der Asterisk zu der Zeit, während ich hier fröhlich in die Tasten haue, die gängigste und inklusivste Methode ist, wirst du ihm als Leser*in in diesem Buch noch öfter begegnen. Zusätzlich weist das Gendern von Begriffen wie »Arzt« und »Freund« darauf hin, dass die deutsche Sprache voreingenommen ist und sich immer auf den Mann bezieht, wobei Frauen und andere Identitäten unsichtbar gemacht werden. Bis vor Kurzem war die konsequente Verwendung des generischen Maskulinums völlig normal, bis sie 2021 selbst im Duden gestrichen wurde. Wenn also durch kleine Änderungen meiner Ausdrucksweise weniger Menschen verletzt oder ausgeschlossen werden, sehe ich keinen Grund, an alten Mustern festzuhalten.

Akronyme wie **LGBTQIA+** benennen ganz deutlich die verschiedenen Communitys in einem präzisen Wort. Die einzelnen Buchstaben stehen hierbei für:

L: Lesbian
G: Gay
B: Bisexual
T: Trans
Q: Queer oder Questioning
I: Inter*
A: A-Spektrum

Allerdings entstehen auch hier Lücken. LGBT beschreibt nur vier queere Gruppen, LGBTQ+ ist da schon inklusiver. Aber wenn wir schon einen Extraschritt machen, wieso dann nicht gleich ein I und ein A dranstecken oder direkt LGBTQQIAAP2S+ benutzen? Wem jetzt der Kopf schwirrt, der wird sich darüber freuen, dass es zu den eingedeutschten Versionen auch deutsche Originale gibt, wie zum Beispiel LSBTIQ*. Eben weil die Auswahl so groß ist und weil ich niemanden ausschließen möchte, verwende ich in diesem Buch meistens **queer**. Natürlich gibt es aber auch Menschen, die Teil der LGBTQIA+-Community sind und die mit dem Begriff *queer* nichts anfangen können. Wir kommen gleich dazu, was es genau mit diesem Wort auf sich hat.

Auf der anderen Seite können sehr spezifische Akronyme sehr hilfreich sein, wenn man von Menschen spricht, die über ihre Queerness hinaus bestimmte Erfahrungen teilen: **QBIPOC** steht für queere Menschen, die außerdem aufgrund von ethnischen Zuschreibungen Diskriminierung in Form von Rassismus erfahren.

Q: Queer
B: Black
I: Indigenous
POC: People of Color

FLINTA* beschreibt Menschengruppen, die besonders negativ vom Patriarchat – also einer Gesellschaft, in der Männer die Regeln schreiben – betroffen sind und dadurch Benachteiligung und Diskriminierung erfahren.

F: Frauen
L: Lesben
I: Inter* Personen
N: Nonbinäre Personen
T: Trans Personen
A: Agender Personen

Eine weitere hilfreiche Abkürzung ist TIN – diese bezeichnet Menschen mit Gender- und Geschlechtsvariationen im Gegensatz zu binären endo-cis-geschlechtlichen Menschen.

T: Trans
I: Inter*
N: Nonbinär

QUEER

Queer ist eins meiner absoluten Lieblingswörter. Es ist ein Familienname, den ich mit Stolz trage, ein funkelndes Diadem, mit dem ich mich schmücke, eine Rüstung, mit der ich Schmerz verhindere, und ein Pflaster, wenn es doch mal wehtut.

Queer ist ein Sammelbegriff, der alle Menschen der LGBTQIA+-Community unter sich vereint. Das Wort stammt aus dem Englischen und wurde früher – und teils auch heute noch – als Beschimpfung für Menschen benutzt, die aufgrund ihrer Sexualität oder ihrer Genderidentität als »anders« herausstachen. Mittlerweile hat die queere Community diesen Begriff positiv besetzt, denn: Einen queeren Menschen für seine Queerness zu beschämen ist, als würde man Donner dafür beschimpfen, dass er grollt. Queerness – ebenso wie Donnergrollen – ist ein natürliches Vorkommnis, das keinerlei Scham verdient. Trotzdem gibt es Menschen, die sich nicht als queer bezeichnen, eben weil der Begriff schmerzt oder weil sie andere Bezeichnungen bevorzugen.

Queer zu sein gibt mir sowohl die Freiheit, meine Wahrheit zu leben, als auch das Gefühl, ein kleiner Teil von etwas ganz Großem zu sein. Ein Mensch von Millionen auf der Welt, die so fühlen wie ich. Daher bedeutet queer sein für mich zuletzt auch Verantwortung. Ich möchte Solidarität mit all diesen Menschen beweisen und darüber hinaus mit denen, die aufgrund ähnlicher Erfahrungen ebenfalls Ausgrenzung und Diskriminierung erleben.

Queer fühlt sich für dich vielleicht fremd oder einschüchternd an? **Das ist okay.** Ein Diadem, Millionen von Menschen, Verantwortung? Da fühlt man sich schnell erschlagen.

Alles, was du wissen musst: Wenn du bereit bist, sind queere Menschen da, um dich willkommen zu heißen. Und wie du queer – oder andere Wörter in diesem Kapitel – für dich definierst, ist dir selbst überlassen.

Podcasts, die sich mit queerem Leben und queerer Identität auseinandersetzen:

BBQ – der BlackBrownQueere Podcast

BI YOUR SIDE – dein Bi+ Podcast

Cistemkritik

Das Pinke Sofa

InSpektren – Der Podcast aus der deutschsprachigen A*Spec-Community

Queer Story

Rampe? Reicht!

RESPEKT – der LSVD Podcast

Willkommen im Club

Wir sind hier! – Queer in Europa

QUESTIONING

Wer sich nicht sicher ist, mit welchem Stempel man sich am wohlsten fühlt, aber denkt, dass er*sie nicht hetero oder cis ist, kann während der Findungsphase den Begriff *questioning* verwenden, was so viel heißt wie »fragend« oder »forschend«. Der Begriff hat kein Ablaufdatum und kann in jedem Alter und für einen beliebigen Zeitraum genutzt werden. Questioning ist ein superhilfreiches Label, denn es gibt uns die Möglichkeit, zu sagen: »Hey, ich hab keine Ahnung, was Sache ist, nur, dass irgendwas Sache ist.« Das gibt uns die nötige Zeit, unsere Identität zu erforschen, ohne uns voreilig festlegen zu müssen.

HOMOSEXUALITÄT: SCHWUL & LESBISCH

Hier haben wir es wohl mit den bekanntesten Begriffen zu tun, die schon seit Jahrzehnten in der breiten Masse etabliert sind. Die meisten Menschen haben eine klare Vorstellung von diesen Worten – und hoffentlich gilt das in Zukunft auch für momentan noch weniger sichtbare Identitäten.

Traditionell sind schwule Personen Männer, die auf Männer stehen. Lesbisch sind Frauen, die auf Frauen stehen. Bei beiden ist diese Attraktion mehr oder weniger ausschließlich auf das gleiche Gender bezogen. So zumindest die herkömmliche Definition.

Aber je mehr wir über Identität und Begehren lernen, umso weiter wird auch der queere Horizont. Schwule Personen müssen nicht strikt Männer sein, selbst wenn das auf die Mehrheit zutrifft.

Schwul bezieht alle ein, die sich mit diesem Begriff identifizieren, inklusive trans und nonbinäre Menschen, die sich nicht (ausschließlich) als Männer verstehen. Bei Lesben und lesbischen Personen ist das nicht anders. Sie werden durch ihre Liebe zu Frauen vereint, nicht durch ihre Geschlechtsidentität. Frauenliebende FLINTA* bilden eine Community – die lesbische Community. Aber dazu gleich noch mehr.

Der Begriff homosexuell lässt uns direkt an Liebe und Sex denken. Menschen sind aber mehr als die Personen, die sie begehren. Homosexuelle Identität ist deswegen nicht nur eine Aussage darüber, wen wir lieben, sondern auch, welcher Kultur wir angehören und in welchen Communitys wir uns aufhalten. Homosexualität ist eine Lebensweise, unabhängig von unseren Partner*innen.

Wenn eine Person keinen Sex oder keine*n Partner*in hat, macht sie das nicht weniger homosexuell. Das gilt auch für die anderen Label in diesem Kapitel.

Auch wen wir begehren, ist nicht in Stein gemeißelt. Ich bin schwul, aber hey, wer sagt, dass ich mich in meinem Leben nicht irgendwann zu einer Person hingezogen fühle, die kein Mann ist?

Das ist kein Freifahrtschein, um zu behaupten, man werde nicht schwul oder lesbisch geboren. Homosexualität ist kein Trend und keine Laune. Wir sind von Geburt an, wer wir sind. Aber manchmal entdecken wir eben neue Seiten an uns, die sich uns vorher nicht eröffnet haben. Und wie gesagt: Falls der Schuh nicht mehr sitzt, wisst ihr ja jetzt, was zu tun ist.

BI+-SEXUALITÄT

Auch hier gibt es einen Sammelbegriff, der Menschen, die sich zu mehr als nur einem Gender hingezogen fühlen: Bi+.

Bisexualität ist die Attraktion zu zwei oder mehr Gendern. Eine Person fühlt sich beispielsweise sowohl zu Männern als auch zu Frauen oder zu Frauen und nonbinären Personen hingezogen.

Neben Bisexualität gibt es noch viele andere Orientierungen, die unter den Stempel »Bi+« fallen können. Manche davon ähneln sich stark und haben nur sehr feine Unterschiede. Wichtig ist, dass die Person, die ihr Label wählt, sich damit wohl fühlt.

Pansexualität und Omnisexualität beschreiben beide eine romantische und/oder körperliche Attraktion zu allen Gendern und werden oft als Synonyme genutzt.

Der feine Unterschied besteht darin, dass bei Pansexualität das Gender der Person nicht ins Gewicht fällt. Ob Frau, Mann, nonbinär, genderfluid oder anderes, was zählt, ist der Mensch an sich, das Gender ist schnuppe. Daher bezeichnen sich viele pansexuelle Menschen auch als geschlechterblind.

Bei **Omnisexualität** wird das Gender wahrgenommen und hat eine Bedeutung. Attraktion besteht also mitunter *aufgrund* des Genders, und es kann zu einer Präferenz kommen, ohne dabei irgendwen anhand von körperlichen Merkmalen oder der Genderidentität auszuschließen.

STIMMEN AUS DER COMMUNITY

Was bedeutet Bisexualität für dich?

ANNA: Die Möglichkeit, Anziehung zu empfinden und Beziehungen einzugehen, ganz unabhängig vom Geschlecht. Für mich ist es ein Geschenk, das meinen Horizont erweitert und mir gezeigt hat, dass alles im Leben fluide ist und man es so gestalten kann, wie es für einen selbst am besten ist.

Multisexualität und **Polysexualität** beschreiben die Attraktion zu vielen, aber nicht allen Gendern.

Das Gender der Person ist meistens schnuppe, aber nicht immer. Bei manchen bleibt die Attraktion aus. Multisexualität wird auch als Überbegriff benutzt, also als Synonym für Bi+-Sexualität.

Was Bi+-Sexualität *nicht* ist: Verwirrung, Entscheidungsunfähigkeit, Unersättlichkeit. Niemand entscheidet, zu welchem Gender man sich hingezogen fühlt. Und Attraktion zu mehr als einem Gender sagt rein gar nichts darüber aus, wie treu oder untreu eine Person ist.

Was leider auch zu oft passiert, ist, dass bi+ Menschen nach dem Gender ihrer Beziehungsperson beurteilt und dadurch unsichtbar gemacht werden. Ein pansexueller Mann, der mit einer Frau zusammen ist, ist nicht plötzlich hetero. Selbst wenn er ein Leben lang nur Frauen datet, bleibt er pansexuell. Bi+ Personen schulden niemandem einen Beweis, dass sie auf mehrere Gender stehen. Ein weiterer Grund, warum wir lernen sollten, keine vorschnellen Schlüsse zu ziehen. Das ist nicht nur sehr verletzend, man macht sich auch selbst zum Esel.

> ### STIMMEN AUS DER COMMUNITY
>
> **Was bedeutet Pansexualität für dich?**
>
> **SOPHIE:** Pansexualität bedeutet für mich Freiheit und Ankommen nach einer langen queeren Reise. Zu wissen, wer ich bin und wen ich begehre. Die Bedeutungslosigkeit von Geschlecht und der Wert von Ausstrahlung und Energie. Pansexualität bedeutet für mich, dass ich die Seele eines Menschen liebe.

ASEXUALITÄT

Asexuelle – kurz: ace – Personen verspüren keine sexuelle Attraktion. Sex spielt somit gar keine oder eine untergeordnete Rolle in ihrem Leben oder ihren Beziehungen. Das heißt nicht, dass asexuelle Menschen nie Sex haben oder ihn nicht genießen können. Auch asexuelle Personen verspüren Lust, befriedigen sich selbst oder können Sexualpartner*innen haben. Asexualität beschreibt vielmehr die ausbleibende Attraktion zu anderen Menschen.

Hier können wir von einem Spektrum sprechen, bei dem Asexualität ein Sammelbegriff für verschiedenste Erfahrungen ist. Es gibt asexuelle Menschen, die Sex abstoßend finden und nie erfahren möchten, es gibt **allosexuelle** Menschen, die gerne Sex haben, und Menschen, die sich irgendwo dazwischen befinden, also selten oder sporadisch sexuelle Gefühle verspüren. Sie bezeichnen sich auch als **graysexual**, denn sie befinden sich in der Grauzone zwischen Attraktion und dem Ausbleiben davon.

Eine Form von Asexualität ist **Demisexualität**. Sie ist das Ausbleiben körperlicher Anziehung, bis sich eine tiefere emotionale Verbindung entwickelt – nicht zu verwechseln mit Menschen, die körperliche Attraktion verspüren und sich bewusst entscheiden, keinen Sex zu haben, bis sie ihre*n Partner*in besser kennen.

STIMMEN AUS DER COMMUNITY

Was bedeutet Asexualität für dich?

EVELYNE: Definiert wird es als keine bis wenig sexuelle Anziehung oder als fehlendes Verlangen nach sexuellen Handlungen. Ich persönlich mag diese Definition nicht so, weil sie impliziert, dass uns was fehlt. Dem ist aber natürlich nicht so. Asexualität hat erstmal nichts damit zu tun, ob man ein erfülltes Leben führen kann oder nicht.

AROMANTIK

Wenn jemand davon spricht, sich verliebt zu haben, beziehungsweise einen Crush hat, gehen wir meistens davon aus, dass diese Person starke romantische Gefühle für eine andere Person entwickelt hat und außerdem nicht die Hände von besagter Person lassen möchte. Hier sprechen wir von zwei verschiedenen Arten der Anziehung: emotional und körperlich. Diese stehen, wie beispielsweise bei Demisexualität, in Verbindung miteinander und beeinflussen sich oft, aber nicht immer.

Grob gesagt verspüren aromantische – kurz: **aro** – Personen keine romantischen Gefühle für andere. Das ist aber kein Grund für Scham oder Mitleid. Doch diese Gefühle kommen schnell auf, denn wir leben in einer Gesellschaft, die romantische Liebe als höchstes aller Dinge vermittelt.

Nur: Manche Menschen verlieben sich und manche eben nicht.

Wir müssen nicht jeder halbgaren Romcom glauben, die uns Heirat und Kinder und Happily-Ever-Afters verklickern will. Wir sind uns bewusst, dass uns da eine Lüge verkauft wird, denn das Leben hat mehr zu bieten als einen Traumprinzen mit unnatürlich weißen Zähnen und gutem Haar (auch wenn ich besagten Traumprinzen nicht von der Bettkante schubsen würde, vor allem, wenn das Schloss inklusive ist). Dass es neben romantischen Beziehungen auch Beziehungsformen gibt, die genauso erfüllend sind – angefangen bei Freundschaften –, ist hier erwähnenswert, aber dazu später noch mehr.

Aromantik und Alloromantik befinden sich auf einem Spektrum unendlich vieler Möglichkeiten.

Es ist nicht so, dass Menschen entweder gar keine oder nur die volle Ladung an romantischen Gefühlen verspüren. Dafür sind wir viel zu komplex und unterschiedlich.

Übrigens gibt es ein Wort für das Gefühl, wenn man sich zu einer anderen Person hingezogen fühlt, ohne sexuelles oder romantisches Interesse an ihr zu haben. Ein **Squish** – ähnlich wie der romantische Crush – beschreibt den Wunsch, Zeit mit einem Menschen zu verbringen und ihm näherzukommen, wobei die Anziehung eher auf freundschaftlicher Basis besteht.

Was wir an der Unterscheidung zwischen Asexualität und Aromantik lernen können, ist, dass sexuelle und romantische Attraktion verschiedene Erfahrungen sind, die jeweils ein Spektrum von Intensität haben und sich teilweise beeinflussen.

Wenn du ein Mann bist, der sich in Männer verliebt, aber kein Bedürfnis nach Sex verspürst, macht dich das nicht weniger schwul, du bist schlicht auf dem asexuellen Spektrum.

STIMMEN AUS DER COMMUNITY

Was bedeutet Aromantik für dich?

EVELYNE: Oft höre ich, dass es Menschen viel schwerer fällt, die Existenz von Aromantik zu akzeptieren als die Existenz von Asexualität. Ich glaube, das liegt daran, dass Romantik bzw. die Fähigkeit, sich zu verlieben, für viele Menschen enorm eng mit ihrem Menschsein verbunden ist. Wenn jemand diese Gefühle eben nicht spürt, erschüttert das teilweise ganze Weltbilder. Für mich persönlich ist Aromantik eine einzigartige Sichtweise auf das Leben und die Welt. Ich setze ganz andere Schwerpunkte, wenn es darum geht, Beziehungen mit Menschen zu führen – weil bei mir eben die romantische Komponente komplett wegfällt. Und ich bin gezwungen, mir einen ganz eigenen Lebensentwurf zu schaffen, der nicht den klassischen gesellschaftlichen Vorstellungen (Partner*in, Heirat, Kind) entspricht. Das kann teilweise herausfordernd und schmerzhaft sein, aber auch bereichernd und erfüllend.

POLYAMORIE

Wenn wir schon dabei sind, das Ideal vom Traumprinzen in seinem Schloss auseinanderzunehmen, können wir auch gleich bei der Vorstellung weitermachen, dass eine Liebesbeziehung immer aus zwei Personen bestehen muss. Du hast bestimmt schon mal von dem Begriff **Monogamie** gehört (die sexuelle und emotionale Treue zu ausschließlich einer anderen Person), und klar, die Idee von dem *einen* richtigen Menschen ist ganz süß – aber dass wir in unserem Herzen nur Platz für genau eine etwa durchschnittlich große Person haben, scheint doch etwas unwahrscheinlich.

Polyamoröse – kurz: **poly** – Menschen verspüren romantische und/oder sexuelle Gefühle für mehrere Menschen gleichzeitig. Sie begrenzen ihre Beziehungen nicht zwingend auf eine weitere Person; sie genießen die Nähe zu zwei oder mehreren Personen. Dabei sind alle Beteiligten mit der Situation einverstanden.

Was nicht heißt, dass jede Person in der Konstellation poly sein muss. Eine monoamoröse Frau kann problemlos mit einer polyamorösen Frau zusammen sein. Während die erste Frau nur eine Partnerin bevorzugt, kann die zweite Frau noch andere romantische oder sexuelle Beziehungen eingehen, an denen die erste Frau nicht beteiligt ist. Alles, was es braucht, ist offene Kommunikation, und die sollte so oder so in jeder Beziehung stattfinden. Mehr dazu im Kapitel über *Beziehungen*.

Wer poly ist, muss nicht unbedingt mehrere Leute auf einmal daten. Poly bleibt poly, ob man single ist, ob man eine oder eben mehrere Beziehungspersonen hat. Es ist schlicht die Möglichkeit gegeben, parallel für mehrere Menschen romantische oder sexuelle Gefühle zu entwickeln. Und auch hier noch mal der Hinweis, dass Polyamorie, ebenso wie Bi+-Sexualität, nichts über den Charakter einer Person aussagt. Klischees darüber, dass poly Menschen nicht genug bekommen können und zur Untreue neigen, sind fies, falsch und gehören in die Tonne.

Was bedeutet Polyamorie für dich?

SOPHIE: Polyamorie bedeutet für mich, endlich zu begreifen, dass Liebe unendlich und keine begrenzte Ressource ist. Ich habe mich immer schon in mehrere Menschen gleichzeitig verliebt, und Polyamorie erlaubt mir, diesen Personen meine Liebe auch offen schenken zu dürfen. Polyamorie bedeutet für mich Freisein. Es bedeutet, dass es in Ordnung ist, so verdammt viel Liebe in sich zu tragen. Und ja, manchmal zählen dazu auch lange und anstrengende Gespräche, verdammt viel Kommunikation und Unverständnis. Aber das ist es wirklich immer wert.

Bisher haben wir uns darauf konzentriert, ob und wie wir uns verlieben und welche Gefühle dabei eine Rolle spielen. Jetzt kommen wir auf Körper und Identität unabhängig von Attraktion und Liebe zu sprechen. Es geht um das T&I in LGBTQIA+.

GENDERIDENTITÄT

Man kennt's: Ein Kind wird geboren, und jemand entscheidet anhand gewisser körperlicher Merkmale – Chromosomen, Genitalien, etc. –, ob das Kind als »Junge« oder »Mädchen« eingeordnet wird. Das Kind selbst wird dabei nicht gefragt – wie auch? Eine ganz andere, meist fremde Person entscheidet darüber, welchen Identitätsstempel so ein frischgebackener Mensch aufgedrückt bekommt. Zugegeben, oft liegen Ärzte*Ärztinnen mit ihrer Einschätzung ganz richtig. Viele von uns spazieren bis ans Ende unseres Lebens, ohne dass sie jemals das Gefühl bekommen, dass an dieser Zuordnung bei der Geburt etwas schiefgelaufen sein könnte.

Aber was, wenn bei dieser Zuordnung etwas schiefgeht und das festgestellte Geschlecht später nicht mit der eigenen Wahrnehmung übereinstimmt?

Was, wenn der Stempel einfach nicht passt?

ANMERKUNG

Wenn ich in diesem Buch von Menschen spreche, die nicht queer sind, benutze ich meistens cishet oder auch endoallocishet. In beiden Fällen sind Menschen gemeint, die sich nicht als queer begreifen, da sie endogeschlechtlich, allosexuell, cis und heterosexuell sind. EndoAlloCisHet Menschen sind nicht »normal«, schließlich wären queere Menschen dann »anders« oder schlimmer noch: »abnormal«. Es fühlt sich vielleicht erstmal ungewohnt an, cishet Menschen als solche zu benennen, aber diese Handlung rückt ein Ungleichgewicht gerade: queeren Menschen werden seit Ewigkeiten allerhand Bezeichnungen aufgedrückt (und die meisten davon sind wenig schmeichelhaft), während endoallocishet Menschen gemütlich ohne Beschreibungen durch die Weltgeschichte spazieren. Allerdings ist die Menschheit eine Gesellschaft, in der wir trotz unserer Unterschiede gleichwertig sind, daher sollten wir auch dementsprechend behandelt werden. Sprache ist Macht, nicht wahr?

INTERGESCHLECHTLICHKEIT

Intergeschlechtliche Menschen werden mit Geschlechtsmerkmalen geboren, die als weiblich *und* männlich betrachtet werden. Sie besitzen körperliche Eigenschaften aus beiden Kategorien.

Endogeschlechtliche Menschen werden mit Geschlechtsmerkmalen geboren, die als weiblich *oder* männlich eingestuft werden.

Während endo Menschen anhand ihrer körperlichen Merkmale in eine der Kategorien Mann oder Frau gesteckt werden, reichen diese Kategorien nicht für inter* Menschen. Sie haben eine Variation von Genitalien, Keimdrüsen, Hormonen oder Chromosomen. Das kann so aussehen, dass jemand XXY-, X0- oder Mosaikchromosomen hat. Vielleicht besitzt der Mensch gleichzeitig innenliegende Hoden und Eierstöcke oder einen Penis und eine Vulva. Vielleicht produziert eine Frau übermäßig viel Testosteron, wodurch der Körperbau oder die Körperbehaarung beeinflusst wird. Weltweit wird die Anzahl von inter* Personen auf ein bis zwei Prozent geschätzt, was in etwa der Nummer rothaariger Menschen gleicht.

Auf der Geburtsurkunde können inter* Kinder in Deutschland als »männlich« oder »weiblich«, aber eben auch als »divers« oder ganz ohne Geschlechtsangabe eingetragen werden. Dieser Eintrag kann auch nachträglich noch geändert werden. Gesetzlich wird aber vorausgesetzt, dass ein*e Mediziner*in eine Variation der Geschlechtsentwicklung festgestellt hat.

Oft werden inter* Kinder bereits kurz nach ihrer Geburt oder während ihrer Kindheit zu Operationen und Hormonbehandlungen gezwungen, weil weiterhin die Vorstellung besteht, dass sonst das Wohl des Kindes gefährdet ist. Solche Eingriffe, die vermeintlich helfen sollen, hinterlassen oft bleibende körperliche und psychologische Schäden. Es gibt keinen Grund, putzmuntere Kinder zu operieren oder Hormontherapien zu unterziehen. Dieses Fehldenken ist auf dem Mist eines Mannes namens John Money gewachsen, der in den Sechzigerjahren die sogenannte *Optimal Gender Policy* entwarf. Derzufolge sollten inter* Kinder so früh wie möglich operativ dem männlichen oder weiblichen Geschlecht angeglichen und dementsprechend erzogen werden.

Viele inter* Kinder merken erst in ihrer Pubertät, beispielsweise bei ausbleibenden Perioden, überdurchschnittlichem oder fehlendem Haarwuchs, der Entwicklung von Brüsten oder einem Stimmbruch, dass sie inter* sind. Bei manchen kommt die Erkenntnis, wenn die Pubertät auf sich warten lässt oder nicht richtig einsetzen will. Andere Menschen führen ihr Leben, ohne je von ihrer Intergeschlechtlichkeit zu erfahren, wie beispielsweise Frauen mit XY-Chromosomen oder Männer mit Eierstöcken.

Intergeschlechtlichkeit sagt nichts über die Sexualität oder Genderidentität einer Person aus. Inter* und endo Personen steht gleichsam die volle Breite des sexuellen und Gender-Spektrums offen.

TRANS

Doch selbst wenn bei einem Kind keine Variationen der Geschlechtsentwicklung existieren und Mediziner*innen ein scheinbar eindeutiges Geschlecht zuordnen, kann es vorkommen, dass dieser Stempel nicht mit dem eigenen Empfinden übereinstimmt.

Ein großer Teil der queeren Community wird von trans Menschen gebildet. Trans ist ebenfalls ein Sammelbegriff, der die verschiedensten Erfahrungen in sich vereint, wie zum Beispiel nonbinär oder genderqueer. Wie bereits erwähnt, bedeutet trans, dass man sich nicht mit dem bei der Geburt zugewiesenen Geschlecht identifiziert.

Ein kurzer Hinweis:
Trans und inter sind **Adjektive** zur näheren Beschreibung einer Person und werden auch als solche verwendet.
»Jonas ist ein trans Mann.«

Viele trans Menschen legen ihren bei der Geburt erhaltenen Namen ab, weil sie ihn als unpassend für ihre Geschlechtsidentität empfinden, und nehmen einen selbstgewählten Namen an. Der alte Name wird als Deadname bezeichnet. Sprache ist mächtig, und Namen erst recht. Es ist ein Unding, den Deadname einer trans Person weiterhin zu verwenden, denn so würden wir missachten, wer ein Mensch wirklich ist. Und er wird nicht umsonst *dead*, also tot, genannt.

Es steht niemandem zu, die Identität von trans Personen infrage zu stellen. Die Erfahrungen und Lebenswege einer trans und einer cis Frau mögen sich unterscheiden – ebenso wie sich die Erfahrungen zweier cis Frauen nicht aufs Ei gleichen –, *aber beide sind Frauen*. Keine von ihnen erhält eine Medaille, weil sie die »bessere« Frau ist. Auch ein Mann ist kein Mann allein aufgrund seiner Genitalien oder seines Testosteronlevels, sondern weil dieser Stempel sein Empfinden am besten beschreibt.

Bei diesem kurzen Erklärungsversuch soll es natürlich nicht bleiben, und wir werden noch mehr über trans Identität sprechen, aber fürs Erste belassen wir es mal bei Sprache und ihrem Einfluss auf unsere Leben.

NONBINÄR, GENDERQUEER & GENDERFLUID

Nonbinär ist, was es sagt: Eine Person fühlt sich den zwei Möglichkeiten »Mann« oder »Frau« gar nicht oder nur zu einem gewissen Grad zugehörig, kann und will sich dieser binären und beengenden Vorstellung von Gender also nicht zuordnen. Das muss nicht heißen, dass man komplett alle traditionellen Ideen von Männlichkeit und Weiblichkeit in die Tonne haut. Vielleicht fühlt man sich mit manchen Aspekten einer der beiden Kategorien pudelwohl, aber es deckt sich nicht völlig mit der Person, die man ist. Vielleicht passt diese Binarität sowas von gar nicht zur eigenen

Identität und jeglicher Aspekt davon wird abgelehnt. Daher ist auch Nonbinarität ein Spektrum. Weil nonbinäre Menschen sich nicht mit dem bei der Geburt zugewiesenen Geschlecht identifizieren, sind sie auf dem trans-Spektrum, aber nicht jede nonbinäre Person nutzt trans als Selbstbezeichnung.

STIMMEN AUS DER COMMUNITY

Du bist nonbinär – was bedeutet das Label für dich?

LENI BOLT: Vor einigen Jahren dachte ich, dass ich den »klassischen« Weg einer Transition von Mann zu Frau gehe, mit Medikation und operativen Eingriffen. Während meiner Therapie ist mir bewusst geworden, dass ich mich mit dem Label »Frau« auch nicht frei fühlen würde. Deswegen passt das Label »nichtbinär« am besten zu mir. Ich fühle mich dazwischen am wohlsten, und eigentlich brauche ich selbst kein Label, aber es ist einfacher zu erklären, wenn ich anderen Menschen begegne, die mich nicht verstehen (wollen).

GIALU: Wenn ich sage, ich bin nicht-binär, sagen immer viele zu mir: »Ja, aber bist du nicht letztendlich auch einfach nur ein Mensch?« Und ich denke: Auf jeden Fall! Das ist ja genau das Ding: Ich bin in erster Linie ein Mensch, genauso wie eine Frau, wie ein Mann, wie wir alle Menschen sind. Die Gesellschaft hat nun mal angefangen, diese Konstrukte aufzubauen und nicht-binäre Menschen versuchen auch einfach nur, sich in diesen Konstrukten wiederzufinden. Eine utopische Vorstellung wäre es natürlich, diese ganzen Konstrukte nicht mehr zu haben und einfach nur noch von Menschen zu sprechen und zu sagen: »Wir haben alle genau dieselben Rechte.« Das ist – wie gesagt – leider sehr utopisch.

> Nicht-binär ist für mich eine Beschreibung dafür, wie ich mich in diesem gesellschaftlichen Konstrukt fühle. Es streitet nicht ab, mit welcher DNA ich zum Beispiel auf die Welt gekommen bin – letztendlich ist es für mich einfach eine Wiederfindung in dem Geschlechterkonstrukt unserer Gesellschaft.

Genderqueer wird von manchen als Synonym für nonbinär benutzt. Hier treffen traditionelle Vorstellungen von Gender nicht zu. Die Geschlechtsidentität wird als queer gesehen, wobei weitere Stempel oder Kategorisierungsversuche abgelehnt werden.

Genderfluid versteht das eigene Gender als wandelbar, ganz im Gegenteil zu der statischen Vorstellung, dass wir ein ganzes Menschenleben lang ein einziges Gender haben. Je nach Person kann das Gender situations- und stimmungsabhängig sein. Es kann sich oft ändern oder über einen längeren Zeitraum gleichbleiben.

Damit haben wir drei Überbegriffe kurz angerissen, aber bei weitem nicht fest definiert – ein Versuch, der zum Scheitern verurteilt wäre.

Wenn wir uns davon lösen, dass wir das Geschlecht jedes Menschen in einem Wort kategorisieren müssen, dann wird klar, dass Identität grenzenlos ist.

Hier noch ein paar mehr hilfreiche Begriffe:

Agender sind Menschen, die sich als geschlechtslos verstehen und sich somit keiner Geschlechtsidentität zugehörig fühlen.

Bigender sind Menschen, die mindestens zwei Gender haben und in ihrem Empfinden von einem zum anderen wechseln.

Unter den Begriff Demigender fallen **Demiboy** und **Demigirl**, also Personen, die sich sehr mit einem der binären Geschlechter identifizieren, aber eben nicht ausschließlich. Auch **deminonbinär** ist eine Option.

Wir werden später noch genauer darauf eingehen, aber hier soll schon mal gesagt sein, dass es keine Regeln, kein »richtig« oder »falsch« gibt, wenn es darum geht, trans, nonbinär oder agender zu sein. Beispielsweise schulden nonbinäre Personen niemandem androgyne Kleidung. Schließlich macht auch ein Bart einen Mann nicht erst zum Mann, ebenso wie das Auftragen von Nagellack ihm nicht plötzlich seine Männlichkeit entreißt. Das Aussehen oder Auftreten einer Person bestimmen nicht ihr Gender.

INTERSEKTIONEN

Wie vorhin bereits erwähnt, stehen all diese Erfahrungen nicht abseits voneinander und winken sich von ihrem Plätzchen auf dem queeren Spektrum gegenseitig mit ihren jeweiligen Pride-Flaggen zu. **Sie sind wild miteinander verwoben und bilden fließende Intersektionen.**

In dir verbinden sich all die Erfahrungen, die du als Mensch, der verschiedene Rollen einnimmt und Eigenschaften aufweist, in dir vereinst. Dazu zählen deine Herkunft, Hautfarbe, Bildung, ebenso wie dein Gender, deine Sexualität und noch viel mehr. Dein Leben wird nicht nur von einer dieser Sachen beeinflusst, sondern von allen auf einmal.

Einige Lesben sind nonbinär, manche genderqueere Menschen sind biromantisch und asexuell, und manche inter* Menschen sind trans. Und manche von uns ahnen nur, dass sie nicht cis oder hetero sind, ohne genau zu wissen, welches Label sie haben. Für viele Erfahrungen entwickeln wir erst noch die passenden Vokabeln.

Menschen haben die Angewohnheit, alles benennen und verstehen zu müssen, obwohl es manchmal nett ist, zu existieren, ohne definiert zu werden.

In vielen Gesellschaften der Welt ist sexuelle und geschlechtliche Vielfalt nicht von ihrem Glauben und ihrer Kultur zu trennen. Two-Spirit Personen bilden einen festen Bestandteil von indigenen Völkern in Amerika, bei den Māori ist takatāpui eins von vielen Wörtern, um queere Identitäten zu beschreiben, und auch das Judentum erkennt mit Ay'lonit und Saris sowie Androgynos und Tumtum die Existenz von trans und inter Personen an. Wer jetzt neugierig ist, kann sich gerne selbst auf die Suche machen, denn es gibt noch unendlich viele Beispiele, in denen Glaube, Kultur und Queerness fest miteinander verbunden sind.

Eine wichtige Sache, die wir also unbedingt verlernen müssen, auch wenn sie uns bereits von Geburt an immer und immer wieder eingetrichtert wurde: Mann und Frau sind bei weitem nicht die einzigen Möglichkeiten der Geschlechtsidentität, weder auf einer körperlichen noch einer sozialen Ebene. Trans und inter* Identitäten sind der schönste Beweis.

Auch Geschlechtsidentität kann man sich als Spektrum vorstellen, auf dem sich trans und cis befinden und außerdem viele Variationen existieren. Hier fordere ich dich auf, die vielleicht recht bequeme, aber ziemlich angekratzte binäre Brille abzulegen, wenn du das nicht sowieso schon getan hast.

Neben Mann und Frau existieren unendliche viele Identitäten.

PRONOMEN UND GENDERSENSIBLE SPRACHE

Wir sind noch nicht mal mit dem ersten Kapitel durch, und dabei ist jetzt schon offensichtlich, dass die binäre Welt, in der wir leben, längst aus ihren Nähten platzt. Wie du merkst, scheitert der Versuch, sexuelle Orientierungen und Genderidentitäten in zwei strikte Kategorien einzuteilen. Aber die deutsche Sprache tut sich schwer, von diesem starren binären System loszukommen.

Wir benutzen sie täglich, und das ganz ohne darüber nachzudenken. *Sie* trägt gemeingefährlich große Schulterpolster; *seine* High Heels benötigen eine Waffenlizenz. Die deutsche Sprache lässt uns kaum ohne Pronomen auskommen, und da ist das Problem. Was, wenn es für meine Identität keine passenden deutschen Worte gibt? Wie weiß ich, welche Pronomen ich für eine Person nutze?

Die beste Möglichkeit, die korrekten Personalpronomen einer Person zu erfahren, ist, mit gutem Beispiel voranzugehen. Ich mach's mal vor:

»Hey, ich bin Kai, meine Pronomen sind er/ihm, und ich hab 'ne Schwäche für Maultaschen und alles, was sich in Teig rollen und essen lässt.«

Damit lädst du andere ein, sich auch mit ihren Pronomen vorzustellen. Außerdem sind Personalpronomen auf deinen Social-Media-Kanälen, in deiner E-Mail-Signatur oder als Anstecker auf deiner Brust ebenfalls eine simple Lösung, um Missgeschicke zu vermeiden, Raum für Akzeptanz zu schaffen und darauf aufmerksam zu machen, dass die Optik eines Menschen nicht zwangsläufig etwas über Genderidentität aussagt. Und wenn du ganz viel Glück hast, ist eine gemeinsame Dumpling-Liebe erst der Anfang für eine lebenslange Freundschaft.

Neben er/ihm und sie/ihr gibt es auch geschlechtsneutrale Neopronomen wie das aus dem Englischen übernommene they/them oder dey/dem, xi/xier, sier und mehr.

Pronomen geben uns also meistens einen Hinweis auf die Identität einer Person, aber sie sind niemals ein eindeutiger Beweis. Jemand kann er/ihm-Pronomen benutzen, ohne ein Mann zu sein – schließlich kann man auch Hosen tragen, ohne ein Mann zu sein.

Wenn Sprache scheitert, weil Grammatik und Vokabular einfach zu einengend sind, dann gibt es mehrere Alternativen, um aus binären Sprechweisen auszubrechen:

- **das Vermeiden von Pronomen und vermehrte Nutzen des Namens**
  »Noah meinte, dass Noahs Chihuahua eine pinke Schleife trägt.«

- **das regelmäßige Abwechseln von Pronomen**
  »Ari kann mal wieder seinen Terminplaner nicht finden. Sie würde selbst den Kopf verlieren, wäre er nicht angewachsen.«

- **die Verwendung des Plurals für eine Einzelperson**
  »Jay planen sich die Haare zu färben. Ich gehe mit ihnen zum Friseur.«

- **eine allgemein genderneutrale Sprache**
  »Die Studierenden fordern die Abschaffung von unbezahlten Praktika.«

Pronomen sind wie Accessoires, die unsere Identität ausschmücken, aber auch ohne sie bleiben wir, wer wir sind.

Okay, gendersensible Sprache und Neopronomen sind Gewöhnungssache, aber unmöglich sind sie nicht. Unmöglich ist, dass ich jemals alle Bücher auf meiner Leseliste lesen werde oder plötzlich telekinetische Fähigkeiten entwickle. Aber wer schon in der Schule Fremdsprachen lernt und im Alltag viele englische Wörter benutzt, kann mit etwas Übung auch Neopronomen meistern.

STIMMEN AUS DER COMMUNITY

Wie stehst du zu Labeln?

DOMINIK: Ich glaube, dass Label helfen können, um sich zu orientieren und vielleicht auch Gleichgesinnte für bestimmte Interessen zu finden. Ich gebe mir zum Beispiel die Label *queer* und *schwul*. Genauso versuchen wir Menschen aber auch oft, unbekannte Menschen zu labeln oder sie in Schubladen zu stecken, damit wir sie besser einschätzen können. Das passiert teilweise sogar unbewusst und ohne böse Absicht. Wichtig ist dabei aber, dass wir uns nicht auf eine vorgefertigte Meinung über ein Label oder eine Person versteifen. Auch ein schwuler Mann hat ganz eigene Bedürfnisse, Werte und Vorstellungen vom Leben, die sich nicht auf jeden anderen schwulen Mann übertragen lassen.

Ein weiterer wichtiger Begriff ist **Ally**. Ein Ally – englisch für »Verbündete*r« – ist eine Person, die Solidarität mit einer in der Gesellschaft weniger akzeptierten Gruppe zeigt. Es ist kein Label, das eine Identität beschreibt. Vielmehr ist es eine Handlung. Es ist die aktive Unterstützung von Menschen, die Ungerechtigkeit erfahren, nicht, weil dabei etwas rausspringt, sondern weil jeder

Mensch Gerechtigkeit verdient. Allys zeigen Solidarität durch kleine und große Taten, im Alltag und vor allem dann, wenn ihr Handeln gefragt und benötigt ist.

In diesem Kapitel haben wir einige, aber bei weitem nicht alle Definitionen angerissen. Es gibt unglaublich viele Label, aber bei weitem nicht genügend, um jede Person von uns zu beschreiben. Überhaupt ist das völlig unmöglich, sind wir doch mehr als unsere Genderidentität und unsere sexuelle oder romantische Orientierung. Daher sind Labels nur ein Leitfaden, der recht schnell seine Bedeutung verliert, wenn er uns limitiert.

Schon mal was von einer **Butch** gehört (traditionell eine maskuline Lesbe, heute aber bei vielen Queers benutzt, um Maskulinität auszudrücken), oder einem **Twink** (einem jungen, stereotypisch hübschen Schwulen)? Von **Enbys** (nonbinären Menschen) und **Femmes** (Menschen, oft trans, die sich feminin präsentieren)?

Zu jedem einzelnen Wort, das Sexualität oder Geschlecht beschreibt, gibt es unzählige Studien, Artikel, Blogs, Bücher, Dokus und vor allem Meinungen. Zu viele, um alles zwischen zwei Buchdeckel mit einem wirklich hübschen Cover zu pressen. Deswegen hier der Vorschlag, besagte Artikel, Bücher und Dokus mal genauer anzuschauen. Für den Anfang haben wir im Buch einige Listen mit Tipps verteilt und Ressourcen zusammengestellt, über die du weitere Antworten finden kannst. Dabei konzentrieren wir uns bewusst auf deutsche Beispiele, weil es überraschend viele Geheimtipps gibt, die nicht halb so bekannt sind wie *Heartstopper*, Lady Gaga und Stonewall. Außerdem kommen wir grade erst zum Ende des ersten Kapitels. Für mehr Queerness bitte einmal umblättern.

Wer sich vernetzen, informieren und austauschen möchte, kann das auf diesen queeren Portalen tun:

Aven Forum B: für asexuelle Personen

BiNe: für bi+ Personen

dbna: für queere Jungs

FTM Portal: für trans Männer und transmaskuline Personen

Gorizi: für junge Lesben

Mein Geschlecht Forum: für inter*, trans* und gender-queere Jugendliche

Queer-Lexikon: queere Website mit Infos, Ressourcen, Tipps und Links

COMING-OUT UND INVITING-IN

Ich war schon immer der Regenbogenfisch unter den Karpfen: eines dieser Kinder, auf das man einen Blick wirft und weiß, dass es nicht mit dem Strom schwimmt. Das Gefühl, aus der Masse herauszustechen, begleitet mich schon, seit ich auf tapsigen Füßen meine ersten Schritte tat. Das hatte seine positiven und negativen Nebenwirkungen. Einerseits erfuhr ich früh Ausgrenzung, anderseits hatte ich ein ausgeprägtes Selbstgefühl (oder einen Sturkopf, wie böse Zungen behaupten würden). Ich sah einen Fußball und spürte eine sofortige Antipathie. Ich war ein talentierter Turner, pflegte fast ausschließlich Mädchenfreundschaften und war fasziniert von Nagellack. Auch Seitenblicke änderten daran wenig, denn ich spielte die Rolle eines Karpfens nur sehr kläglich. Die Regenbogenschuppen blitzten immer hervor.

Ich entsprach also ganz dem Klischee, und so passierte es früh, dass andere mich definierten, bevor ich selbst Worte für mich gefunden hatte. »Schwul« wurde mir aufgedrückt, da hatte ich weder mich selbst noch meine Verbindung zu diesem Wort verstanden. Druck baute sich auf: Man erwartete von mir, nicht schwul zu sein, mich hetero zu verhalten, was auch immer das heißen sollte. Man erwartete, mich nicht länger zu verstellen, mich endlich zu bekennen, schließlich war es so offensichtlich, wem machte ich überhaupt etwas vor?

Ich wusste nicht, wie oder warum oder wann, aber ich wurde von dem Übelkeit erregenden Gefühl verfolgt, dass ich anderen ein Coming-out schuldete. Gleichzeitig wusste ich, dass ein Coming-out eine delikate Angelegenheit war, wie ein Ritual, dessen Regeln ich nie erklärt bekommen hatte. Aber wer schwul war, musste das entweder gut verheimlichen oder sich eben outen. Es schien keine Alternative zu geben. Daher blieb mir nur die zweite Option, und auch die bereitete mir Bauchschmerzen.

Mir fehlte es an Vorbildern, sowohl auf KiKA & Co. als auch in den Menschen um mich herum. Die wenigen Bücher und Filme, die schwule Figuren boten, drehten sich ausschließlich ums Coming-out und ließen wenig Raum für anderweitige Aspekte queeren Lebens. Ich sah keinen Weg an dieser einschüchternden Erfahrung vorbei, also musste ich mich ihr stellen.

Heute weiß ich, dass Queerness weder mit einem Coming-out beginnt noch überhaupt eins benötigt. Am Ende sind wir nur uns selbst eine Erklärung schuldig. Aber damals gab es niemanden, der mir das sagte. Ich war einsam und verängstigt und hätte alles für jemanden gegeben, der mir meine Fragen beantwortet und meine Angst nimmt.

Dies ist meine einzigartige und doch irgendwie universelle Erfahrung. Deine sieht vielleicht ähnlich aus oder wieder ganz anders. Nicht jeder Mensch spürt den Unterschied zwischen sich und der Mehrheit im Kindesalter, bei vielen geschieht das als Teenager*in oder Erwachsene*r. Es gibt keinen korrekten Zeitpunkt und sicher keine Medaille für Frühstarter. Für alle setzt die Erkenntnis irgendwann ein, und da kommt es häufig vor, dass ein kleiner Fisch sich in wilden Stromschnellen wiederfindet. Dieses Kapitel bietet ein paar Ankerpunkte, damit du den Kopf nicht verlierst.

WAS IST EIN COMING-OUT?
WAS IST EIN INVITING-IN?

Das Coming-out ist eine im Grunde vorurzeitliche Methode stinkreicher Aristokraten, um ihre Töchter offiziell in die Gesellschaft aufzunehmen und sie als heiratsfähige Frauen zu präsentieren. Wer schon mal *Gilmore Girls* oder *Bridgerton* gesehen hat, kennt's.

Erst wenn eine junge Frau offiziell der Gesellschaft vorgestellt wurde, ist sie »freigegeben« für den Heiratsmarkt, und heiratswillige Männer können um sie werben. Dies beinhaltet den Denkfehler, dass es Menschen gibt, die zur Gesellschaft gehören, und welche, die nicht dazugehören.

Heutzutage sind queere Menschen allerdings immer Teil der Gesellschaft, ob geoutet oder nicht. Es geht also weniger darum, seine Verfügbarkeit zu bekunden, als darum, andere Menschen dazu einzuladen, den verletzlichsten, aber schlussendlich wunderschönen Aspekt unserer Persönlichkeit kennenzulernen. Eine Einladung, die man zu schätzen wissen sollte, wenn man sie bekommt. Ein Coming-out lässt uns zappeln, es gibt anderen die Macht, uns zu akzeptieren oder zu verstoßen. Ein Inviting-in gibt uns die Möglichkeit, zu entscheiden, wer sich glücklich schätzen darf, an unserem Leben teilzuhaben.

Was wir brauchen, ist also ein Umdenken. Cishet Menschen müssen sich vor niemandem outen, ihre Identität ist selbstverständlich, sie bedarf keiner Erklärung und erst recht keiner zeremoniellen Ankündigung. Dies sollte auch für queere Menschen gelten. Vielleicht ist das (noch) Wunschdenken, aber bis dahin können wir zumindest unser persönliches Coming-out in ein Inviting-in umwandeln. Hier geht es um den Unterschied zwischen Fremd- und Selbstbestimmung. Ein Inviting-in verändert den Stellenwert von dem, was andere über dich denken. Es ist nicht mehr dein Problem, dass die Außenwelt scheinbar partout davon ausgeht, dass jeder Mensch heterosexuell und cisgender ist. Du bist, wer du bist – und dass andere meinen, du hättest ein »Geheimnis«, das du angeblich nicht teilst, ist nicht mehr deine Baustelle. In keiner Weise behauptest du mit deiner bloßen Existenz, dass du cishet bist – und dir diesen Stempel aufzudrücken ist unfair und hat nichts mit dir zu tun.

Die schlechten Nachrichten sind, dass dieses Umdenken leider (noch) nicht oder sehr wenig im Großen stattfindet und dass deine Umwelt hier womöglich nicht mitspielt. Doch für dich selbst kann dieser andere Blickwinkel schon viel bewirken, und aus großen Erwartungen und manchmal traumatischen Erfahrungen können sichere und vor allem selbstbestimmte Glücksmomente werden.

Denn dein Queersein ist kein Geheimnis, das du versteckst, es ist schlicht ein Aspekt deines Lebens, den du nur mit ausgewählten Personen teilst. Wenn sich dieser Schalter im Kopf erst mal umlegt, ist Queerness keine Bürde, sondern ein Geschenk.

COMING-OUT:

Vor einem Coming-out existiert ein Geheimnis. Das Geheimnis wird versteckt, und dadurch wird das Umfeld angelogen. Nach einem Coming-out ist »die Wahrheit« am Licht, und die Person hat einen fest definierten Stempel (zum Beispiel: lesbisch). Wenn der Stempel nicht passt, muss erneut ein Coming-out geschehen (zum Beispiel: pansexuell). Die Macht liegt in fremden Händen; das Umfeld entscheidet sich für oder gegen Akzeptanz.

INVITING-IN:

Vor einem Inviting-in existiert kein Geheimnis. Nichts wird versteckt, und niemand wird angelogen. Nach einem Inviting-in gibt es viel Raum für persönliche Entfaltung ohne einschränkende Stempel. Die Macht liegt in den eigenen Händen; die Person entscheidet sich, wer in ihrem Umfeld das Privileg erhält, an ihrem Leben teilzuhaben.

Anstatt auf der Arbeit mit jedem der Kolleg*innen ein Coming-out-Gespräch zu haben, erzählst du beim Mittagessen einfach, dass du später als Frau ein Date mit deiner Freundin haben wirst. Dasselbe gilt in der Schule oder an der Uni. Du lebst dein Leben und schuldest niemandem eine Erklärung. Du lädst aktiv die Leute, die dir gerade zuhören oder mit denen du Zeit verbringst, ein, mehr von dir zu erfahren – nicht mehr und nicht weniger.

Wir fragen nicht länger nach Erlaubnis, trotz unserer Queerness als Teil der Gesellschaft akzeptiert zu werden. Stattdessen vergeben wir VIP-Tickets an Menschen, die sie verdienen. Wir nehmen anderen die Möglichkeit, uns abzuweisen.

Die Entscheidungsmacht liegt von nun an in queeren Händen – in deinen Händen.

Ich bin vierzehn oder fünfzehn, stehe halb im Bad, halb im Flur und bin kurz davor, ins Bett zu gehen. Um die Ecke, im Wohnzimmer, sitzt meine Mutter vor dem Fernseher und schaut einen Krimi oder vielleicht eine Doku darüber, wie Supermärkte ihre Kunden austricksen, eins von beidem. Ich kann sie nicht sehen, sie mich auch nicht. Dass ich in ihrer Nähe von einem Fuß auf den anderen hüpfe und mein Magen ein einziger großer Knoten ist, weiß sie nicht. Seit einer gefühlten Ewigkeit spreche ich mir Mut zu, wiederhole dieselben Worte immer und immer wieder in meinem Kopf und zwinge mich dazu, sie zwischen meinen Lippen herauszupressen. Irgendwie bringe ich es über mich, nach meiner Mutter zu rufen, während ich mich weiterhin im Flur verstecke. Und als sie mit einem fragenden Ja antwortet, bleibt mir nichts anderes übrig, als mein Geständnis zu verkünden.

»Ich bin schwul«, sage ich mit zu hoher, wackelnder Stimme. Stille.
Dann: »Okay.«

Es ist die Art, wie sie es sagt. In meinen Ohren brodelt das kurze Wort mit unterdrücktem Zorn.

Ich bereue meine Entscheidung sofort und fühle mich seltsam schuldig, weil ich nicht stark genug bin, ihr ins Gesicht zu schauen, während ich ihr eröffne, dass ihr Sohn schwul ist. Als ob sie das nicht schon wüsste, als ob wir beide uns nicht schon längst darüber im Klaren sind, dass ich an Frauen nicht interessiert bin.

Meine Mutter schaut den Krimi oder die Verbraucherdoku weiter, und ich gehe ins Bett, wälze mich umher, finde keinen Schlaf, weil Scham die Angewohnheit hat, sich in Körpern einzunisten wie eine besonders hartnäckige Erkältung.

Ich war nicht auf diese Nicht-Reaktion vorbereitet. Soweit ich wusste, folgte auf ein Coming-out entweder eine inbrünstige Loyalitätsbezeugung oder ein Weltuntergang. Für mich aber hatte sich nichts verändert. Das erwartete Leichtigkeitsgefühl stellte sich nicht ein. Erst Jahre später sprachen wir wieder über meine Homosexualität, und meine Mutter gab zu, dass auch ihr niemand die Werkzeuge gegeben hatte, sich mit einem queeren Kind durch die Welt zu navigieren. Wir waren beide orientierungslos im Angesicht dieser Herausforderung.

Vor meinem Vater habe ich mich nie geoutet. Anfangs, weil ich die Awkwardness vermeiden wollte, und später, weil der Druck wegfiel, mich in diese Situation zu bringen. Wenn mein Vater bereits davon wusste (und das tat er), war ein Outing überflüssig. Wenn nicht, war es nicht meine Aufgabe, ihn in Kenntnis zu setzen. Irgendwann würde ich ihm meinen Freund vorstellen, und sollte er blöd reagieren, würde ich mir zweimal überlegen, wie viel er in Zukunft von mir sähe. Ich hatte ganz unbewusst den Weg eines Inviting-ins gewählt.

Meine Coming-out-Geschichte ist ereignislos und irgendwie unangenehm. Deswegen habe ich sie auch nie erzählt. Wer will

schon von Angst und Scham hören, wenn man auch Freudenträ-
nen und eine Umarmung haben kann? Aber solch unschöne Gefühle gehören (leider) dazu.

**Ich möchte dir mit meiner persönlichen Geschichte und den
möglichen Risiken eines Outings keine Angst einjagen – ich
möchte dich aber auch nicht belügen.** Immerhin gibt's einen
Grund, warum wir so nervös und ängstlich sind, wenn wir anderen zum ersten Mal von unserer Queerness erzählen: Wir fürchten
Zurückweisung. Wir schieben Panik, dass wir von Freund*innen
verstoßen oder von Eltern hinausgeschmissen werden. Leider
besteht die reale Gefahr, dass Intoleranz gefährliche Folgen haben kann. Deswegen ist die Angst ein Teil unseres Überlebens-
instinkts. Manchmal lohnt es sich, auf sie zu hören, aber manchmal versperrt sie uns den Weg in die Freiheit.

An diesem Punkt habe ich gute und schlechte Neuigkeiten. Die
schlechten zuerst: Du wirst dich immer und immer wieder outen.
Aber: Es wird mit jedem Mal einfacher, bis es sich anfühlt wie
Schnürsenkel binden oder Hände waschen. Eine Routine, über die
du kaum noch nachdenkst und bei der du auch keine Gedanken
daran verschwendest, wie die Reaktionen ausfallen. Das Großartige ist, dass dein erstes Coming-out beziehungsweise Inviting-in
dich nicht für den Rest deines Lebens definiert. Du kannst so viele
Versuche starten, wie du willst, bis du dich mit deiner Identität
wohl fühlst und deinen Stempel gefunden hast.

Heute sage ich nur noch selten die Worte »Ich bin schwul«.
Mein Auftreten macht die Arbeit für mich, und spätestens, wenn
ich erzähle, dass ich schwule Liebesromane schreibe oder eine
Obsession mit Beyoncé habe, fällt der Groschen, meist ohne eine
merkliche Reaktion. Allerdings bin ich seit Jahren geoutet, und es
hat viel Zeit gebraucht, bis ich mich in meiner Queerness so wohl
gefühlt habe, dass ich sie weder verstecke noch die Reaktionen an-

derer fürchte – meistens. Ich bemerke öfter, dass meine Sexualität weniger aneckt, weniger Fragen aufwirft.

Mit großer Wahrscheinlichkeit wird's dir nicht anders ergehen. Wenn du am Anfang noch atemlos an einer Hand abzählen kannst, wer von deiner Queerness weiß, wird sich diese Zahl erst erschreckend in die Höhe schrauben, dann unüberblickbar werden und schließlich ganz an Bedeutung verlieren – weil's dich nicht mehr juckt, wer im Bilde ist und was die Leute denken. Das geschieht selten über Nacht, denn Unsicherheit und Zweifel sind vorprogrammiert. Trotzdem wirst du an dem Punkt der Gelassenheit ankommen. Du wirst feststellen, dass es immer Menschen gibt, die etwas an deiner Identität zu nörgeln haben, und du wirst wissen, dass es ihr Problem ist, nicht deins. Die Zahl der Leute, die etwas an uns auszusetzen haben, sinkt mit jedem Tag, während die Solidarität wächst und wächst. Und wenn queere Identität selbstverständlich wird, ist ein Coming-out überflüssig.

Der Welt mit uneingeschränkter Offenheit zu begegnen ist ein unglaublich schönes Gefühl. Es sollte das Recht eines jeden Menschen sein, sich nicht verstecken zu müssen, und doch ist es ein Privileg, das nur wenige besitzen. Somit bleibt das Coming-out ein chaotischer, komplexer und aufregender Moment im Leben einer queeren Person. Hier folgen ein paar Antworten auf Fragen, die dir die Furcht zumindest ein wenig nehmen sollen.

MUSS ICH MICH ÜBERHAUPT OUTEN?
Die kurze Antwort ist superunkompliziert. Nö.

Wie, wann und ob du dich outest, steht dir frei. Ob geoutet oder nicht, du bist nicht weniger oder mehr ace, trans oder poly.

Du bist queer, völlig unabhängig davon, ob andere eingeweiht sind oder du das Wissen für dich selbst behältst. Du bist niemandem

Rechenschaft schuldig und musst dich zu keinem Zeitpunkt outen, wenn du das nicht willst.

Es ist manchmal sicherer, sich nicht zu outen. Wie du bestimmt weißt, sind Homosexualität und queere Identität in vielen Ländern gesetzlich verboten. Dass man dort als queere Person besonders vorsichtig sein muss, ist offensichtlich. Aber unabhängig vom Land können Gemeinden, Haushalte und schlicht Einzelpersonen auf der ganzen Welt sehr konservative und besonders feindselige Einstellungen zu Queerness haben. Wenn körperliche und psychische Gewalt drohen, ist ein Coming-out keine Option.

In solchen Situationen ist es sicherer, zu warten. Wenn du auf eigenen Beinen stehst und nicht mehr abhängig von deinen Erziehungsberechtigten und deinem Umfeld bist, kann man dich auch nicht mehr bevormunden, unter Druck setzen oder dir die Ressourcen abschneiden. Das ist zwar nicht die schönste Lösung, aber die sicherste.

Auch später im Leben kann es sein, dass du in Situationen kommst, in denen das Umfeld so queerfeindlich ist, dass ein Outing dich in Gefahr bringt oder stark benachteiligt. Es ist nicht verwunderlich, dass es kaum offen queere Profisportler*innen gibt. Auch Schauspieler*innen müssen weiterhin damit rechnen, dass sie ihre Karriere mit einem Outing riskieren.

Als ich einen Sommer lang einen Ferienjob in einer Automobilfabrik hatte, bauten sich eines Tages fünf meiner Kollegen vor mir auf und fragten mich geradeheraus, ob ich schwul sei. Die Firma war nicht nur eine krasse Männerdomäne, die vor Testosteron und aufgeblasener Männlichkeit strotzte, es begab sich auch, dass mein Vater dort arbeitete. Kein Wunder, dass ich nicht ein einziges Wort darüber verlor, dass ich Tom Daley ganz schön heiß fand und mit meinem Lohn unzählige queere Bücher kaufte.

Nun standen mir diese fünf Männer mit forschenden Blicken

gegenüber, und ich fühlte mich plötzlich ganz klein. Sagte ich ja, setzte ich mich womöglich Spott aus, und mein Vater würde in der gesamten Firma »der mit dem schwulen Sohn« sein, dabei hatten wir nie über meine Queerness gesprochen. Sagte ich nein, verleugnete ich mich selbst.

Ich sagte nein. Ich schlug die Türen zu und drehte den Schlüssel resolut im Schloss. Und schämte mich. **Heute weiß ich, dass ich alles richtig gemacht habe.** Damals aber fühlte es sich an wie eine dicke Lüge. Nur, wenn queere Menschen ihre Queerness abstreiten, ist es keine Lüge; es ist eine Überlebensstrategie.

Wenn jemand deinen Kopf unter Wasser hält, darf sich niemand beschweren, dass du nicht atmest.

Frage dich, warum du dich nicht outen möchtest. Ist es, weil du weißt, dass es unsicher ist, weil du nicht das Bedürfnis hast, dich anderen zu erklären, oder weil du fürchtest, dass dich Freund*innen und Familie plötzlich anders behandeln?

Wenn das Gefühl überwiegt, dass du dich verstellen musst und dir bei deinen Freund*innen ständig auf die Zunge beißt, dann kann ein Coming-out genau die Befreiung sein, die du brauchst. Es entstehen unglaublich schöne Freundschaften, wenn du dich den Menschen, die dir wichtig sind, wirklich öffnen kannst.

Gleichzeitig ist es vollkommen in Ordnung, den Moment von sich zu schieben und zu vermeiden. Zwing dich nicht dazu, wenn du nicht bereit bist. Wenn du dich sicherer fühlst, indem du deinem Umfeld nichts von deiner Queerness offenbarst, dann ist das der richtige Weg für dich.

Wenn ein Mensch seine Queerness nach außen trägt, gibt es kein Protokoll, dem Folge zu leisten ist. Ob du es laut in die Welt rausschreist, ob du nach und nach Menschen ins Vertrauen nimmst, ob du dich absolut niemandem erklärst – jede Herangehensweise ist valide, wenn sie sich für dich richtig anfühlt. Nicht anders ist es mit den Emotionen, die bei dem Gedanken daran aufkommen: Scham, Angst, Wut und Reue sind keine angenehmen Gefühle, aber sie sind menschlich – vor allem, wenn gegen unseren Willen ein Scheinwerfer auf unsere Queerness geworfen wird. Da sind schlaflose und von Bauchschmerzen geplagte Nächte vorprogrammiert. Die gute Nachricht ist, sie gehen vorbei. Die unschönen Gefühle kommen nur auf, wenn wir uns fürs Queersein rechtfertigen müssen. In ihrem Kern ist Queerness eine Quelle des Glücks.

Meistens kennen dich die Menschen in deinem Umfeld gut genug, dass dein Bekenntnis sie nicht großartig überrascht und sie sich für dich freuen. Ein Outing hat auch den Vorteil, dass die Vertrauensperson dir bei der Identitätsfindung helfen kann. Jetzt hast du ein Team in Sachen Stempelrecherche und Cheerleader, die dich und deinen Crush shippen.

Ich habe mich so oft vor Freund*innen geoutet, kann mich an manche Momente gut erinnern und andere weniger. Das perfekte Coming-out gab's nie – wie auch? Es ist ein Paradox, dass eine derart nervenzerreißende Situation gleichzeitig ein purer Glücksmoment ist. Trotzdem ist es in meinem Freundeskreis immer glimpflich verlaufen. Kein einziges Mal bin ich auf Abneigung gestoßen. Im Gegenteil, meine Freund*innen haben sich für mich gefreut und aufrichtiges Interesse gezeigt. Es war aufregend und ermutigend, mit ihnen über meine Sexualität zu sprechen. Den meisten habe ich per SMS erzählt, dass ich mich in einen Jungen verliebt hatte. Mein Handy gab mir Kontrolle: Ich wählte die Methode, den Zeitpunkt und einen gewissen Sicherheitsabstand. Ich gab diesen Menschen die Möglichkeit, mich besser kennenzulernen, und sie ließen die Chance nicht vergehen. Die Erfahrung schweißte uns zusammen.

Wie du siehst, gibt's kein Geheimrezept, keine Allgemein-lösung für ein Coming-out. Wäre auch zu schön, wenn sich ein fertig geschnürtes Outing-Paket online bestellen lassen würde. Der Moment ist und bleibt situationsabhängig. Manchmal hilft es, manchmal gehen die Dinge erst mal bergab, und manchmal – wie bei mir und meinem Vater – ist es überflüssig. Letzteres ist meine persönliche Idealvorstellung.

WO FANGE ICH AN?

Hier dreht sich alles um deine Queerness, also beginn mit dir selbst. Es ist gar nicht so einfach, sich einzugestehen, dass man nicht hetero oder cis, nicht endo oder allo ist, dass man sich nicht verlieben wird oder gar nicht anders kann, als mehrere Menschen auf einmal zu lieben – vor allem, wenn dir scheinbar die ganze Welt zu verstehen gibt, dass etwas mit dir nicht stimmt. Aber ver-giss die ganze Welt. Vor ein paar Jahrhunderten war dieselbe Welt überzeugt, dass die Sonne sich um die Erde dreht, bis jemand diese naive und ziemlich egoistische Annahme widerlegte und der Rest der Welt blöd dastand. Es gibt immer Menschen, die dich verste-hen, weil sie genau die gleichen Erfahrungen machen wie du. Du bist alles andere als allein, auch wenn es sich manchmal so anfüh-len mag.

Es ist vollkommen okay, wenn du nicht alle Antworten hast.

Wenn deine Orientierung und Identität dir ein Rätsel aufgeben, fühl dich nicht unter Druck gesetzt, es sofort zu lösen. Das Rätsel darf ein Rätsel bleiben. Wir haben das Recht, uns selbst und allen anderen ein Mysterium zu sein, und zwar auf unbestimmte Zeit. Wer will schon komplett durchschaubar sein? Aber wenn du genug vom Raten hast, dann kann es hilfreich sein, sich jemandem anzu-vertrauen, der mit dir zusammen kniffeln kann.

Wenn du das erste Mal jemanden einlädst, wende dich an eine Vertrauensperson. Das kann deine Spanischlehrerin sein, dein Therapeut, deine Lieblingstante oder der beste Freund, der schon in der Krabbelgruppe seine Brezel mit dir geteilt hat. Wenn die Person selbst queer ist, weiß sie genau, wie du dich fühlst. Meistens kannst du einschätzen, ob jemand offen gegenüber queeren Menschen eingestellt ist. Wenn du dir nicht sicher bist, teste die Wasser, indem du das Thema beiläufig in Konversationen einfließen lässt. Hey, hast du *Queer Eye* gesehen? Wusstest du, dass noch nie so viele offen queere Menschen wie heute im Bundestag sitzen?

Es hilft auch, deine Gedanken aufzuschreiben und einen Brief oder eine kleine Rede zu verfassen. Wenn du deine Worte wählen kannst, bevor du sie jemandem vorliest, gibt es dir ein Skript, dem du folgen kannst. Du kannst sagen, dass du dir viele Gedanken gemacht hast, dass es sich nicht um eine Phase oder Laune handelt, dass du weiterhin dieselbe Person bist.

So ein Text lässt sich auch mit einem Klick auf Twitter, Tik-Tok und Co. teilen. Ob du einen auf Jannik Schümann machst und ein Kuschelbild mit Partner*in postest, ein Video mit Memes oder Lyrics aufnimmst oder die Pronomen in deiner Instagram-Bio änderst, Social Media hat den Vorteil, dass sich Neuigkeiten dort wie ein Lauffeuer verbreiten. Bedenke aber auch, dass das Internet voller Leute ist, die auf Krawall gebürstet sind und dir deinen Moment miesmachen wollen.

Zusätzlich hast du online als anonyme Person die Möglichkeit, dich auszuprobieren, ohne unter Beobachtung zu stehen. Du kannst dich in Foren und auf Apps mit einem Nickname und einem Foto deiner Lieblingsband als Profilbild über queere Themen austauschen, Pronomen testen und die eigene Identität erforschen. Mir hat es viel geholfen, dass ich fern von meinen Freund*innen und meiner Familie einen Tumblr-Account hatte, auf dem ich fröhlich heiße Schauspieler anhimmelte, und dass ich auf Goodreads meine Meinung zu queeren Büchern kundtun konnte. Online war ich queer, ohne negative Folgen eines Outings fürchten zu müssen, was dazu beitrug, auch offline dieses Freiheitsgefühl erleben zu wollen.

Wenn du die persönliche Route wählst, ist die Wahrscheinlichkeit groß, dass die Person, die du ins Vertrauen ziehst, sich riesig für dich freut. Sie ist mit Sicherheit nicht von vorgestern, und ihr liegt dein Wohl am Herzen. Du wirst dich leichter fühlen, vielleicht sogar euphorisch, dass du dich nicht mehr verstecken musst.

WAS, WENN'S SCHIEFLÄUFT?

Auf einer Skala von »Das Bild hängt etwas schräg« zu »Das Bild ist von der Wand gefallen und liegt in einem Haufen Scherben am Boden«, wie schief ist es gelaufen?

Manchmal brauchen die Leute in unserem Umfeld etwas Zeit, sich an die Tatsache zu gewöhnen, dass sie eine geliebte Person nicht so gut kannten, wie sie dachten. Schon etwas lächerlich, denn erstens bist du noch immer dieselbe Person wie vor der Verkündung, und zweitens hast du nächtelang die Laken durchgeschwitzt und dir fast in die Hosen gemacht bei dem Gedanken, dich so verwundbar zu machen. Kein Grund, dass die Vertrauensperson jetzt eingeschnappt ist, schließlich musste sie keine Qualen leiden.

Hab Geduld. Vor allem Eltern haben Vorstellungen vom Leben ihrer Kinder, die sich nicht so erfüllen, wie sie sich das wünschen. Manche haben Angst um die Sicherheit ihres Kindes, fürchten Veränderung und trauern, als würde ihr Kind nicht lebend und atmend vor ihnen stehen. Sie wurden zu einer Zeit geboren, in der Queerfeindlichkeit noch salonfähiger war und wenig Aufklärung über sexuelle und geschlechtliche Vielfalt herrschte. Auch sie werden einsehen, dass ein glückliches, befreites Kind kein Grund für Furcht und Trauer ist.

Auch Freund*innen können engstirnig sein, vielleicht weil ihnen eingebläut wurde, dass Adam nur Eva küssen darf und es so oder so nur zwei Geschlechter gibt. Vielleicht sind sie verwirrt und haben viele Fragen, aber keine Antworten. Gib ihnen etwas Zeit, die Neuigkeiten zu verarbeiten.

Nur hat Geduld auch ein Ende. Lass dich nicht verunsichern: Du bist, wer du bist. Wenn eine andere Person sich weigert, das zu akzeptieren, dann hat sie kein Recht auf deine Freundschaft und dein Vertrauen. Die gute Nachricht ist, auch wenn es manchmal Jahre dauert, bis Eltern oder Freunde uns akzeptieren, geschehen diese Wunder häufiger als gedacht.

Wenn das Outing einem Auffahrunfall gleicht, dann gilt wieder: Sicherheit geht vor. Versuch, in Deckung zu gehen. Vielleicht gibt es Verwandtschaft oder Freund*innen, bei denen du vorerst durchatmen kannst. Falls du nicht weiterweißt, gibt es zum Glück Menschen, die dir helfen können. Ganz konkret zum Beispiel die Website deincomingout.de, deren Team dich speziell beim Thema Coming-out unterstützen kann. Dazu haben wir am Ende des Buchs eine Liste mit Anlaufstellen – telefonisch und online – zusammengestellt. Auch vor Ort gibt es Beratungsstellen, die queeren Jugendlichen in Not unter die Arme greifen. Mehr dazu auf Seite 297.

FÜR FREUND*INNEN UND VERBÜNDETE:

Wenn es in deinem Umfeld einen Menschen gibt, der eventuell queer ist, setze ihn nicht unter Druck. Es ist wichtig, dass er den Zeitpunkt, wann er seinem Umfeld von sich erzählt, selbst wählen kann. Ein Fremddouting ist eine grausame Erfahrung, bei der einer queeren Person Kontrolle und Sicherheit geraubt werden. Es ist ein bedeutungsvoller Moment, der mit Euphorie und Freiheit verbunden sein soll, nicht mit Trauma.

Es gibt verschiedene Gründe, warum jemand nicht bereit ist, das Umfeld ins Vertrauen zu nehmen. Ein Mensch braucht Zeit, Wahrheiten über sich selbst zu erkennen und zu verarbeiten. Und manchmal haben wir Mauersteine aus Angst so hoch um uns gestapelt, dass wir sie allein gar nicht umschubsen können.

Wenn du jemandem signalisieren möchtest, dass er*sie sich dir öffnen kann, helfen schon kleine Dinge wie inklusive Sprache. Arbeite queere Themen zwanglos in Konversationen ein, dabei kann es um eine Show oder einen Post gehen. Äußere dich gegen Diskriminierung und Hass in deinem Umfeld und online. Und wer weiß, vielleicht bist du auf dem Holzpfad, und die Person ist gar nicht queer.

Wenn du schließlich ins Vertrauen gezogen wirst, mach kein großes Ding draus. Ein queerer Mensch ist kein Werwolf. Ein Dankeschön, eine Umarmung, ein paar Fragen zur Gefühlslage deines Gegenübers sind bestärkend und zeigen deinen Support.

Ein »Hab ich's doch gewusst« ist alles andere als hilfreich. Erwartest du etwa ein High Five? Du kannst der Person nicht in den Kopf schauen und weißt nicht, wie sie sich definiert oder fühlt. Aber du musst auch keine Überraschung faken. Bleib authentisch.

Was man sich auch sparen sollte, ist die berühmte »Bist du jetzt in mich verliebt?«-Frage. Meistens ist die Antwort sowieso ein Nein. Erstens verlieben Heteros sich auch nicht in jede andersgeschlechtliche Person, die ihnen an einem beliebigen Tag über den Weg läuft. Und zweitens, ist es wirklich so schlimm, sich in die beste Freundin oder den besten Freund zu verlieben? Es gibt kaum Menschen, zu denen wir eine engere Bindung aufbauen als zu besten Freund*innen, und dass bei so viel Vertrauen und Zuneigung auch romantische Gefühle entstehen, ist keine Überraschung.

Sind wir nicht alle ein wenig in unsere besten Freund*innen verliebt?

Aber im Ernst, wenn ich davon ausgehe, dass mein bester Freund kein Problem mit meiner Queerness hat, dann dürften ihn meine Gefühle auch nicht weiter jucken, oder? Er kann die Gefühle nicht erwidern, aber wahre Freundschaft wankt weder bei Streit noch bei Liebe. Sollte die Person dir tatsächlich ihre Gefühle gestehen, ist das weder ein Grund für Panik noch für Queerfeindlichkeit. Dein*e Freund*in wird einsehen, dass ihr kein Endgame seid. Vielleicht braucht ihr etwas Zeit, um das zu verarbeiten, aber das bedeutet noch lange nicht das Aus für eure Freundschaft.

FÜR ELTERN UND DIE, DIE ES MAL WERDEN MÖCHTEN:

Wenn ihr dieses Buch aufgeschlagen habt, macht ihr schon mal etwas richtig. Euer Kind sollte euch nicht aufklären müssen, denn es liegt in eurer Verantwortung, ein Umfeld zu schaffen, in dem das Kind sich gar nicht erst verstecken muss. Je informierter ihr seid, umso besser könnt ihr eurem Kind für Fragen zur Seite stehen und es im Angesicht von Diskriminierung schützen.

Es fängt mit kleinen Schritten an: Wie wäre es mit ein paar Bilderbüchern über queere Familien oder Kleidung unabhängig vom Geschlecht des Kindes? Auch eine Sprache, die auf Geschlechter-Klischees und homo- und transphobe Witze verzichtet, wird dem Kind helfen, ohne Scham seine Persönlichkeit zu entwickeln. Und was, wenn das Kind gar nicht queer ist? Dann herzlichen Glückwunsch fürs Erziehen eines Kindes, das queere Menschen mit Respekt behandelt.

Wenn das Kind euch ins Vertrauen nimmt, sollte eure erste Reaktion ermutigend sein. Anstatt die Worte zu hinterfragen, ist bestärkende Akzeptanz gebraucht. Selbst wenn ihr Zweifel haben solltet – schließlich meinen Eltern, ihre Kinder besser zu kennen als sie sich selbst –, behaltet sie für euch. Es kann gut sein, dass das Kind noch in der Findungsphase ist, aber das ist kein Grund, es mit euren Erwartungen zu überrollen – und höchstwahrscheinlich werdet ihr eines Besseren belehrt.

Viel wichtiger sind die Gefühle des Kindes: Fühlt es sich wohl in seiner Haut? Fühlt es sich sicher in der Schule? Hat es Fragen und braucht Hilfe, diese zu beantworten? Sollen Oma und Opa davon erfahren, oder muss der Rest der Familie noch warten?

Gerade wenn das Kind trans ist, braucht es eure Unterstützung doppelt. Trans-Sein ist kompliziert in einem Staats- und Gesundheitssystem, das trans Menschen allerhand Barrieren in den Weg legt. Hier ist es umso wichtiger, im Team herauszufinden, wie das Kind sich selbst am besten verwirklichen kann.

Bedenkt: Es ändert sich alles, und es ändert sich nichts.

Euer Kind ist euer Kind, ob es queer ist oder nicht. Manche Eltern berichten, dass sie von Trauer ergriffen werden, vor allem wenn sie realisieren, dass ihr Kind trans ist. Aber so zu tun, als sei ein Kind gestorben, wenn es lebt und atmet, ist ein harter Brocken. Hier ist kein Mensch verlorengegangen. Wenn überhaupt, lernt ihr gerade die wahrhaftige und glücklichere Version kennen. Zukünftige Enkel und Karrierechancen sollten wirklich nicht eure erste Sorge sein. Es ist nur natürlich, um die Sicherheit des Kindes zu fürchten.

Als Eltern solltet ihr nicht wünschen, dass euer queeres Kind nicht queer ist, sondern dafür sorgen, dass die Welt, in der es lebt, ein sicherer Ort ist. Wie es Plakate bei Pride-Demos und Protesten so schön sagen: Wer kein queeres Kind lieben kann, soll keine Kinder haben.

Die Sache ist doch die: Meine Queerness macht mich ebenso aus wie die Unfähigkeit, beim Singen auch nur einen einzigen Ton zu treffen, und meine Weigerung, das Singen sein zu lassen. Eine von vielen Facetten, und doch stören sich die meisten mehr an meiner Homosexualität als an meiner Stimme. Würde man nicht ständig ein Outing von mir verlangen, könnte ich mich vielleicht mehr darauf konzentrieren, Harry Styles die Grammys streitig zu machen.

Das Coming-out ist das Symptom einer Zeit, die queere Menschen zwingt, sich zu verstecken. Das Versteckspiel zu verweigern kann deswegen großen Aufruhr auslösen. In einer Welt, die alle Menschen gleich behandelt, ist das Coming-out überflüssig. Und auch wenn wir versuchen, diese Welt zu einem freundlicheren Ort zu machen, sind wir dort leider noch nicht angekommen.

Wir könnten jetzt den Kopf hängen lassen, aber Hoffnung hebt uns das Kinn. Lichtblicke gibt es trotz der manchmal sehr schwer wiegenden Düsternis überall, und man muss nicht lange suchen. In diesem Moment liest du ein unverschämt queeres Buch von einem unverschämt queeren Autor. Dieses ist nur ein queeres Buch von vielen, und ich bin ein queerer Autor von vielen, die jeden Tag neue Worte aufs Papier bringen. Mit fünfzehn hätte ich niemandem abgekauft, dass ich ein paar Jahre später so offen über Queerness sprechen würde. Heute fällt es mir nicht nur superleicht, es bereitet mir Freude und verbindet mich mit anderen queeren Menschen.

Hier noch einige Buch- und Filmtipps zum Thema Coming-out und Identitätsfindung:

A New Season von Marius Schaefers

Coming-out: Queere Stars über den wichtigsten Moment in ihrem Leben von Sebastian Goddemeier

Der Schwarze Flamingo von Dean Atta, übersetzt von Olaide E. Frank

Gender Queer von Maia Kobabe (englisch)

Melissa von Alex Gino, übersetzt von Alexandra Ernst

More Happy Than Not von Adam Silvera, übersetzt von Lisa Kögeböhn

Mr. Loverman von Bernardine Evaristo, übersetzt von Tanja Handels

Parallel von Matthias Lehmann

Queer Up von Alexis Caught (englisch)

Ramona Blue von Julie Murphy, übersetzt von Kattrin Stier

Unter den Udala Bäumen von Chinelo Okparanta, übersetzt von Sonja Finck und Maria Hummitzsch

Cowboys (2020)

Männer al dente (2010)

Pariah (2011)

Rafiki (2018)

XXY (2007)

Erinnerst du dich an dein »erstes« Coming-out? Oder hattest du vielleicht ein besonders »unvergessliches« Coming-out-Erlebnis? Und magst du ein bisschen erzählen, wie es war?

ANNA: Mein Partner hat mein inneres Coming-out begleitet, hatte immer ein offenes Ohr und gab mir den Raum, den ich brauchte, um meine Gefühle zu ordnen. Das war ein langer Prozess, aber im Endeffekt war er der Erste, der von meiner Bisexualität wusste. Heute sind wir glücklich verheiratet.

CHANTAL-FLEUR: Als pansexuelle Frau hatte ich im Aufwachsen viele Fragen und zu wenig Vorbilder. Gleichgeschlechtliches Begehren habe ich als Jugendliche versucht zu verdrängen und in enge Freundschaften umzulenken, bis es mich mit Anfang zwanzig total erwischt hat. Da folgte dann eine Welle von Coming-outs, weil ich dieses Glück einfach nicht verstecken wollte.

DOMINIK: Ich glaube, wir haben immer wieder Coming-outs. Das hört nie auf, weil unsere Gesellschaft leider denkt, wenn du nicht hetero bist, ist es deine Aufgabe, dies mitzuteilen. Mein erstes Coming-out, ich nenne es auch gerne »Inviting-in«, hatte ich bei meiner damaligen besten Freundin. Erst war sie total geschockt und hat nicht besonders empathisch reagiert. Nach ein paar Tagen Funkstille hat sich mich dann aber angerufen, sich für ihre blöde Reaktion entschuldigt und mir gesagt, dass sie hinter mir steht und sich an unserer Freundschaft dadurch nichts ändert, auch wenn sie etwas Zeit brauchte, um sich damit zu befassen.

EVELYNE: Es hat tatsächlich sehr lange gedauert, bis ich mir darüber im Klaren war, dass ich aromantisch und asexuell bin. Da war ich schon mitten im Studium, als mir das so richtig bewusst wurde, obwohl es natürlich vorher schon eindeutige »Anzeichen« gab. Ich denke, ein Grund, weshalb es so lange gedauert hat, war, dass es kaum Awareness zu diesem Thema gibt. Als Teenager hört man immer: »Diese Gefühle wirst du auch entwickeln, das passiert uns allen« – aber nirgendwo wird einem erklärt, dass es auch völlig in Ordnung ist, all das eben nicht zu spüren. Viele asexuelle oder aromantische Menschen fühlen sich deshalb jahrelang falsch oder kaputt. Aus diesem Grund wollte ich unbedingt ein Zeichen für mehr Awareness setzen – und hab mich dann öffentlich auf meinem Instagram-Account geoutet. Das hat schon einiges an Mut gebraucht – mein Herz hat richtig schnell geklopft, als ich auf »Veröffentlichen« geklickt habe. Danach habe ich das Handy erstmal für zwei Stunden nicht mehr getraut anzufassen. Umso überwältigter war ich dann von all den Reaktionen – der Post ist über Nacht total viral gegangen und glücklicherweise waren die Kommentare alle total lieb und ermutigend. Seitdem poste ich regelmäßig auf Instagram über Aromantik und Asexualität, um mehr Aufmerksamkeit für das Thema zu schaffen.

GIALU: Mein erstes Coming-Out hatte ich mit vierzehn. Ich habe das damals gemeinsam mit meiner besten Freundin herausgefunden und das war einerseits eine sehr schöne Erfahrung, diese Gefühle mit ihr zu teilen, andererseits hatten wir beide übelst Angst. Als wir dann aber herausgefunden haben, dass es das Label »bisexuell« (und den Spruch »Ein bisschen bi schadet nie«) gibt, sind wir sehr offen damit umgegangen und das hat einer unserer besten Freundinnen wiederum bei ihrem Coming-Out geholfen, was sehr schön war.

Mit siebzehn habe ich mich dann bezüglich meiner Sexualität nochmal geoutet, als ich meine erste offizielle feste Freundin in den USA hatte.

Mein Outing als nicht-binär beziehungsweise im Transspektrum war ziemlich anders. Ich habe das Eingeständnis – das Coming-Out vor mir selbst – sehr nach hinten geschoben und ich habe lange gebraucht, es mir selbst gegenüber einzugestehen. Mein Coming-Out vor mir selbst als trans hatte ich also erst Anfang/Mitte 2020. Ich erinnere mich noch an diesen unvergesslichen Moment: Ich habe nicht-binär beziehungsweise gender-fluid überall auf TikTok gesehen und dann im Internet nachgelesen und dabei gedacht: »Wow, es gibt Leute, die fühlen sich genauso wie ich mich fühle. Ich bin nicht allein.«

Ich habe dann auch meinen engsten Freund*innen und meiner Familie davon erzählt, wobei ich übelst Angst hatte, dass ich Leute verlieren würde. Tatsächlich aber bin ich mit allen Leuten, mit denen ich damals eng befreundet war, immer noch eng befreundet und auch meine Familie ist nach einigen Aufs und Abs auf einem guten Weg.

LENI BOLT: Ja, das hatte ich mit vierzehn bei meiner damals besten Freundin. Wir haben uns in der Eisdiele des Vertrauens getroffen und über viele Dinge gesprochen. Mir war an dem Tag aber klar, dass ich es ihr sagen musste. Einfach, um endlich mit jemandem über meine Gefühlswelt sprechen zu können. Da ich in einem sehr kleinen, eher konservativen Ort aufgewachsen bin, gab es keine Möglichkeiten, meine Queerness zu entdecken und frei zu leben. Es war so befreiend, und sie hat es echt gut aufgenommen mit den Worten »Zu jedem Topf passt ein Deckel«.

MARIUS: Meine allerersten Coming-out-Versuche habe ich mit achtzehn gestartet, als ich mir noch gar nicht hundertprozentig sicher war, ob ich trans bin. Das war mehr so ein: »Du, ich glaube, es gibt da diese Sache. Vielleicht bin ich eigentlich gar

STIMMEN AUS DER COMMUNITY

keine Frau, sondern ein Mann.« Mein erstes »richtiges« Coming-out hatte ich dann ein paar Jahre später. Zu dem Zeitpunkt hatte ich zwar immer noch ziemlich große Angst vor den Reaktionen der anderen, aber ich konnte und wollte meine Wahrheit nicht mehr leugnen. Diese Gewissheit hat mir die Kraft gegeben, ganz klar zu sagen, wer ich bin. Und das war definitiv die beste Entscheidung, die ich je getroffen habe.

SOPHIE: Meinem Großvater erzählte ich als erster Person, dass ich Menschen liebe. Ich war nervös, dabei war dieser Mann so wahnsinnig, wahnsinnig tolerant. Bei uns wurde immer offen über Liebe und Sexualität gesprochen. Und so war es für mich genauso normal, dass mein Opa neben seinem Hauptberuf Paar- und Sexualberater war. Ich sagte ihm also das, was ich zu sagen hatte. Und dieser neunzigjährige Mann schaute mich nur lange an, lachte sein Opa-Lachen und meinte: »Das wusste ich doch schon« und kurz darauf: »Weißt du, ich habe das damals auch ein paar Mal ausprobiert mit den Jungs, aber das hat mir dann doch nicht gefallen.«

Wem hast du zuerst so von dir erzählt?

ANNA: Das erste Mal, dass ich mich jemandem explizit als bisexuell geoutet habe, war bei einer meiner engsten Freundinnen. Ich war sehr nervös, und es fühlte sich am Anfang seltsam an, zu sagen »ich bin bi«. Aber sie war so empathisch und hat die Information angenommen, ohne zu hinterfragen oder zu kommentieren, und hat sich gefreut, dass ich es mit ihr geteilt habe. Das hat mir Mut gemacht, mich auch anderen Freund*innen zu offenbaren. Meiner Familie habe ich es dann mit der Zeit erzählt.

CHANTAL-FLEUR: Meinen besten Freundinnen damals – und später hat sich gezeigt, dass ich auch gar nicht die einzige queere Person in unserer kleinen Clique war.

EVELYNE: Zuallererst meinen Freund*innen. Bei meiner Familie hatte ich das Thema in der Vergangenheit immer wieder ein wenig angedeutet, aber da fielen die Reaktionen leider nicht unbedingt so positiv aus. Ganz anders war das in meinem Freundeskreis: Da hab ich mich sofort akzeptiert gefühlt, auch wenn natürlich viele Fragen aufkamen. Was auch ganz witzig war: Nach meinem Coming-Out haben sich zwei meiner besten Freund*innen auch als aro-ace geoutet. Ich glaube, man sucht sich unterbewusst Menschen als Freund*innen, die ein wenig ähnlich ticken wie man selbst.

GIALU: Von meiner Identität habe ich damals meiner Exfreundin zum ersten Mal erzählt. Sie hat sich als lesbische Frau bezeichnet und ich konnte mich nie mit wirklich mit dem Label identifizieren. Dadurch, dass sie selbst eine trans Person in ihrer Familie hatte, ist sie sofort sehr offen mit dem Ganzen umgegangen. Da habe ich mich direkt verstanden gefühlt, weil das für mich auch das erste Mal war, dass ich mit einer anderen trans Person in Kontakt getreten war, als wir dann mit der Person aus ihrem Umfeld essen gegangen sind.

LENI BOLT: Das war wie gesagt meine beste Freundin aus der Schulzeit. Wir hatten einen sehr guten Draht zueinander, und ich wusste, dass ich ihr vertrauen kann. Übrigens haben wir uns dieses Jahr nach zehn Jahren beim Abi-Treffen wiedergesehen … das war schön.

MARIUS: Meiner Mutter.

SOPHIE: Ich glaube, es waren tatsächlich meine Eltern, und es ist keine schöne Erinnerung. Trotzdem möchte ich sie kurz erwähnen, weil ich damit (leider) nicht allein bin:

Wir saßen zusammen am Küchentisch. Mein Vater stand einfach auf und verließ den Raum. Wir sprachen nie wieder darüber, und es war, als wäre mein Outing niemals passiert. Meine Mutter blieb, betitelte es aber als Phase und kurzes Austoben, um es in Zukunft dann dauerhaft zu ignorieren.

Für meine Eltern bin ich wahrscheinlich immer noch hetero. Und jeder Mensch an meiner Seite, der nicht männlich gelesen wird, zählt für sie nicht.

Schönste Reaktion(en) auf ein Coming-out von dir?

ANNA: Als queere Person hört der Prozess des Coming-outs so gut wie nie auf. Mit jeder Person, die dich neu kennenlernt und der du dich öffnest, passiert wieder ein Coming-out. Man gewöhnt sich daran. Aber somit oute ich mich auch permanent neuen Menschen durch meine Podcasts »Wie Frau Liebt« und »Bi Your Side«, bei denen ich offen über meine Bisexualität spreche. Die schönsten Reaktionen sind dann die Nachrichten, die ich von vielen Hörer*innen bekomme. Sie schreiben mir, dass sie sich in meiner Geschichte und meinen Gedanken wiederfinden können, dass sie sich durch mich verstanden fühlen und nicht mehr alleine. Das ist für mich das Schönste. Mein Learning daraus: Es lohnt sich, laut zu sein, denn damit kann man anderen Menschen Mut machen.

CHANTAL-FLEUR: Meine Mama war/ist großartig, sie hat sich einfach nur mit mir darüber gefreut, dass ich jemanden in meinem Leben habe, der mich genau so mag, wie ich bin, mir Kraft und Freude schenkt – egal, welches Geschlecht diese Person hat.

LENI BOLT: Einige Jahre später ist mir bewusst geworden, dass ich nicht schwul, sondern nonbinary trans* bin. Ich hatte keine Lust mehr darauf, mich outen zu müssen, und irgendwann kam ein Freund auf mich zu und meinte: »Kann es sein, dass du trans* bist?«, und ich antwortete einfach nur mit »Ja«. Damit war das Thema gegessen, und ich wünsche mir, dass ein Outing für die zukünftige Generation genau so normal und ohne große Faszination oder Drama behandelt wird.

EVELNYE: Weil ich mich ja öffentlich auf meinem Instagram-Account geoutet habe, habe ich daraufhin sehr viele Nachrichten von fremden Menschen erhalten, die sich in meinem Post wiedergefunden habe. Die schönste Nachricht war von einer über sechzigjährigen Frau, die meinte, dass sie beim Lesen des Beitrags Tränen in den Augen hatte – nach all den Jahren hatte sie endlich die Bestätigung, dass nichts mit ihr falsch ist und dass es sogar einen Namen für das gibt, was sie fühlt. Das hat mich schon sehr berührt.

GIALU: Ich glaube, das ist schwierig zu sagen. Ich finde, die schönste Reaktion ist immer, wenn du merkst: Es ändert sich nichts und die Person freut sich einfach nur für dich und ist happy, weil sie sieht, dass du dich wohler in deinem Körper fühlst. Sie ist einfach da für dich und sieht dich direkt als die Person an, die du bist.
Eine meiner besten Freundinnen meinte damals zu meiner Namensänderungen zu mir: »Boar, dein Name ist einfach so schön und das passt so gut zu dir.« Die schönsten Reaktionen sind, wenn ich einfach merke: »Ey, die Person mag mich wirklich für die Person, die ich bin und sieht mich auch so, wie ich mich sehe.«

STIMMEN AUS DER COMMUNITY

MARIUS: Das erste Mal, dass mir jemand wirklich zugehört und meine Identität akzeptiert hat. Das erste Mal, dass ich alle meine Gedanken endlich teilen konnte und nicht mehr nur mit mir selbst ausmachen musste. Das erste Mal, dass da plötzlich eine Person war, die mir das Gefühl vermittelt hat, dass das, was ich empfinde, okay ist und sich schon alles fügen wird.

SOPHIE: Die schönsten Momente waren und sind immer noch die, in denen ich mich gar nicht oute. So war es auch bei den meisten meiner Freund*innen. Ich erzählte einfach von den Menschen, die mir gefielen, von meinen Dates und meinen Beziehungen – alles losgelöst von Geschlecht. Und damit war die Sache allen klar.

Welche Art von Unterstützung hättest du dir bei deinem Coming-out oder in anderen Situationen gewünscht?

ANNA: Ich habe das Privileg, dass ich in einem tollen Umfeld lebe mit Freund*innen, die zu mir stehen, und einer Familie und meinem Partner, die mich unterstützen. Und trotzdem habe ich mich schwergetan, mich zu offenbaren. Ich glaube, was es für queere Menschen einfacher machen würde, ist, wenn sich alle Leute mit dem Thema LGBTQ+ auseinandersetzen würden. Dass die Label wenigstens im Prinzip bekannt sind, denn man will auch nicht bei seinem Coming-out noch grundlegende Aufklärung betreiben müssen. Dass das Gegenüber versteht, dass Queerness keine Entscheidung ist, sondern Teil von einem. Wir sollten generelle Safe Spaces schaffen und ein Umfeld, in dem sich eine queere Person nach außen traut.

CHANTAL-FLEUR: Manchmal wurde mein Coming-out nicht ernst genommen, Bi- oder Pansein wird viel zu häufig noch als

Verwirrung oder Unklarheit abgetan. Gerade früher hätte ich mir das anders gewünscht, dass sich manche Freund*innen mehr mit mir gefreut hätten, anstatt mein Begehren in Frage zu stellen.

EVELYNE: Oft höre ich als Reaktion darauf, dass ich aro-ace bin und das öffentlich thematisiere, Dinge wie »Das interessiert doch keinen!« oder »Warum muss man sich so auf seine Sexualität reduzieren?«. Manchmal werde ich sogar persönlich angegriffen. Mir ist klar, dass rund um das Thema Asexualität und Aromantik noch viele Fragezeichen herrschen und die Menschen nicht sehr viel darüber wissen. Genau deshalb ist aber Verständnis so wichtig – auch oder eben gerade weil man etwas nicht versteht. Oder anders gesagt: Man muss nicht immer alles 100 % nachvollziehen können, um einen anderen Menschen zu respektieren.

DOMINIK: Ich glaube, dass damals wie heute Schulen viel mehr Aufklärungsarbeit leisten und Lehrkräfte viel stärker für queere Themen sensibilisiert werden sollten. Queere Themen sollten außerdem viel selbstverständlicher in Lehrmaterialien aufgenommen werden, wie z.B. in Mathematik-Textaufgaben. Das würde das Thema Homosexualität normalisieren und bietet Chancen für einen Austausch, ohne dass einzelne Personen ausgestellt werden oder sich selbst erklären müssen.

GIALU: Ich hätte mir allgemein mehr gesellschaftliche Aufklärung gewünscht, auch bezogen auf mein eigenes Coming-Out. Ich hätte gerne schon viel früher die Möglichkeit gehabt, darüber beispielsweise in der Schule zu erfahren, in Serien, in Filmen, in Büchern. Zu erfahren, dass es trans und nicht-binäre Personen gibt, dass das alles möglich ist und dass ich einfach »Ich« sein kann. Und vor allem hätte ich mir gewünscht, dass ich das nicht nur für mich gewusst hätte, sondern dass auch mein Umfeld diese Aufklärung gehabt hätte. Dementsprechend hätten trans Personen diese Aufklärung dann eben nicht selbst zusätzlich zu ihrem eigenen Coming-Out leisten müssen.

LENI BOLT: Ich hätte mir damals mehr Unterstützung von meiner Familie gewünscht. Gerade zum Thema trans* gab es viele Vorurteile und Unverständnis, das ich mit meiner Aufklärungsarbeit beseitigen musste. Das hat mich viel Kraft gekostet, die ich mir hätte sparen können, wenn meine Familie bereit gewesen wäre, sich selbst zu informieren.

MARIUS: Ein offenes Ohr, dass mein Gegenüber einfach für mich da ist und mir versichert, dass ich ich sein darf. Keine Wertung, kein Anzweifeln, keine Vorurteile.

SOPHIE: Wenn ich mich einem Menschen gegenüber oute, dann erwarte ich in der Regel nichts. Es geht mir darum, meinem Gegenüber mein ganzes Ich zu zeigen. Ich wünsche mir dabei aber Verständnis und Akzeptanz.
Eltern bzw. die Personen, die ein Kind aufziehen, haben in diesem ganzen Prozess aber eine besonders wichtige Rolle. Hier hätte ich mir gewünscht, dass mir Unterstützung und ein offenes Ohr angeboten worden wären.

Hast du Tipps für jemanden, der vielleicht noch darüber nachdenkt, sich zu outen?

ANNA: Wichtig ist, dass du nur das tust, womit du dich wohlfühlst. Deine Queerness ist nicht weniger echt oder weniger valide, wenn du nicht out bist. Alleine du entscheidest, wem du dich wann und wie öffnen möchtest.

CHANTAL-FLEUR: Baue dir eine Wohlfühlzone von Menschen auf, teile zuerst mit anderen mehr über dich, von denen du wirklich Unterstützung erwartest. Sie werden dich für all jene Momente stärken, in denen dir Widerstand und Queerfeindlichkeit begegnen.

DOMINIK: Mich persönlich hat das sehr befreit. Mach dir aber bitte keinen Druck. Vielleicht scheint es durch Medien und vielleicht auch dein Umfeld so, als wärst du der Welt ein Outing schuldig. Das ist aber nicht wahr. Auch nicht in allen Situationen ist es empfehlenswert, sich zu outen. Zum Beispiel, wenn du in einer queerfeindlichen Familie aufwächst. Es ist ganz allein deine Entscheidung, wem du diesen ganz persönlichen Teil von dir zeigst und wann. Hilfreich ist es aber in jedem Fall, wenn du eine Person hast, mit der du deine Gedanken teilen kannst, und nicht alles ganz allein mit dir ausmachen musst. Outings können schmerzhaft sein, aber es kommen sicher auch viel mehr positive Reaktionen, als du vielleicht gerade denkst. Ich fühle mich, seitdem ich geoutet bin, deutlich freier als früher und bin froh, dass ich mich meinen Freund*innen so zeigen kann, wie ich wirklich bin und fühle. Aber selbst wenn du vielleicht gerade doch noch nicht bereit für ein großes Outing bist – du bist trotzdem Teil der LGBTIQ+ Community. Da gibt's keinen Zweifel für mich.

EVELYNE: Ein Outing kann wunderbar befreiend und bestärkend sein, aber auch beängstigend. Deshalb finde ich es wichtig, sich bewusst zu sein, dass ein Outing kein Muss ist. Die eigene sexuelle oder romantische Orientierung ist auch ohne ein Outing komplett valide. Zudem muss ein Outing auch nicht immer so dramatisch ablaufen wie in den Hollywood-Filmen. Wenn du dich outen möchtest, dann tu das so, wie es sich für dich richtig anfühlt. Und auch ganz wichtig: Du schuldest niemandem ein Outing. Wenn du dich z. B. nicht bei deinem Arbeitgeber outen möchtest, ist das völlig in Ordnung.

GIALU: Auf jeden Fall: Sich alle Zeit der Welt nehmen, denn es eilt überhaupt gar nicht. Die eigene Identität ist nicht abhängig davon, ob ich jetzt öffentlich trans bin, zum Beispiel. Was ich damals vor meinem Coming-Out gemacht habe, ist, die Themen allgemein in meinem Umkreis mal anzusprechen, um zu schauen, welche Reaktionen kommen. Bei Transfeindlichkeit ist es nämlich nicht sicher, sich zu outen. Gerade, wenn Personen noch zuhause leben oder in irgendeiner Weise abhängig von anderen sind, denn dann geht die eigene Sicherheit immer vor – wobei das jede trans Person natürlich für sich selbst zu entscheiden hat.

Es gibt viele Arten und Weisen, wie man sich outen kann: manchen fällt es leichter einen Brief oder eine Whatsapp zu schreiben, andere suchen vielleicht lieber das persönliche Gespräch. Das Wichtigste ist, auf sich selbst zu achten und zu hören. Erst vor kurzem bei einem Panel-Talk habe ich den Begriff »Inviting-In« gelernt, den ich viel schöner finde als »Coming-Out«, denn so lade ich jemanden ein, in meine Welt zu kommen und mich kennenzulernen.

LENI BOLT: Nimm dir auf jeden Fall die Zeit, die du brauchst. Niemand wartet darauf, dass du dich outest, und du musst es auch nicht tun, wenn du darauf keine Lust hast. Ich bin der Meinung, dass das Thema Outing längst überfällig ist. Es gibt Heteros, Schwule, Lesben, Transpersonen, Queers … – wir sind alle Teil der Gesellschaft und müssen uns vor niemandem rechtfertigen oder erklären.

MARIUS: Oute dich nur, wenn du es wirklich möchtest und du es gefahrlos tun kannst. Sprich zuerst mit Menschen, bei denen du glaubst, dass sie hinter dir stehen, und hole dir so Unterstützung für schwierigere Coming-outs. Bereite dich (gedanklich oder praktisch) auch auf nicht so schöne Reaktionen vor, aber vergiss nicht, dass du ebenso positiv überrascht werden kannst und womöglich gar nichts Schlimmes passiert.

SOPHIE: Am wichtigsten sind meiner Meinung nach zwei Dinge. Erstens: Ein Coming-out ist für dich und nicht für andere. Es macht dich nicht weniger queer, wenn du auf diesen Schritt verzichtest.
Zweitens: Nur du allein entscheidest, wann, ob und vor wem du dich outest.

Was würdest du deinem jüngeren queeren Ich gerne sagen?

ANNA: Es zählt nur, was du fühlst, und nicht, welche Erfahrungen du gesammelt oder wie oft du schon etwas getan hast. Es gibt keine Checkliste, die du abarbeiten musst, bevor du dich »bisexuell« nennen darfst. Was du bist und wie du dich identifizierst, ist deine individuelle Entscheidung, und du triffst sie für dich.

CHANTAL-FLEUR: Erlaube dir alles, dich unendlich zu verlieben und zu entlieben, zu begehren und geliebt zu werden, beides auf hunderttausend verschiedene Weisen. Erlaube dir alles, stell nichts in Frage, stell dich nicht in Frage. Erlaube dir alles.

DOMINIK: Stress dich nicht so. Dass du unsicher bist und noch nicht so richtig weißt, wie du liebst, was du magst und wo die Reise mit dir hingeht, ist ganz normal. Mit der Zeit wird dir Stück für Stück immer mehr klar.

EVELYNE: Es ist okay. Zwinge dich nicht zu Dingen, bei denen du dich nicht wohl fühlst, nur weil alle anderen es tun.

GIALU: Ich würde meinem jüngeren queeren Ich gerne sehr viel sagen, aber letztendlich einfach, dass du gut und wunderbar bist, genauso wie du bist. Dass du niemand anderem gefallen musst, außer dir selbst und dass alles OK ist und dass es besser wird. Dass ich mich lieb habe und nicht aufgeben soll – denn ich hatte viele Punkte, an denen ich aufgeben wollte und ich bin sehr stolz auf mein jüngeres Ich, dass es das eben nicht getan hat.

LENI BOLT: Ich würde meinem jüngeren queeren Ich sagen, dass ich gut so bin, wie ich bin, und dass ich keine Angst vor der Zukunft haben muss. Denn ich dachte damals, dass ich niemals eine:n Partner:in finden würde und auch Schwierigkeiten haben werde, einen Job zu finden. Diese negativen Glaubenssätze hätte ich gerne schon früher abgelegt.

MARIUS: Du bist nicht kaputt, halte durch, gib nicht auf. Am Ende wird es sich so sehr lohnen, mutig zu sein. Aber: Nimm dir die Zeit, die du brauchst.

SOPHIE: Es liegt nicht daran, dass du zu viel bist oder zu viel willst! Es liegt nicht an dir, es liegt an der verdammten Welt!

Hast du Lieblingsfilme, -serien oder -bücher, die für dich wichtig waren oder sind?

ANNA: Ein Film, der mich sehr zum Denken angeregt hat, war *Black Swan*, in dem beide Hauptdarstellerinnen (in einem Traum) eine Affäre eingehen. Das hat in mir Gefühle ausgelöst, die ich zu dem Zeitpunkt nicht einordnen konnte. Mein erster Girl Crush war aber definitiv Keira Knightley als Elizabeth Swan in *Fluch der Karibik*. Neulich habe ich die Serie *Heartstopper* geschaut, bei der es um das innere Coming-out von einem bisexuellen Schüler geht, und habe mich in vielem wiedergefunden. Die kann ich nur empfehlen!

EVELYNE: Leider sucht man, gerade auf dem deutschsprachigen Markt, oft vergeblich nach Repräsentation von Asexualität und Aromantik. Ein Buch, das in dem Bereich sehr prägend für mich war, ist *Loveless* von Alice Oseman – die erste Geschichte mit einer aro-ace Hauptfigur, die ich je gelesen habe. Nirgendwo sonst habe ich mich so sehr widerspiegelt gefühlt wie hier. Ich hatte beim Lesen sogar mehrmals Tränen in den Augen, weil es einfach so schön war, endlich gesehen zu werden.

GIALU: Die Serie *Sense 8* fand ich auf jeden Fall cool. Meine größte Inspiration war aber tatsächlich TikTok, da bin ich ehrlich. Und ich erinnere mich noch daran, als ich mit zwölf oder dreizehn *Grey's Anatomy* mit meiner Mom geguckt habe. Da kam eine trans beziehungsweise intergeschlechtliche Person vor und ich habe das mit Faszination geschaut.
Mittlerweile hole ich mir meine Inspiration und Bestätigung von anderen Menschen aus meinem Umfeld und von den sozialen Medien.

LENI BOLT: Ja. Mein absoluter Lieblingsfilm in Bezug auf meine eigene Identitätsfindung ist *Laurence Anyways* von Xavier Dolan. Es geht um eine Transfrau in den Neunzigern, die ihre Transition beginnt, und dabei werden alle Hürden im beruflichen und privaten Leben sehr schön gezeigt. Ich könnte den Film immer und immer wieder sehen

MARIUS: Eines der ersten Bücher mit LGBTQIAP+-Repräsentation, das ich gelesen habe, war *Love, Simon* von Becky Albertalli. Das war, noch bevor ich mir eingestanden hatte, selbst queer zu sein. Das Buch ist einfach wunderschön. Ich denke, die besten Geschichten sind jene, die uns bewegen und Hoffnung schenken, auch wenn wir vielleicht (noch gar) nicht genau sagen können, wieso.

SOPHIE: Ich liebe die Serie *Sex Education*, weil hier auf sensible und humorvolle Art das ganze Spektrum von Queerness abgebildet wird. Außerdem hat mir *Feel Good* wahnsinnig gut gefallen, weil es hier endlich einmal nur ums Lesbisch-Sein geht. Meine liebsten queeren Bücher sind momentan *Im Wasser sind wir schwerelos* von Tomasz Jedrowski, *Music from another World* von Robin Talley und *Küsse im Sommerregen sind auch nur nass* von Ciara Smyth.

Und natürlich meine eigenen Romane, die ich für mein junges Selbst geschrieben habe, um ihm zu sagen: Du bist okay!

BEZIEHUNGEN

Beziehungen sind großartig. Ich bin weder Anthropologe noch Therapeut, aber es reichen schon ein paar Jährchen auf diesem Planeten, um festzustellen, dass eine Verbindung zu einem anderen Menschen die wunderschönsten Gefühle auslösen kann. Inniges Vertrauen, geteilte Geheimnisse, wilde Abenteuer, leise Zärtlichkeit, unzerbrechliche Loyalität, unerschöpfliche Liebe – all das, und es braucht nichts als mich und einen anderen Menschen.

Deswegen dreht sich in diesem Kapitel alles um die Menschen, die über kurz oder lang einen Teil unseres Lebens formen. Bisher haben wir uns hauptsächlich mit uns selbst beschäftigt, damit, wie Sprache bei der Selbstfindung helfen kann und wie wir Coming-outs und Inviting-ins navigieren. Sich selbst Aufmerksamkeit zu schenken und das eigene Ego zu streicheln ist schön und wichtig, aber dasselbe will ich von den Verbindungen behaupten, die wir mit den Menschen um uns herum eingehen, von Familie und Community bis hin zum Dating.

Nun ist ein Mensch allein schon eine komplexe Angelegenheit, steck zwei oder mehr Menschen zusammen, und das Chaos fängt erst richtig an. Dabei ist völlig egal, ob man verwandt, befreundet oder verliebt ist, brodelnde Gefühle und angeknackste Egos können Beziehungen unglaublich kompliziert machen. Dass dabei Konflikte entstehen, ist fast schon ein Naturgesetz. Wir sind insgeheim wohl verletzlicher, als wir zugeben wollen, und können Trampeltiere sein, wenn es um die Gefühle anderer Leute geht. Glücklicherweise ist es ebenfalls ein Naturgesetz, dass Konflikte lösbar sind.

Eine geliebte Person kann ein Zuhause sein, aber anders als die eigenen vier Wände hat ein Wesen aus Fleisch, Blut und Emotionen auch Bedürfnisse. Dein Schlafzimmer kümmert es nicht, wie oft du saugst oder wie viele Müslischüsseln du in einer Ecke abstellst und vergisst, aber Beziehungen müssen gepflegt werden. Und die besten Hausmittel sind Kommunikation, Ehrlichkeit und Respekt.

FAMILIE

Wenn ein Minimensch das Licht der Welt erblickt, wird dieser in ein Nest gesetzt, das sich Familie nennt. Familie ist die erste Verbindung, die in unserem Leben entsteht, und ganz egal, wie diese Familie aussieht – unüberschaubar, zweisam, adoptiert, traditionell, ungeplant, abwesend, kompliziert –, sie wirkt sich vom ersten Atemzug auf unsere Identität aus. Deswegen nehmen wir uns das verzwickte Thema Familie jetzt direkt zur Brust.

Man kann sie nicht auswählen, heißt es, aber das ist nur die halbe Wahrheit. Klar, da gibt's die Leute, die dich gezeugt haben, und DNA lässt sich nun mal nicht abstreiten. Aber Blutsverwandtschaft ist nur eine von vielen möglichen Definitionen für den Familienbegriff.

Eine Familie ist eine Gruppe von Menschen, die aus verschiedensten Gründen eng miteinander verknüpft ist und sich gegenseitig liebt, pflegt, schützt, unterstützt und miteinander wächst.

Der Wunsch nach einer solchen Familie ist menschlich. Leider wachsen manche von uns ohne diesen Schutzraum auf, verlieren ihn früh oder werden in eine Familie hineingeboren, die dem Namen nicht wirklich Ehre macht. Dir ist sicher klar, dass Eltern und Erziehungsberechtigte keine Heiligen sind. Sie haben Bedürfnisse, sie machen Fehler. Aber Kinder sind nun mal automatisch von ihren Familien abhängig, schließlich brauchen sie Essen, Kleidung und ein Dach überm Kopf. Dieses ungleiche Machtverhältnis lässt sich nicht vermeiden – Kinder sind auf Familie angewiesen.

Groß ist daher die Angst, den Schutzraum, den wir Familie nennen, zu verlieren. Wenn Erziehungsberechtigte in der Queerness ihres Kindes eine Schwäche oder gar eine Krankheit sehen, ist es ein Leichtes, ihnen das Leben schwerzumachen. Das macht es nicht einfach, sich gegenüber der eigenen Familie verletzlich zu zeigen. Je näher man einem Menschen steht, umso stärker tut es weh, wenn man von ihm zurückgewiesen wird; das zählt ganz besonders für Familie. Als queere Kinder fürchten wir neben dem Entzug von Liebe eben auch den von Sicherheit. Das Dach über dem Kopf ist viel wert, und der Verlust dessen bringt die Welt zum Einsturz.

Rückhalt innerhalb der Familie ist unbezahlbar. Unterstützt eure queeren Familienmitglieder, denn sie brauchen euch.

Was Familien jeglicher Art gemeinsam haben, ob traditionell oder regenbogenfarben, sind Konflikte. Eltern beziehungsweise Erziehungsberechtigte und ihre Kinder haben oft grundverschiedene Ansichten, das fängt beim Butter-Nutella-Verhältnis auf Toast an und hört bei Wahlscheinen und Glaubensrichtungen auf. Familie ist also ganz schön anstrengend. Wenn Tante Lisbeth auch noch eine Lesbe ist oder Großenkel Tilo eröffnet, er sei asexuell, dann wird entweder stur darüber geschwiegen oder heftig diskutiert. Kein Wunder, dass Familienfeste für queere Menschen oft eine besonders zermürbende Angelegenheit sind. Umso großartiger sind die Eltern, Geschwister und Familienmitglieder, die uns bedingungslos akzeptieren und den in den Sechzigern stecken gebliebenen Onkel auf seinen Platz verweisen, wenn er seine fauligen Ansichten auspackt.

Es kann passieren, dass deine Familie deine Queerness nicht

freudig willkommen heißt oder dir sogar schadet. Umso wichtiger ist es, dass du in so einem Fall bewusst Grenzen setzt. Sag Eltern oder Onkeln direkt, aber sachlich, wenn ihre Fragen und Kommentare unmöglich sind, bevor du das Gespräch auf neutrale Themen oder, besser noch, Gemeinsamkeiten lenkst. Nimm dir eine Auszeit, damit du Kraft tanken kannst. Das kann eine Verschnaufpause auf dem Klo bei Opis neunzigstem Geburtstag sein oder eine längere Auszeit, die du mit Freund*innen verbringst, bei denen du dich – auf gut Deutsch – mal richtig auskotzt.

Familie hat keinen Anspruch auf deine Anwesenheit, wenn deine mentale Gesundheit darunter leidet. Denn so eine Butter-Nutella-Toast-Diskussion kann zwar zu gekränkten Egos führen, aber Familie hält zusammen, wenn's drauf ankommt. Jede Familie kann ein Lied von Konflikten singen, und die werden hin und wieder echt unschön. Trotzdem besitzen Familienmitglieder nicht das Vorrecht, deine Person anzugreifen. Man muss nicht immer derselben Meinung sein – das wären fürchterlich langweilige Familienfeiern –, aber du verdienst Respekt, deine Identität verdient Respekt, deine Queerness verdient Respekt.

Vergiss niemals: Du verdienst ein Supportsystem, das dir den Rücken stärkt und dein Leben bereichert. Du hast ein Anrecht darauf, unter Fürsorge und Schutz zu wachsen und gedeihen.

Familie kann sich schnell beengend anfühlen, vor allem, wenn man von ihr missverstanden wird. Familie ist aber auch immer eine Chance, zusammenzuwachsen und sich neu kennenzulernen. Wenn wir aufwachsen und uns selbst finden, verändern sich auch die Beziehungen um uns herum. Wieso sollte das etwas Schlechtes sein?

Fun Fact: Ich war meine gesamte Schulzeit überzeugt, ich sei das bunte Schaf der Familie. Naiv und etwas selbstverliebt, wie ich war, dachte ich, es gäbe keinen anderen queeren Spellmeier weit und breit. Vor ein paar Jahren musste ich feststellen, dass ich nicht halb so einzigartig war, wie ich angenommen hatte. Recht verblüfft und mit wachsendem Stolz fand ich heraus, dass diese Spellmeier'sche Generation mindestens zur Hälfte queer ist … und da ist noch Luft nach oben. Obwohl wir Cousins und Cousinen uns wenig sehen, ist es auf eine leise Art bestärkend, dass wir über die Blutsverwandtschaft hinaus verbündet sind.

Die Moral der Geschichte?

1. Wir können einen eigenen Pride Club gründen.

2. Gäbs Queerfeindlichkeit nicht, hätten wir wahrscheinlich nicht die Chance verpasst, uns früher zu verbünden.

3. Lass deine Familie an deiner Queerness teilhaben, und mit etwas Glück lässt deine Familie dich an ihrer Queerness teilhaben.

Wenn die biologische Verbindung nur zu Leid und Trauma führt, hat sie den Familienstempel nicht verdient. Diese Erkenntnis kann schmerzhaft sein, aber umso großartiger sind Wahlfamilien: Menschen, die vielleicht keine DNA teilen, aber aufgrund von Freundschaft, Liebe und Anerkennung zusammenfinden.

Wenn man es genau nimmt, ist jede romantische Partnerschaft der Anfang einer Wahlfamilie, denn man entscheidet sich aus freien Stücken, das Leben (oder zumindest einen Teil davon) zusammen zu verbringen. Aber eine Wahlfamilie – englisch: *chosen/ found family* – kommt auch ohne romantische Liebe und gemeinsame Kinder aus. Biologische Abstammung ist nur eine von vielen

Family-Origin-Storys. Es gibt unzählige Konstellationen. Kombinieren wir Queerness und Familie, entstehen die unterschiedlichsten Möglichkeiten.

Eltern und Kinder, die keinerlei Erbinformationen teilen, sind keine komische WG, sondern eine Familie. Freund*innen werden für viele queere Menschen zur Wahlfamilie, die sie mal einen Lebensabschnitt, mal ein ganzes Leben begleitet. Zumal Familie auch eine historische Bedeutung für queere Menschen hat. Wer die Serie *Pose* gesehen hat, kennt sie: die Patchworkfamilie bestehend aus queeren Menschen, die von ihren Familien verstoßen wurden und sich einem *House* anschließen, das meist von einer *Mother* geleitet wird, die es sich zur Aufgabe gemacht hat, ihre *Children* zu schützen und zu erziehen. Auch in Büchern wie Kacen Callenders *Felix Ever After* oder Juno Dawsons *Der Hexenzirkel ihrer Majestät* finden queere Menschen zusammen und schaffen tiefe, lebenslange Verbindungen.

FREUNDSCHAFT

Freundschaft ist, wenn man so will, ein anderes Wort für Wahlfamilie. Immerhin sind Freund*innen die loyalsten, vertrauenswürdigsten und enthusiastischsten Verbündeten, die es gibt, egal ob man sich mit vierzehn oder vierundneunzig findet. Viele Queers erfahren ihr erstes Inviting-in mit ihren besten Freund*innen aus genau diesem Grund.

Einen Menschen zu haben, der uns mag, weil wir sind, wer wir sind – völlig unabhängig von Status, Aussehen, Herkunft oder anderen Äußerlichkeiten –, ist ein wunderschönes Gefühl.

Es ist einfach nice, in bedingungsloser Liebe zu baden.

Mein größter Wunsch als Teenager war ein queerer Freundeskreis – zumindest sobald ich die pubertäre Phase überwunden hatte, in der ich überzeugt war, dass ich niemals einen Boyfriend finden und ganz sicher allein sterben würde. Dazu muss man sagen, dass ich in einem konservativen Dorf aufgewachsen bin, das sich gerne als Kleinstadt verkleidet, queeren Teenager*innen (und Teenager*innen überhaupt) aber nichts zu bieten hat, außer sie mögen Kühe und Hopfen. Die nächste Großstadt war etwa zwei Stunden entfernt, und davor musste man erst mal zum Bahnhof im nächsten Kaff kommen. Die Möglichkeiten der queeren Selbstfindung waren also begrenzt. Obwohl ich zu der Zeit tolle Freund*innen hatte, konnte ich bis zu meinem Umzug nach Berlin nie das Gefühl abschütteln, in meiner Realität als schwuler Junge allein zu sein. Heute blicke ich zurück auf meine Schulfreund*innen und stelle fest, dass einige von ihnen queer sind, nur steckten wir alle in unseren eigenen Findungsphasen – und tun es heute noch.

Wenn du zu diesem Zeitpunkt keinen Menschen in deinem Leben hast, mit dem du eine Freundschaft teilst, in der du dein queeres Selbst sein kannst, verstehe ich vollkommen, wie schmerzhaft das ist. Der Wunsch danach ist überwältigend, und du hast es absolut verdient, geschätzt und verstanden zu werden. Aber Freundschaften lassen sich eben nicht erzwingen. Nur weil man in eine Familie, einen Ort, eine Gemeinschaft hineingeboren wurde, heißt es nicht, dass man dort auch die Menschen findet, bei denen man sich wohl fühlt. Ich habe in meinem kurzen Leben zu unterschiedlichen Zeitpunkten und in den verschiedensten Ecken der Erde Menschen getroffen, die mir heute die Welt bedeuten. Auf queere Freunde habe ich ziemlich lange warten müssen, und als ich sie fand, war ich schon so gut wie erwachsen. Gefunden habe ich sie trotzdem – und wenn du deine queeren Lieblingsmenschen noch nicht getroffen hast, werdet ihr früher oder später übereinander stolpern, so viel steht fest.

Wer keine Lust hat, diesen Moment ewig herbeizusehnen, und sich auf eigene Faust auf die Suche machen will, kann sich an einen Ort begeben, der nahrhaften Boden für Freundschaften bietet: Community.

COMMUNITY

Du bist ein Mensch in einer legendären Ahnenreihe, Teil einer jahrtausendealten Geschichte, mit einem kulturellen Erbe, das nur darauf wartet, dass du es antrittst. Kein Scherz. Wenn man umgeben von cishet Menschen aufwächst und außer dem eigenen Spiegelbild weit und breit keine queere Person zu sehen ist, fühlt man sich schnell allein. Diese Einsamkeit ist ein Trugbild, dem wir nicht verfallen dürfen. Jedes queere Baby wird in eine Community aus Millionen Mitgliedern hineingeboren.

Wäre das hier ein (klischeebeladener) Highschool-Film, würde ich dich in die Kantine führen und dir all die runden Tische zeigen, um die sich queere Cliquen scharen:

Erst müssen wir am Tisch mit den Jocks vorbei, Muskel-Gays mit mehr Bizeps als Brains, die nichts als oberkörperfreie Pics posten und alle verachten, die nicht genauso aussehen wie sie. Es folgen trans Girls mit seidigem Haar und pinken Nägeln, so lang und spitz, dass sie dich damit aufspießen können und das auch tun, wenn du sie schräg anschaust. In Lederjackenrüstung sitzt eine Gruppe Lesben und streitet über den Tag, an dem die Sterne am günstigsten stehen, um den Muskel-Gays einen Denkzettel zu verpassen. Eins weiter sitzen bi- und pansexuelle Phoebe-Bridgers-Fanatikerinnen in bodenlangen Blumenkleidern und halten TED Talks über Sally-Rooney-Romane. In der Ecke am Fenster beugen sich die Aromantiker über Graphic Novels und Fanfiction, während sie saure Schnüre knabbern, und beim Getränkeautomaten planen die Enbys einen Poetry-Slam zum Thema Kapitalismus.

Was ich sagen will, ist: **Es gibt unglaublich viele von uns, und du wirst deinen Tisch in der Kantine finden.** Oder wie ein sozialer Schmetterling von Clique zu Clique flattern, ohne dich festzulegen. Oder entscheiden, dass Kantinentischdenken in die Neunziger verbannt gehört, und eine soziale Revolution anzetteln.

Die queere Community ist kein Monolith; sie besteht aus vielen kleinen Communitys, die zu einer großen zusammenkommen. Auch wenn wir Queerness gemeinsam haben, machen wir nicht dieselben Erfahrungen, teilen nicht dieselben Sorgen und erst recht nicht dieselben Meinungen. Davon gibt's mit Sicherheit mehr als Sand am Meer.

Deine Community ist dein Schutzraum. Queere Menschen brauchen sogenannte **Safer Spaces**, in denen wir unseren Panzer abwerfen können. Hier müssen wir nicht vorgeben, etwas zu sein, das wir nicht sind. Hier müssen wir nicht mit Anfeindungen und Verletzungen rechnen. Hier finden wir Rückhalt, können uns entspannen, Kraft tanken und dann erneut der Welt die Stirn bieten. Du hast ebenso wie jede andere Person ein Anrecht auf eine Umgebung, die dich respektiert und wertschätzt, auf einen Ort, an dem du dich nicht verstellen musst und sicher bist.

Natürlich sind Communitys, wie jeder andere Ort, an dem Menschen zusammenkommen, keine konfliktfreien Zonen. Unterschiede bleiben bestehen, und es kann zu Anfeindungen und Streiten kommen. Deswegen tragen wir alle die Verantwortung, Schutzräume so sicher und respektvoll wie möglich zu gestalten. Akzeptiere es, wenn Menschen, die deine Privilegien nicht teilen, Zeit und Raum für sich fordern. Du läufst immerhin nicht ungefragt in die Häuser anderer Leute, ohne vorher eine Einladung zu erhalten. Als Gast respektiert man die Regeln der Gastgebenden und benimmt sich umsichtig.

Neben einem Raum für Schutz und Entspannung ist eine Community aber auch ein Ort des Lernens und Wachsens. Hier finden wir Vorbilder und können anderen ein Vorbild sein. Hier wird uns deutlich gesagt, wenn unser Verhalten fehl am Platz ist, und hier wird uns die Chance gegeben, unsere Fehler zu berichtigen.

Nur vergiss nicht: Unsere Geduld ist nicht grenzenlos. Nachsicht ist schön und gut, aber bei Intoleranz hört sie auf. **Wer anderen ihre Existenz abspricht, hat hier nichts verloren.** Und leider gibt es immer Querschläger, die sogar die eigenen Rechte untermauern – queere Nazis sind noch absurder als Pfefferminzschokolade, aber sie existieren trotzdem. Umso wichtiger ist es, dass wir ihnen keine Plattform bieten.

Community findest du an den unterschiedlichsten Orten. Da viele von uns auf die ein oder andere Art isoliert sind – weil wir auf dem Land leben oder schlicht von nicht queeren Menschen umgeben sind –, ist das Internet oft der erste Berührungspunkt mit anderen Queers.

Soziale Netzwerke bieten viele Möglichkeiten, sich mit Menschen zu verbinden. Auf Instagram, Reddit, TikTok und Co. finden Menschen zusammen, die Gruppen gründen, Content erstellen, chatten und einander kennenlernen. Lass dir nicht weismachen, dass Onlinecommunitys und -freund*innen bedeutungslos sind. Wir sind längst im digitalen Jahrhundert angekommen, und als queere Person schätze ich mich glücklich für all die Infos und Verbindungen, die ich dadurch gewonnen habe. Onlinecommunitys bieten uns die Möglichkeit, uns vorsichtig an Queerness heranzutasten, wenn wir nicht sicher sind, ob wir damit überhaupt etwas anfangen können. Sie sind ein zugänglicher Raum, vor allem, wenn die Onlinewelt aus körperlichen oder psychischen Gründen einfacher zu navigieren ist als alles, was sich vor unserer Haustür befindet.

Virtuelle Verbindungen sind nicht weniger real, wenn sie uns das wahre Gefühl geben, weniger allein mit unseren Erfahrungen zu sein.

Auf der Website queeringthemap.com findest du eine interaktive Karte, auf der queere Menschen weltweit Nachrichten und kleine Anekdoten hinterlassen haben – als Beweis, dass wir überall leben und lieben. Hier gibt's Geschichten über Liebesgeständnisse, Coming-outs, erste Küsse, allesamt verewigt auf einer Weltkarte für queere Sichtbarkeit. Dort kannst auch du ein Zeichen setzen und zu lebendiger queerer Geschichte werden.

Es sind nicht nur geteilte Erfahrungen, sondern darüber hinaus auch gemeinsame Hobbys und Interessen, die uns verknüpfen. **Mir hat vor allem die Liebe zu Büchern den Eintritt in eine Welt voll queerer Figuren, Autor*innen und anderen Büchernerds eröffnet.** Ob Aktivismus, Cosplay, Gaming, Sport oder Botanik, online findest du eine Gruppe queerer Leute, die deine Obsessionen teilen.

Probier's doch mal mit ...

#QueerBookstagram

#QueerFilm

#LGBTQArtist

#BehindertUndStolz

#Drag

#Gayming

#queertok

Eine Onlinecommunity ist eine tolle Sache, aber ein Netzwerk vor Ort ist ebenfalls Gold wert. Deinen eigenen vier Wänden zu entkommen und dich mit anderen zum Lästern, Eisessen und Sport zu treffen kann der Seele richtig guttun. Da haben Stadtkinder es schon leichter als wir Landeier, denn es gibt mindestens eine, wenn nicht mehrere Möglichkeiten, Gleichgesinnte zu treffen und Freundschaften zu schließen. Am besten findest du queere Jugend- und Unigruppen, Houses und Sportvereine oder auch Feriencamps, wenn du ins Internet hüpfst und dich nach Angeboten in deiner Gegend umsiehst.

STIMMEN AUS DER COMMUNITY

Hast du eine *found family*/einen queeren Freundeskreis? Wie habt ihr zueinander gefunden?

DOMINIK: Als ich noch keinen Kontakt zu anderen schwulen Jungs hatte, habe ich die ersten Kontakte mit Gleichgesinnten im Internet geknüpft. Da gibt es unzählige Plattformen, über die du dich mit Menschen aus der Community connecten kannst. Später habe ich mich dann der schwulen Freizeitgruppe meiner Kleinstadt angeschlossen, bin in Cafés und Bars für queere Menschen gegangen und hab so immer mehr Leute gefunden, die ich in mein Herz geschlossen habe. Wenn es diese Möglichkeit in deiner Region auch gibt, kann ich das sehr empfehlen. Kostet erst mal etwas Überwindung, aber offline Leute kennenzulernen macht dreimal mehr Spaß als online.

Auf der Seite queer-lexikon.net findest du einen Schatz, der sich Regenbogenkarte nennt. Dort sind queere Jugendgruppen in

Deutschland, Österreich und der Schweiz verzeichnet. Die Karte
wächst stetig, und du kannst sogar selbst neue Treffs hinzufügen.

Allgemeines

eingeschränkte Zielgruppe

Unterstüzung und Beratung

© queer-lexikon.net

Wenn es kein Netzwerk gibt, kannst du selbst eins gründen. Eine AG an der Schule, eine Initiative an der Uni, ein Freizeittreff für Strickbegeisterte – **du bist nicht die einzige Person, die sich nach einem queeren Umfeld sehnt.** Wenn das Angebot fehlt, ruf es selbst ins Leben, denn die Wahrscheinlichkeit ist klein, dass es jemand anderes für dich tut.

Community heißt nämlich nicht nur Beistand für dich, sondern auch dein Beistand für die Community. Wenn deine Stimme und Kraft gefragt werden, packst du mit an – eine Community hält sich die Treue. Letztendlich kommt Stärke in Nummern, und je mehr Stimmen wir sind, desto effektiver können wir etwas in der Welt verändern.

PARTNERSCHAFT

Da ist er wieder, der Traumprinz mit Schloss und Ross. Er taucht in Disney-Filmen auf, die wir als Fünfjährige wie hypnotisiert aufnehmen, und schleicht sich in fast jedes Buch, jeden Song, jedes Hochzeitsfoto, das uns begegnet, sodass wir gar nicht anders können, als ständig nach ihm Ausschau zu halten. Er verfolgt uns und will uns weismachen, dass kein Leben vollkommen ist, wenn es nicht in romantischer Zweisamkeit verbracht wird. Aber schließlich lebt er in einer Märchenwelt und kann nichts für seine Naivität. Wir wissen es besser.

Sie sind überall, die Pärchen, Eheleute und Turteltauben dieser Welt – was nur fair ist, denn irgendwoher muss der Nachschub für eine frischgebackene Generation der Menschheit ja kommen. Aber viel weniger sichtbar sind die selbstgewählten Singles, die aromantischen Menschen, die, die keine Lust auf Beziehungen oder schlicht andere Prioritäten haben.

Nicht nur alleinstehende Menschen werden komisch angeguckt, auch Leute, die mehr als nur eine*n Partner*in haben, fallen aus dem Raster. Dabei sind Beziehungsformen, die über Zweisamkeit hinausgehen, nicht besser oder schlechter als Monogamie.

Eine Partnerschaft macht kein Leben komplett, denn komplett bist du ganz von allein.

Partnerschaften sollen das Leben bereichern wie das Sahnehäubchen auf einer heißen Schokolade, aber – und das ist wichtig – sie sind nicht der Kakao, mit dem die heiße Schokolade gemacht wird. Die lässt sich nämlich auch ohne Sahne genießen.

Metapher hin oder her, glaub mir einfach, wenn ich sage, dass dein Glück nicht von Partner*innen abhängig ist. Zumal Partnerschaften nicht mehr oder weniger wertvoll sind als familiäre und freundschaftliche Beziehungen. Es ist schlicht eine von vielen Formen der Liebe und Wertschätzung.

Das Wichtigste in einer Partnerschaft ist, dass du ganz du selbst sein kannst. Egal wer und wie viele Menschen beteiligt sind, im Kern jeder gesunden Beziehung steckt die aufrichtige Wertschätzung, dass du bist, wie du bist, und dich nicht verstellen musst.

Ein*e Partner*in mag dich für dich, ohne Urteil. In einer liebevollen, gesunden Beziehung habt ihr Spaß zusammen, unterstützt euch gegenseitig und könnt offen über Konflikte reden, selbst wenn es nicht immer einfach ist. Ihr trefft Kompromisse und respektiert gegenseitige Wünsche. Deine Sorgen und Gedanken werden gehört und deine Grenzen akzeptiert. Ihr habt einen gemeinsamen Freundeskreis, verbringt aber trotzdem gerne Zeit mit jeweils eigenen Freund*innen. Ihr seid euch bewusst, dass Herkunft, Erziehung, Geschlecht und andere Lebensumstände einen Einfluss auf eure Dynamik haben, und versucht, ein Gleichgewicht zu schaffen, in dem niemand den Kürzeren zieht.

Für alle, die Liebe lieben, gibt's hier eine paar Buchtipps:

A Night of Promises and Blood von Anne Pätzold

Camp von L.C. Rosen, übersetzt von Julia Schwenk

Everlove von Tanya Byrne, übersetzt von Stefanie Frida Lemke

Frozen, Ghosted, Dead von Sameena Jehanzeb

Hani & Ishu: Fake-Dating leicht gemacht von Adiba Jaigirdar, übersetzt von Leslie Jorinde Fried und Anna Kuntze

Ich wünsch' dir nur das Beste von Mason Deaver, übersetzt von Charlotte Milsch

In den buntesten Farben von Marius Schaefers

Jaigirdar, übersetzt von Leslie Jorinde Fried und Anna Kuntze

Küsse im Sommerregen sind auch nur nass von Ciara Smyth, übersetzt von Jessika Komina und Sandra Knuffinke

Sonnenkönig, Pechrabe von Kai Spellmeier

Wenn die Sterne fallen von Sophie Bichon

Yadriel & Julian: Cemetery Boys von Aiden Thomas, übersetzt von Stefanie Frida Lemke

BEZIEHUNGSFORMEN

Als queere Menschen fallen wir aus dem Rahmen, den cishet Menschen um diese Welt herum gebaut haben. Was erst mal wie ein Nachteil klingt, ist unser Vorteil, denn es hilft uns, all die Konventionen zu hinterfragen, die uns zusammen mit dem Babybrei verfüttert wurden.

Unser Vorteil ist: Wir können alles hinterfragen!

Zwar berichten sensationsgierige Medien gerne über queere Lebensweisen, als wären wir eine seltene Spezies, die verblüffendes Verhalten an den Tag legt, dabei richten wir unser Leben einfach aus, wie es uns passt. Wir machen das, was sich richtig und schön anfühlt, anstatt uns von dem Urteil anderer leiten zu lassen. Zugegeben, es ist nicht falsch, Konventionen zu folgen. Wenn du vom Eheleben im kleinstädtischen Einfamilienhaus inklusive Golden Retriever und Sonntagstatort träumst, dann *follow your dreams* und vergiss nicht, mir Bilder von deinem Hund zu schicken. Und wenn Einfamilienhäuser und Eheringe so gar nicht in deine Vorstellung passen, gibt es endlos viele Alternativen.

Queere Beziehungen können so vieles sein, aber falsch und sonderbar sind sie nicht.

Es folgen ein paar Beispiele von Beziehungsmodellen. Falls du mit ihnen nichts anfangen kannst, ist das kein Grund zur Sorge – es ist wichtig, die eigenen Wünsche und Grenzen zu kennen. Und nur weil wir uns selbst nicht in einer bestimmten Beziehungsform sehen, können wir trotzdem etwas von ihr lernen.

Queerplatonische Partnerschaften sind Beziehungen, die auf Liebe und Intimität aufbauen, ohne zwangsläufig romantisch oder sexuell zu sein. Es ist ein Begriff, der aus der aromantischen Community stammt und Beziehungen beschreibt, die über klassische Ideen von Partnerschaft und Freundschaft hinausgehen und die vorherrschenden Regeln umschreiben. Eine **QPR** – englisch für *queerplatonic relationship* – basiert auf den individuellen Vorstellungen und Wünschen der Beteiligten.

Das Wunderbare an dem Konzept ist, dass es unabhängig von sexueller Orientierung, Genderidentität oder Beziehungsstatus besteht und somit für alle realisierbar ist. Schließlich stellt sich die Frage, warum wir als Gesellschaft noch immer so stark an der heteronormativen Vorstellung von Eheringen, Kindern und gemeinsamem Haus und Hof festhalten.

Heteronormativ: »Normativ« heißt hier so viel wie »an einer Norm orientiert« oder »einer weit verbreiteten Idee folgend«. Heteronormative Ideale sind also herkömmliche, traditionelle Vorstellungen davon, wie Genderidentität, Sexualität und vor allem Beziehungen geregelt sein sollen. Queerness hebelt Heteronormativität aber erfolgreich aus. Wir stellen diese existierenden Ideale auf den Kopf.

Das sollte bei weitem nicht die einzige valide Beziehungsform sein, wenn es noch so viele andere Möglichkeiten gibt, sich mit geliebten Menschen ein Leben zu verwirklichen – ob das nun Kinder, Haustiere und gemeinsamen Besitz involviert oder nicht.

QPRs hebeln heteronormative Konzepte aus, um Platz für persönliche Entfaltung und ein harmonisches Zusammenleben zu schaffen. Jegliche Form von Partnerschaft ist hier möglich und gut, ohne den Drang, gesellschaftliche Zwänge erfüllen zu müssen. Übrigens gibt's es ein knuffiges Wort für Partner*innen in einer QPR: Zucchinis.

Jetzt, da das geklärt ist, können wir die Lupe noch auf Monogamie richten. Auch hier stelle ich mir Fragen wie: Warum? Wozu? Wieso sich auf einen Traumprinzen limitieren, wenn das Herz groß genug für mehrere Traummenschen ist?

Nun mal ehrlich, mir kann niemand erzählen, dass ein Mensch gerade genug Liebe für eine einzige Person überhat. Liebe ist keine mathematische Funktion, keine Gleichung, bei der immer dasselbe Ergebnis herauskommt. Es sollte kein Tabu sein, in einer festen Partnerschaft einen Crush auf eine weitere Person zu entwickeln oder eine andere Person zu begehren. Menschen sind eben witzig und hübsch und intelligent. Gefühle lassen sich nicht kontrollieren. Die tun, was sie wollen, egal ob es uns in den Kram passt oder nicht.

Was passiert, wenn man in einer festen Beziehung ist und sich zusätzlich verliebt, bleibt dann immer noch den Beteiligten überlassen. Aber man sollte zumindest offen darüber reden können, ohne dass dabei etwas in die Brüche geht. Im besten Fall lässt sich eine Lösung finden, mit der alle Involvierten glücklich werden. Es folgen ein paar Modelle, wie so eine Lösung aussehen könntc:

Offene Beziehungen bestehen meistens aus zwei Partner*innen, die eine Vereinbarung darüber getroffen haben, dass weitere sexuelle Partner*innen okay sind. Gerade bei männerliebenden Männern ist es ein weit verbreitetes Klischee, dass monogame schwule Partnerschaften am Aussterben seien. Dabei sollten sich die Leute wirklich mehr Sorgen über Eisbären machen als über Beziehungen, bei denen sie kein Mitspracherecht haben.

Poly Beziehungen kommen in den verschiedensten Formen vor. Darunter fallen Konstellationen, die aus drei (Triade), vier (Quad) oder mehr Personen bestehen. Inwiefern untereinander emotionale und sexuelle Verbindungen existieren und ob alle Involvierten exklusiv sind (also ausschließlich miteinander Beziehungen führen), unterscheidet sich von Situation zu Situation. Falls das **Polikül** – so nennen sich poly Konstellationen – geschlossen ist und alle Partner*innen emotional und sexuell exklusiv leben, kann man von **Polyfidelity** sprechen. Nur weil bei poly Beziehungen mehrere Menschen involviert sind, heißt das nicht, dass alles in Chaos enden wird. Sie können genauso gesund oder toxisch sein wie monogame Partnerschaften. Manch ein Polikül funktioniert hierarchisch. Weil man bei so vielen Begriffen schnell mal den Kopf verliert, hier ein mögliches Beispiel:

Stell dir ein Haus vor, in dem ein Ehepaar lebt, wobei beide Partnerinnen jeweils noch eine feste Freundin haben, mit der sie aber keine Ehe und keinen Hund teilen. Hier könnte von primären und sekundären Beziehungen gesprochen werden.

Ein weiteres Modell ist die Beziehungsanarchie, und die erklärt sich so gut wie von selbst: Vorherrschende Ideen, wie Beziehungen auszusehen haben, werden über Bord geworfen, und jede Verbindung wird individuell erforscht.

Wie du schon merkst, sind poly Beziehungen sehr individuell. Es gibt viele Fragen, die es zu klären gilt: Wie wird Treue definiert? Gibt es Grenzen, die bei Dates und Sex nicht überschritten werden dürfen? Wollen sich die Partner*innen gegenseitig kennen? Wollen sie befreundet sein oder auch romantische Beziehungen miteinander eingehen? Ist eine Hierarchie ein Problem, oder funktioniert sie für alle Involvierten gut?

Bei allen Beziehungsmodellen ist Kommunikation nicht nur wichtig, sondern *nötig*. Wer sich auf mehrere Personen auf einmal einlässt, weiß auch, dass es eine höhere Anzahl an Gefühlen und Egos zu navigieren gibt. Daher müssen die Verhältnisse geklärt werden, und das nicht nur einmal, sondern immer wieder, schließlich ändern Menschen und Beziehungen sich. Das gilt sowohl für poly als auch für monogame Beziehungen. Fehler werden dabei immer gemacht, schließlich sind wir keine Maschinen mit einer praktischen Gebrauchsanweisung. Ob nun in der Anfangsphase oder nach fünf Jahren, wenn man neue Schritte wagt, bleibt es wichtig, zu kommunizieren, selbst wenn manches nicht auf Anhieb klappt.

Es geht nicht nur darum, die Gefühle und Wünsche der Beteiligten zu respektieren; darüber hinaus ist sexuelle Gesundheit ein essenzielles Thema in jeder Beziehung. Wer Sex mit mehreren Personen hat, setzt sich auch einem höheren Risiko aus, sich mit einer Geschlechtskrankheit anzustecken. Vergiss nicht: **Niemand darf dich dafür verurteilen, mit wie vielen Menschen du schläfst!** Aber wenn jemand die Gesundheit der Partner*innen riskiert, weil man sich nicht schützt, dann ist das ein absolut widerwärtiges Verhalten – und in manchen Fällen sogar strafbar. Klingt streng, sollte aber keine Person abschrecken, die umsichtig handelt und mit Partner*innen kommuniziert.

ONLINEDATING

Eine geniale Innovation des einundzwanzigsten Jahrhunderts, vor allem für queere Landeier und die Introvertierten unter uns, ist das Onlinedating. Die Zeit, in der es belächelt wurde, ist längst passé. Wir haben eingesehen, dass Apps und soziale Netzwerke bei der Partner*innensuche nicht zu verachten sind – mal ganz davon abgesehen, dass man dort neben Sex und Liebe auch Freundschaft finden kann.

Grade für queere Menschen springen einige Vorteile dabei raus. Wer nicht offen queer leben kann, bewahrt sich ein Level an Anonymität und kann trotzdem andere queere Menschen kennenlernen. Wer auf dem Land lebt, hat die Möglichkeit, sich mit anderen Dorfqueers zu vernetzen, selbst wenn die fünf Kuhkäffer und zwei Gülletümpel entfernt wohnen. Außerdem fällt die Angst weg, einer Person den Hof zu machen, die gar nicht queer ist und im schlimmsten Fall noch queerfeindlich auf unseren fehlgeleiteten Flirtversuch reagiert.

Ein Onlineprofil hilft auch, wenn du gezielt nach geteilten Interessen suchst. Klar lässt sich das auch gut in einem Tennisclub oder einer Schul-AG anstellen. Online aber kannst du eben von Anfang an auf Nummer sicher gehen, dass du mit einer anderen queeren Person anbandelst. Wir hatten es ja eben schon von den verschiedenen Hashtags für queere Communitys, aber neben kinobegeisterten Lesben oder queerplatonischen Dates findest du online auch ohne Umwege Fetische und Kinks. Queere Dating-Apps helfen bei der Partnersuche und bei der sexuellen Selbstfindung. Wer nicht an Seelenverwandtschaft interessiert ist, kann sich ganz der Laune nach austoben.

Lass dich nicht unter Druck setzen. Wenn bei jemandem bereits online deine Warnleuchten angehen, ist der Block-Button dein bester Freund. Triff dich beim ersten Date an einem öffentlichen Ort, wo du nicht allein bist. Und das Tolle an Freund*innen ist, dass du ihnen ohne Erklärung deinen Standort schicken kannst, damit sie ein Auge darauf haben können, wo du dich befindest. Den Trick habe ich schon oft genug selbst benutzt, wenn mir Uhrzeit und Treffpunkt nicht ganz geheuer waren.

Für Onlineprofile und persönliche Dates gilt: Sei ehrlich. Du kannst schlecht eine stressfreie und schöne Beziehung aufbauen, wenn du dich ständig verstellen musst. Klar flunkern wir alle mal oder lassen ein paar Tatsachen aus, um uns in ein besseres Licht zu rücken. Das ist kein Drama, immerhin muss man vor dem ersten Treffen nicht alle persönlichen Schreckensgeschichten auspacken. Aber wenn du dich verbiegst, um jemandem zu gefallen, wirst du nicht glücklich.

Zumal Ehrlichkeit ziemlich hot ist. Erstens ist es eine willkommene Überraschung, wenn jemand, ohne ein Blatt vor den Mund zu nehmen, aus seinem Leben erzählt, und zweitens hat es den Vorteil, dass du jemanden wirklich kennenlernst und schnell entscheiden kannst, ob ihr klickt oder nicht.

So praktisch Onlinedating sein kann, Screens und Filter verzerren die Wahrnehmung. Selbst wenn es online funkt, seid ihr bei einem Offlinetreffen womöglich auf ganz verschiedenen Wellenlängen. Was keine verschwendete Zeit ist, denn beim nächsten Mal weißt du besser, was du willst und wie du es bekommst.

Wer in Sekundenschnelle eine fast endlose Auswahl an Snacks (aka hübsche, potenzielle Dates) serviert bekommt, gewinnt schnell den Eindruck, dass Menschen austauschbare Ware sind. Vergiss nicht, dass hinter jedem Profil auch eine Person mit Gefühlen sitzt. Online ziehen Leute Dinge ab, die sie sich von Angesicht zu Angesicht niemals trauen würden – weil sie wissen, dass ihr Verhalten peinlich und rücksichtslos ist.

Daher tut es gut, den Schritt aus der virtuellen Welt zu wagen und Leute in Cafés, Clubs oder über Freund*innen kennenzulernen. Gruselig ist es schon, denn der erste Schritt kostet Mut, und Zurückweisung ist ein mieses Gefühl. Aber ein Korb ist kein Weltuntergang. Und Erfolg? Unbezahlbar.

Lass mich zum Abschluss noch kurz den warnenden Finger heben, damit wir uns mit einem sicheren Gefühl auf die spaßigeren Dinge konzentrieren können. Das Internet ist ein Wald voller böser Wölfe, also pass auf, mit wem du hinterm Busch verschwindest. Es gibt genügend Erwachsene, die jüngere Menschen ausnutzen, und viel zu viele Trolls, die Spaß daran haben, andere online zu terrorisieren. Onlinedating hat seine Tücken, und queeres Onlinedating ist da keine Ausnahme. Hier also eine Handvoll Dinge, die zu beachten sind:

- Eine Person, die auf ihrem Profil sofort klarmacht, dass sie nicht auf Schwarze, asiatische, dicke oder trans Menschen steht, spart dir Zeit und Mühe. Rassismus und andere feindliche Einstellungen sind riesige rote Flaggen. Menschen, die ihren Hass offen zur Schau stellen, bleibst du am besten ganz weit fern.

- Das Gegenteil kann der Fall sein: Manche User*innen suchen speziell nach Menschen of Color, behinderten Menschen oder trans Menschen. Das ist verständlich, wenn der oder die User*in selbst ein Teil der Community ist. Ist das nicht der Fall, kann es schnell zu einer Fetischisierung kommen: Ein Mensch wird auf diesen einen Teil der Identität reduziert und erfüllt eine Fantasie, die von Klischees geprägt ist. Was wie ein Kompliment erscheint, ist in Wirklichkeit ein verletzendes Vorurteil.

- Ghosting ist uncool, passiert auf Apps aber häufig. Man hat sich gut verstanden, verabredet oder sogar schon auf ein Date getroffen, und plötzlich antwortet die Person nicht mehr. Ist zwar der leichte, aber nicht der nette Ausweg, wenn aus irgendeinem Grund die Verbindung gekappt werden soll. Du bist niemandem einen Aufsatz schuldig, aber ein kurzes »Tut mir leid, mir wird das grade alles zu viel!« oder »Hey, du bist toll, aber ich fühle das mit uns nicht so« bekommst du hin.

- Ein Nein ist ein Nein, offline und online. Körbe sind nicht das, was man auf einer Dating-App sucht, aber sie kommen vor. Da lohnt es sich nicht, eine detaillierte Erklärung zu fordern oder einen Streit vom Zaun zu brechen, denn die Person hat ihre Entscheidung längst getroffen. Anstatt mit Wut und Beleidigungen zu reagieren, zieht man besser weiter und sucht eine aufrichtige Verbindung. Sollte jemand doch nicht lockerlassen, ist Blockieren völlig legitim.

- Nacktbilder – englisch: *Nudes* – oder sexuelle Bilder werden auf Dating-Apps gern und häufig verschickt. Das kann Spaß machen und heiß sein, aber hier gibt es feste Regeln, an die man sich halten muss. Allen voran: Schicke ausschließlich dann intime Bilder von dir, wenn du das Einverständnis der anderen Person hast.

Und weil das Thema Nacktbilder durchaus ein heikles ist, kommen jetzt noch ein paar mehr Infos. Die gesetzliche Lage sieht wie folgt aus:

Nacktbilder (oder Videos) von Kindern unter vierzehn Jahren sind Kinderpornographie. Jugendliche zwischen vierzehn und achtzehn Jahren dürfen sich bei gegenseitigem Einverständnis die eigenen Nacktbilder zuschicken. Wenn du über achtzehn bist, darfst du anderen Erwachsenen deine Nacktbilder zuschicken, aber auch hier kannst du dich strafbar machen. Egal welches Alter, wenn du ein Nacktbild verschickst, brauchst du das Einverständnis der Person, die das Nacktbild erhält. Wenn du das Einverständnis nicht hast, ist das ein sexueller Übergriff, und du kannst strafrechtlich verfolgt werden.

Das Verbreiten von Nacktbildern anderer gegen ihren Willen ist nicht nur absolut widerwärtig, sondern auch strafbar. Wenn du das Bild nicht selbst erstellt hast und die Einwilligung der abgebildeten Person nicht hast, verstößt du gegen Urheber- und Persönlichkeitsrechte. Heißt: Wenn dir andere ihre Nacktbilder zuschicken, verbreite sie nicht, weil du dich sonst höchstwahrscheinlich strafbar machst (und wie ein echt rückgratloser Mensch aussiehst).

An dieser Stelle noch ein ganz wichtiger Hinweis:

Was wir hochladen und online verschicken, geht niemals verloren – und kann gegen uns verwendet werden.

Wenn jemand Inhalte und Bilder von dir online gegen deinen Willen verbreitet, *ist das nicht deine Schuld*. Nur, als Kinder des Internets wissen wir bestens, dass wir gläserne Menschen sind. Unser Wifi kennt uns besser als unsere Eltern, und unsere Infos werden weiterverkauft und ausgenutzt. Du hast es bestimmt also schon tausendmal gehört, aber es gilt, sich trotzdem immer wieder in den Kopf zu rufen: *Das Internet vergisst nie.*

Geh also mit Bedacht vor. Und wenn du dich mit einem Date persönlich triffst, geh auf Nummer sicher. Frag nach anderen Social-Media-Profilen wie Facebook oder Instagram, damit du die Identität überprüfen kannst. Mach eine umgekehrte Bildersuche, wenn du Zweifel hast. Es passiert häufiger, als du denkst, dass Leute fremde Profilbilder klauen und sich als eine komplett andere Person ausgeben. (Ich will ja nicht angeben, aber auch meine Identität wurde schon »ausgeliehen«, um damit Fische zu fangen.)

Beim Onlinedating macht man so einige wilde Erfahrungen, aber glücklicherweise lassen sich User*innen dort schnell blockieren und vergessen. Was aber, wenn die Person, die uns wehtut, schon fest in unserem Leben verankert ist?

Wir müssen über schädliche Beziehungen sprechen.

MEINE BEZIEHUNG SCHADET MIR – WAS NUN?

Man küsst sich und hasst sich, ignoriert sich, verkracht sich, umarmt sich. Aber es gibt einen Unterschied zwischen alltäglichen, etwas chaotischen Beziehungen, schädlichen Beziehungen, die uns unglücklich machen, und gewaltvollen Beziehungen, die uns isolieren und verletzen.

Es braucht nur einen Menschen, um einem anderen Schaden zuzufügen, und leider kommt es viel zu oft vor, dass dieser Mensch ein Elternteil, eine Sandkastenfreundin oder ein Partner ist. Das ist eine besonders unschöne, unbequeme Wahrheit. Selbstverständlich will ich davon ausgehen, dass meine engsten Vertrauten meine Sicherheit niemals bedrohen und meine Freiheit niemals einschränken werden. Aber ich will, dass dir etwas ganz deutlich bewusst ist:

Ein Mensch, der dich wahrhaftig liebt, tut dir nicht weh. Ein Mensch, der dich wahrhaftig liebt, macht dir keine Angst.

Vielleicht fragst du dich, warum wir in einem Buch über Queerness so ausführlich über ungesunde Beziehungen und Gewalt sprechen. Das sind Themen, mit denen auch queere Menschen sich beschäftigen müssen, denn sie sind eine echte Gefahr. Erste Forschungen und Studien zu Gewalt in queeren Beziehungen beweisen, dass es sich um ein weit verbreitetes Problem handelt, das nicht nur cishet Beziehungen betrifft.

Ein Report des US-Justizministeriums aus dem Jahr 2020 fand heraus, dass homosexuelle Personen in einer Partnerschaft doppelt so oft misshandelt wurden wie heterosexuelle Personen und bisexuelle Personen sogar achtmal so oft. Ein Bericht der Scottish Transgender Alliance aus dem Jahr 2010 zeigte, dass achtzig Prozent der befragten trans Personen Gewalt durch ihre*n Partner*in erlitten hatten. Links zu den vollständigen Reporten und Berichten (und sowieso zu allen anderen Quellen) findest du hinten im Buch, im Kapitel »Quellenverzeichnis«.

Die Zahlen sind so schockierend hoch, weil Aufklärung und Unterstützung für queere Opfer häuslicher Gewalt kaum vorhanden sind. Es ist grundlegend falsch, zu behaupten, dass queere Beziehungen automatisch ungesünder oder gewaltvoller sind als heterosexuelle Beziehungen. Nur ist es einfacher, eine Person auszunutzen und zu isolieren, wenn sie in der Gesellschaft oft auf Intoleranz stößt.

Zusätzlich wiegt bei Gewalt in queeren Liebesbeziehungen die Scham doppelt so schwer: Wer davon erzählt, muss sich nicht nur outen und somit verwundbar machen, man fühlt sich auch, als würde man die eigene Community verraten. Man will Queerness nicht in ein schlechtes Licht rücken, wenn sie sowieso schon nicht den besten Ruf hat. **Eine gesunde Beziehung heißt nicht, dass jeder Tag auf Wolke sieben verbracht wird und nie ein Sturm aufzieht.** Konflikte sind ein gegebener Teil jeder Beziehung, nur werden sie in einer gesunden Beziehung durch Kommunikation gelöst, anstatt in Groll und verletzten Gefühlen zu enden.

In einer gesunden Beziehung kann ich meine Gedanken aussprechen und meine Sorgen mit meiner*meinem Partner*in teilen. In einer gesunden Beziehung bin ich ein selbstständiger Mensch, der sich problemlos mit Freund*innen und Familienmitgliedern treffen kann. In einer gesunden Beziehung werden meine Bedürfnisse und Grenzen akzeptiert. Und in einer gesunden Beziehung zeige ich meiner*meinem Partner*in **Verständnis, Vertrauen** und **Respekt.**

Eine schädliche Beziehung bedeutet, dass diese Zufriedenheit und der gegenseitige Respekt ordentlich wackeln. Wenn es in einer Partnerschaft an Vertrauen mangelt, wenn man nicht offen kommunizieren kann, wenn man sich ständig anlügt und Dinge verheimlicht, ist es an der Zeit, die Beziehung zu überdenken. Es muss nicht erst zum Äußersten kommen, bevor eine Beziehung ungesund ist. Schließlich wartet man nicht darauf, dass ein brennendes Haus in sich zusammenfällt, bevor man sich entscheidet, hinauszurennen.

Denn Gewalt muss nicht körperlich sein. Emotionale Gewalt hinterlässt keine sichtbaren Verletzungen, sondern greift direkt das Selbstbewusstsein und die Identität an, und zwar durch Beleidigungen, Drohungen, Gaslighting und andere Formen der Einschüchterung. Eine Person, die so mit dir umgeht, hat in deinem Leben nichts verloren. Sie respektiert dich und dein Wohlergehen nicht.

Wenn du Gewalt erfährst, trifft dich keine Schuld. Du trägst niemals die Schuld für die Gewalttaten einer anderen Person. Du bist nicht dafür verantwortlich, eine Person zu ändern oder zu verbessern.

Du musst nicht darauf warten, dass jemand sich bessert, denn du solltest von der ersten bis zur letzten Minute einer Beziehung durchgehend mit Respekt behandelt werden.

Ein paar gute Momente sind die unschönen und angsterfüllten Momente niemals wert.

Wie du merkst, ist Gewalt und Missbrauch in queeren Beziehungen ein extrem belastendes Thema. Aber es ist wichtig, darüber zu reden, damit wir uns schützen können. Kein Mensch hat es verdient, Gewalt zu erfahren. Keine Person trifft Schuld, wenn sie Gewalt erfährt. Jeder Mensch hat ein Recht auf Unversehrtheit, auf Gesundheit und Sicherheit. Das darf dir niemand nehmen.

Wer solche Erfahrungen bereits gemacht hat, ist nicht allein.

Häusliche Gewalt ist in einen Deckmantel des Schweigens gehüllt, und viele Menschen leiden still unter ihr. Wird sie jedoch ins Licht gerückt, verliert sie ihre Kraft. Das ist ein weiterer Grund, aus dem wir über sie reden müssen – um ihr keine Chance zu geben.

Um schädlichen und gewaltvollen Beziehungen vorzubeugen, folgt hier eine Liste mit Warnzeichen. Ich möchte, dass du die Zeichen einer solchen Beziehung früh erkennen kannst. Bedenke, dass nicht erst etwas Schlimmes passieren muss, bevor du eine Beziehung beendest. Wenn du dich unwohl fühlst, wenn du der Person nicht vertraust oder einfach ein schlechtes Gefühl hast, hör auf deinen Bauch.

Zweitens möchte ich, dass du weißt, dass es immer einen Ausweg gibt.

Es ist nie zu spät, eine schädliche Beziehung zu beenden.

Menschen bleiben aus sehr verschiedenen und sehr komplizierten Gründen in Beziehungen, die ihnen nicht guttun. Du musst dich nicht schuldig fühlen, wenn es dir sehr schwerfällt, eine schädliche

Beziehung zu beenden. Wäre es einfach, gewalttätige Partner*in nen zu verlassen, würden wir hier nicht darüber sprechen. Daher folgt auf die Warnzeichen eine Liste mit Beratungsstellen. Dort können hilfesuchende Menschen Unterstützung finden, wenn sie selbst betroffen sind oder jemanden kennen, der*die betroffen ist.

Warnzeichen #1: Angst vor dem oder der Partner*in

Partner*innen sollen Gefühle erzeugen wie Geborgenheit, Zufriedenheit und Schmetterlinge im Bauch, aber niemals, *niemals* Angst. Eine Beziehung, in der man sich fürchtet, etwas Falsches zu tun oder sagen, in der man Angst hat, Groll auf sich zu ziehen, in der man sich bedroht fühlt, ist eine Beziehung, die kein Existenzrecht hat.

Warnzeichen #2: Kontrollverlust & Überwachung

Manchen Menschen fällt es leichter, Entscheidungen zu treffen und Pläne zu schmieden, während andere sich gerne leiten lassen. An sich ist das okay, solange die Wünsche aller Beteiligten respektiert werden. Aber Witze darüber, wer die Hosen anhat, sind eben nicht mehr witzig, wenn ein*e Partner*in die Kontrolle über einen anderen Menschen an sich reißt. Wenn beispielsweise Freundschaften verboten, Kleidung und Ernährung vorgeschrieben und Handys und soziale Netzwerke überwacht werden, ist das eine heftige Grenzüberschreitung und eine Missachtung der Privatsphäre. Das nennt sich nicht Liebe, das ist Machtmissbrauch. Sie führen zu einer Abhängigkeit, die gefährliche Ausmaße annimmt. Es kann passieren, dass ein*e Partner*in den oder die andere*n Partner*in finanziell einschränkt und ihr*ihm die Möglichkeit nimmt, selbst über Ausgaben zu verfügen. Aber auch emotionale Abhängigkeit – das Gefühl, dass man ohne die andere Person nicht (über)leben kann – ist eine rote Flagge. In einer Beziehung werden Partner*innen nicht kontrolliert, im Gegenteil, sie sind frei und werden respektiert.

Warnzeichen #3: Isolation

Kontrolle entsteht vor allem dann, wenn äußere Einflüsse abgeschnitten werden. Es kann schnell passieren, dass Partner*innen versuchen, einen Menschen von ihrem Umfeld zu isolieren. Manchmal hat eine Person von Beginn an wenige enge Vertraute, manchmal wird versucht, aktiv einen Keil zwischen Familie und Freund*innen zu treiben. Jemand, der einen anderen Menschen isoliert und sich zur alleinigen Bezugsperson macht, hat nicht das Wohl des Partners oder der Partnerin am Herzen. Eine gesunde Beziehung ist niemals gefährdet von Verwandten und Freund*innen.

Warnzeichen #4: Emotionale Gewalt

Partner*innen, die sich lieben, tragen zur mentalen Gesundheit ihres oder ihrer Geliebten bei. Emotionale Gewalt bewirkt das absolute Gegenteil, sie schadet der mentalen Gesundheit und erzeugt Unsicherheiten, Ängste und Traumata – und manipuliert Menschen, ohne dass sie es bemerken. Daher ist es wichtig, dass wir diese Form von Gewalt erkennen und benennen können.

Manipulation beginnt bei simplen Lügen, die Unsicherheit und Verwirrung streuen, und gipfelt im Gaslighting, also dem Verdrehen von Tatsachen. Dabei wird das Selbstvertrauen so stark angegriffen, dass man die eigene Wahrnehmung anzweifelt. Das kann so aussehen, dass ein*e Partner*in dir die Schuld für schlechte Noten, einen Jobverlust, finanzielle Probleme oder für sonstige Dinge einredet, die außerhalb deiner Kontrolle liegen. Man wird zum Sündenbock für Dinge, die man nicht zu verantworten hat – und beginnt trotzdem, sich die Schuld zu geben.

Manipulation heißt auch, dass die eigenen Gefühle und Gedanken abgesprochen werden. Zweifel werden beiseitegewischt, Ängste nicht ernst genommen, Glücksmomente werden verdorben und Erfolge niedergemacht. All das nagt stark an der mentalen Gesundheit, vor allem, wenn es wiederholt vorkommt. Ein*e

Partner*in, der*die dich respektiert, schätzt deine Gedanken und Gefühle, anstatt sie zurückzuweisen.

Zuletzt geschieht emotionale Gewalt auch durch endlose Kritik, Beleidigungen und Erniedrigung, durch die man irgendwann selbst beginnt, solch schlimme Dinge über sich zu glauben. Deswegen möchte ich es hier ganz deutlich sagen: **Keine Person ist dumm oder wertlos. Jeder Mensch verdient Respekt und Wertschätzung.**

Vergiss nicht, dass emotionale Gewalt für Außenstehende manchmal wirklich schwer zu erkennen ist. Täter*innen können sehr sympathisch und charismatisch sein, während Partner*innen die Schattenseite der Person zu sehen bekommen. Daher fällt es uns schwer, diese schlimmen, aber dennoch wahren Dinge zu glauben. Ein*e Täter*in ist kein böser Mensch; es ist ein Mensch, der Böses tut. Nur, weil es keine offensichtlichen Verletzungen gibt, heißt es nicht, dass jemand in einer gesunden und liebevollen Beziehung ist.

Warnzeichen #5: Körperliche & sexualisierte Gewalt

Jegliche Art von Gewalt hat in einer gesunden Beziehung nichts verloren. Wenn ein*e Partner*in dem oder der anderen Partner*in wehtut, in welcher Form auch immer, dann gefährden sie damit die Gesundheit und Sicherheit der Person und machen sich strafbar. Auch sexualisierte Gewalt kommt in Beziehungen vor. Aber Partner*innen haben keinen Anspruch auf körperliche Intimität oder Sex. Konsens muss immer bestehen, komplett unabhängig von der Art oder Dauer der Beziehung. Wenn Konsens nicht besteht, ist das eine Straftat.

Auch wenn auf eine schlimme Tat eine Entschuldigung folgt und eine Zeit, in der die Welt plötzlich wieder heile erscheint, ist das keine Garantie für zukünftiges Glück. Täter*innen versuchen oft, ihre Übergriffe mit Versprechungen, Geschenken und Reue zu entschuldigen. Das ist eine sehr wirksame Strategie, aber vergiss nicht: **Kein noch so schöner Moment ist Leid wert.** Es gibt keine Wiedergutmachung für körperliche – oder emotionale – Gewalt. Selbst ein einziges Vorkommnis ist eine Grenzüberschreitung, die nie rückgängig gemacht werden kann.

WAS TUN, WENN EINE BEZIEHUNG VON MISSBRAUCH BETROFFEN IST?

Wenn auch nur eins der genannten Warnzeichen auf eine Situation zutrifft, muss die Beziehung so schnell wie möglich beendet werden. Es braucht kein Abschiedswort und keine Erklärung. Brich den Kontakt ab, blockiere die Person auf allen Kanälen, warne dein Umfeld. Eine Person, die durch eine*en Partner*in emotionale oder körperliche Gewalt erfährt, schuldet dem*der Täter*in absolut nichts. Alles, was zählt, ist die Sicherheit des Menschen.

Du hast ein Recht auf Schutz. Wenn du nicht weißt, wohin, könnten Freund*innen, Familie oder Bekannte deine erste Anlaufstelle sein. Wenn das keine Option ist, folgen hier einige Möglichkeiten:

Beratungsstellen für queere Menschen in Not:
(für detaillierte Infos, blättere auf Seite 297)

Courage*, Beratungsstelle Schweiz

Gewalt an Männern, Hilfetelefon

Gewalt gegen Frauen, Hilfetelefon

Gewaltfrei Leben, Beratungsstelle für Lesben, Trans* und queere Menschen

---

LGBTIQ Helpline, Schweiz

MANEO, schwules Anti-Gewalt-Projekt

Rubicon, queere Beratungsstelle

Strong!, LGBTQI*-Fachstelle gegen Diskriminierung und Gewalt in Bayern

Weisser Ring, Hilfsorganisation für Kriminalitätsopfer

Gefühle sind eine komplizierte Sache, vor allem, wenn die zweier oder mehrerer Menschen aufeinandertreffen. Man hat sie nicht immer unter Kontrolle. Da kommt neben Zuneigung auch mal Eifersucht auf, Frustration, Ärger, die volle Ladung eben. Das ist menschlich. Aber es steht in unserer Macht, wie wir mit diesen Gefühlen umgehen. Eifersucht darf nicht zu kontrollierendem Verhalten führen. Frustration darf sich nicht durch Beleidigungen äußern. Ärger darf nicht an jemandem ausgelassen werden.

Wir können kontrollieren, wie wir uns in einer emotional aufgeladenen Situation verhalten. Wir können unseren Gefühlen Luft machen, indem wir sie ansprechen. Kommunikation ist nicht einfach und muss manchmal gelernt werden, aber ein Mensch, den wir lieben, ist es wert, dass wir ihm mit Offenheit begegnen. Wer über kurz oder lang ein Leben miteinander teilt, soll keinen Schaden davontragen. Wenn doch, dann ist es besser, getrennte Wege zu gehen.

Am Ende sollst du dich in einer Beziehung zufrieden, sicher und respektiert fühlen. Du und ich, wir haben ein Recht auf eine gesunde Beziehung. Liebe mag bedingungslos sein, aber gesunde Beziehungen sind das nicht. Sie sollen Gesundheit, Glück und Sicherheit erweitern. Ich sage bewusst »erweitern«, denn all das sind Dinge, die sich auch ohne Partner*in erfüllen lassen. Und wenn all das zutrifft, ist Liebe wirklich eins der schönsten Dinge der Welt.

Queere Buchtipps zum Thema gesunde und schädliche Beziehungen:

Das Archiv der Träume von Carmen Maria Machado, übersetzt von Anna-Nina Kroll

Die Sonne so strahlend und Schwarz von Chantal-Fleur Sandjon

Difference is Born on the Lips (englisch) von Michael Handrick

Dinge, an die wir nicht glauben von Bryan Washington, übersetzt von Werner Löcher-Lawrence

I Will Never Leave You von Kara Kennedy (englisch)

Laura Dean und wie sie immer wieder mit mir Schluss macht von Mariko Tamaki & Rosemary Valero-O'Connell, übersetzt von Annette von der Weppen

Not That Bad von Roxane Gay (englisch)

Radikale Zärtlichkeit von Şeyda Kurt

The Girls I've Been von Tess Sharpe, übersetzt von Beate Schäfer

Tonight We Rule the World von Zack Smedley (englisch)

SEX

Es gibt Menschen, die lesen Bücher in geordneter Reihenfolge von der Widmung auf der ersten zur Danksagung auf der letzten Seite, und es gibt Menschen, die sind so neugierig auf Sex, dass sie die ersten Kapitel überblättern und direkt hier landen. Wenn du zur zweiten Gruppe gehörst, verschwende ich deine Zeit nicht weiter mit einleitenden Worten und komm gleich zur Sache. Und selbst wenn du an Sex grundlegend kein Interesse hast, gibt's hier ein paar Lach- und Sachgeschichten, die vielleicht doch recht spannend sind. Los geht's: **Let's talk about queer sex!**

Sex gehört auf der Liste gesellschaftlicher Tabus direkt an die Spitze, dabei ist »Tabu« nur ein anderes Wort für eine Sache, über die wir unbedingt sprechen sollten, es aber mit aller Macht vermeiden. Mit queerem Sex ist das nicht anders, nur dass er vielen Menschen zusätzlich wahre Rätsel aufgibt, dabei ist er alles andere als rätselhaft. Ja, es ist möglich, dass zwei Frauen miteinander schlafen können, wenn man erst mal auf den Gedanken kommt, dass sich beim Sex eben nicht alles darum dreht, dass ein Penis in einer Vagina landet. Und da sind wir direkt bei der ersten Lektion:

Penetration ist nicht alles.

Bevor wir aber weiter ins Detail gehen, hier klipp und klar ein paar Fakten, damit erst gar keine Irrtümer entstehen:

- Sex beginnt laut Gesetz bei Zungenküssen und beinhaltet Petting und Geschlechtsverkehr.
- Wer über vierzehn Jahre alt ist, darf keinen Sex mit Kindern unter vierzehn Jahren haben. Das gilt für Jugendliche und Erwachsene. Kinder unter vierzehn Jahren dürfen miteinander Sex haben.

- Erwachsene dürfen keinen Sex mit Jugendlichen unter sechzehn Jahren haben, wenn sie diese erziehen, ausbilden, betreuen oder ein Abhängigkeitsverhältnis besteht.
- Wenn erziehungsberechtigte, betreuende, ausbildende oder arbeitgebende Erwachsene die Abhängigkeit von unter Achtzehnjährigen ausnutzen, diese etwa zwingen, bedrohen, bezahlen oder ihnen andere Dinge im Austausch für Sex geben, machen sie sich strafbar.

Vom Gesetz mal abgesehen beginnt Sex da, wo es sich für dich nach Sex anfühlt. Unterschiedliche Menschen haben unterschiedliche Auffassungen davon. Für manche beginnt er bei einer leicht bekleideten Make-out-Session, für andere erst dann, wenn Penetration ins Spiel kommt. Umso wichtiger ist es, dass alle Involvierten auf dem gleichen Stand sind: Konsens und Grenzen sind essenziell, aber dazu gleich mehr.

Sex ist nämlich wunderbar variabel und hat neben den altbekannten Handgriffen noch einiges mehr zu bieten. Das Ausleben von Sex und sexuellen Fantasien ist nicht nur ein riesiges Vergnügen, sondern für viele Mitglieder der queeren Community auch stark mit ihrer Identität verwoben. Das hängt damit zusammen, dass queerer Sex lange kriminalisiert wurde und auch heute noch mit Scham behaftet ist. Sexuelle Freiheit ist nicht selbstverständlich, daher sind das Abwerfen von Scham und das Zelebrieren von Sexualität ein empowernder und wichtiger Akt.

Und wer hat Schuld daran, dass wir uns für Lust, Leidenschaft und Fantasien schämen? Meine ersten Berührungspunkte mit Sex waren, wie für viele von uns, Aufklärungsbücher, Sexszenen aus Film und Fernsehen, der Schulunterricht, das Internet und der schreckliche Moment, wenn man die Eltern in flagranti hört oder, schlimmer noch, mit eigenen Augen erwischt.

Das mit dem Aufklärungsbuch war eine echt süße Sache, denn darin erwarteten der kleine Peter und seine Schwester Ida ein neues Geschwisterkind, das vorübergehend Minimum getauft wurde. Die Eltern erklärten den beiden, wie ein Kind entsteht, und von Scham war in dem Buch keine Spur. Ganz anders war es jedoch, wenn meine Mutter schnell zu einem anderen Kanal wechselte, als plötzlich eine seltene schwule Sexszene auf dem Bildschirm lief. Und als sie erfuhr, dass in meinem Computerspiel zwei meiner männlichen Sims miteinander Sex hatten, war's mit dem Hausfrieden vorbei. Interessanterweise reagierte sie bei der Darstellung von heterosexuellem Sex nie so.

Nun wäre es falsch und etwas fies zu behaupten, dass meine Mutter die Schuld daran trägt, dass queerer Sex in Schamgefühle gehüllt ist. Sie handelte wie wohl die meisten Eltern auch heute noch. Vielmehr ist es ein gesellschaftliches Problem, eine Mischung aus Unwissen und einem grottigen Ruf. Auch in der Schule wurde das Thema von Lehrenden ignoriert, während Mitschüler*innen sich darüber lustig machten und mit homo- und transfeindlichen Beleidigungen um sich warfen (was von Lehrenden beflissen ignoriert wurde). Nur die wenigsten Lehrenden sind vorbereitet und aufgeklärt genug, um hilfreich über Queerness und queeren Sex zu sprechen.

Wenn weder Eltern noch Lehrende ihren Job richtig machen und auch keine Bücher oder Fernsehprogramme vorhanden sind, was bleibt jungen queeren Menschen dann noch übrig, um mehr über queeren Sex zu erfahren? Unser Freund, das Internet – verwirrend, ungefiltert und voller Falschinformationen. Die offensichtlichste Methode, um die Wissenslücke zu schließen und die Neugier zu stillen, scheinen Pornos zu sein.

PORNOS SCHAUEN ODER NICHT?

Pornos an sich sind nicht zu verteufeln, aber wie so vieles mit Vorsicht zu betrachten. Sie können uns dabei helfen, unsere Sexualität zu erforschen und herauszufinden, was uns an- und abturnt. Sie machen Spaß, und sie können allein in Sicherheit genossen werden. Das alles sind Dinge, die wir auch nicht in den Filmen, Büchern, Mangas und Songs zu sehen bekommen. Stattdessen wird Sex auch hier meistens unrealistisch und übertrieben dargestellt. Pornos verklickern uns außerdem erneut die falsche Vorstellung, dass Sex nur dann Sex ist, wenn jemand penetriert wird. Alternativen dazu lassen sich kaum finden, fast immer wird irgendetwas in irgendwen eingeführt.

Pornos sind durchaus politisch.

Bedenkt, wer von Pornos profitiert, und vor allem, wer nicht – gerade, wenn Pornos kostenfrei auf Websites angeklickt werden und die Darstellenden nichts für ihre Arbeit verdienen. Zuletzt kann auch der Pornokonsum zu einer Abhängigkeit werden. Wenn dich Pornos von einem gesunden Sozial- und Sexleben abhalten, dann solltest du die Handbremse ziehen.

WAS MACHT SEX QUEER?

Genug von der Theorie, jetzt wird's spicy, squishy, sexy und vor allem konkret. Weil wir mittlerweile wissen, dass Sprache Macht ist, nennen wir die Dinge beim Namen. Wir werden ins Detail gehen und vage Beschreibungen vermeiden – keine Geheimnistuerei und kein Drumherumgerede. Über Sex zu sprechen kann ungewohnt sein, aber erstens lernen wir bei offenen Konversationen etwas dazu, und zweitens macht es Spaß. Allem voran, wie gewohnt, ein paar Grundlagen:

Petting ist ein süßes Wort, das so viel heißt wie »streicheln«, was ein kleines bisschen irreführend sein kann. Hier geht es nicht um das seidene Fell eines Labradors – was durchaus schön ist, aber null Sex-Appeal hat –, sondern um eine viel intimiere Version davon. Wir sprechen von Fingern, die unter die Kleider wandern, sich zur Vulva oder zwischen die Pobacken vorwagen und dort zärtlich streicheln, liebkosen, reizen und auch mal eindringen.

Wenn von oral die Rede ist, dann geht es um eine Person, die eine andere mit dem Mund befriedigt (mal abgesehen von den beneidenswert biegsamen Leuten, die das auch ganz allein schaffen). Lippen, Zunge und Zähne können großartige Dinge anstellen, zum Beispiel lecken (die Vulva befriedigen), blasen (Penis und Hoden befriedigen) und rimmen (Hintern und Anus befriedigen).

Penetration klingt zwar nicht ganz so cute wie Petting, aber erwähnenswert ist es allemal, denn die Realität kann ziemlich heiß sein. Man nehme ein Körperteil oder Objekt (Finger, Penis, Vibrator – sei kreativ und bedacht) und führe es anal (also in den Hintern), vaginal (in die Vagina) oder oral (wie oben erwähnt: in den Mund) ein, um sich oder eine*n Partner*in zu befriedigen.

Manchmal tut es gut, zu wissen, dass das, was man fühlt, einen Namen hat. Deswegen kommen hier noch ein paar Wörter, die dir bei Dating und Sex früher oder später über den Weg laufen:

> **Top/Aktiv:** eine Person, die gerne penetriert oder die eine sexuelle Handlung ausführt.
> **Bottom/Passiv:** eine Person, die gerne penetriert wird oder die eine sexuelle Handlung erfährt.
> **Vers/Switch:** eine Person, die sich in beiden Rollen wohl fühlt.
> **Side:** eine Person, die nicht auf anale Penetration steht und andere Formen von Sex bevorzugt.

Was an all dem queer sein soll? Ganz klar: die Menschen, die den Sex haben. Dazu kommt die Idee, dass wir unsere Bedürfnisse, Fantasien und Wünsche ausleben und uns dadurch von Vorurteilen befreien. Analsex ist nicht grundsätzlich schwul, denn erstens steht nicht jede schwule Person auf ihn, und zweitens können ihn alle haben, unabhängig von der Genderidentität oder sexuellen Orientierung – inklusive heterosexuellen Menschen und Personen mit Vulven. Auch die Vorstellung, dass es einen Penis oder überhaupt Penetration für Sex braucht, ist überholt: FLINTA* mit Vulven haben unendliche geniale Optionen, um sich gegenseitig in andere Galaxien zu befriedigen, dafür braucht es mit Sicherheit keinen cis Mann – eine Zunge oder ein Finger kann Wunder wirken. Außerdem hier noch mal wichtig: Welche Genitalien eine Person hat, sagt nichts darüber aus, welches Gender sie hat und worauf sie im Bett steht. Queerer Sex kann traditionell oder eben vielseitig sein. Ebenso wie wir selbst ist er fluide, und das ist eine großartige Sache. Denn das Ziel all dieser sexuellen Aktivitäten sind immer und ausschließlich schöne Gefühle wie Lust und Ekstase, Entspannung und Glück. Und dafür braucht es immer eine unverzichtbare Sache: Konsens.

KONSENS

Bereits als Kinder lernen wir, wie erschreckend es ist, wenn jemand unsere Grenzen missachtet. Wenn Opa uns in die Backe kneift oder die Kindergärtnerin uns ungewollt umarmt, ist das nicht nur unangenehm, es zeigt uns auch, dass wir nicht das Sagen über unseren eigenen Körper haben. Diese Grenzüberschreitungen scheinen harmlos, aber wenn unser Wohlbefinden missachtet wird, leidet unsere körperliche und geistige Gesundheit darunter. Wem die Selbstbestimmung geraubt wird, kann sich nie sicher oder selbstbewusst fühlen. Die Folgen solch körperlicher Gewalt reichen von Unsicherheit und Angst zu Depressionen und trauma-tischen Störungen.

Beim Sex und sexuellen Handlungen ist das nicht anders. Dabei kommt es nicht darauf an, ob wir die Person kennen oder sogar mögen.

Es braucht keinen Grund, in Ruhe gelassen und nicht berührt werden zu wollen.

Es braucht keinen Grund, Sex zu verweigern. Eine Absage benö-tigt keine Erklärung. Partner*innen haben das ohne Debatte zu akzeptieren.

Auch in einer festen Beziehung ist Sex kein Muss. Es kommt nicht darauf an, wie lange ihr zusammen oder sogar verheiratet seid und wie oft ihr schon miteinander geschlafen habt; dein*e Partner*in hat keinen Anspruch auf Sex. Niemand hat einen An-spruch auf Sex mit dir.

Also, woher weißt du, dass du das Einverständnis deiner Se-xualpartner*innen hast? Und wie stellst du sicher, dass Konsens durchgehend besteht?

Ein enthusiastisches Ja, ein zustimmendes Nicken oder ein fordernder Kuss sagen dir, dass dein*e Partner*in einverstanden ist. Konsens passiert nicht nur verbal, sondern wird auch durch Körpersprache vermittelt.

Wenn du dir unsicher bist, frag nach.

Auch Dinge wie »Grade vielleicht nicht« oder »Ich habe eben geges-sen« vermitteln dir, dass kein Konsens besteht. Ein zufriedenes Stöhnen oder ein sinnlicher Seufzer zeigen wiederum, dass dein*e Partner*in ebenfalls Sex haben will. Dasselbe gilt auch während-dessen: Achte auf Augenkontakt, Bewegungen und Laute. Wenn dein*e Partner*in plötzlich still wird oder verkrampft ist, sind das

Anzeichen, dass die Person sich unwohl fühlt oder keinen Spaß hat.

Bedenke, dass Konsens geben gar nicht so einfach ist. In den wenigsten Lebenssituationen sprechen wir das aus, was in unserem Kopf vorgeht, auch, weil wir manchmal gar nicht genau wissen, was da vorgeht. Geht mein Atem so schnell, weil ich aufgeregt oder ängstlich bin? Tut das weh, oder gefällt mir das? Gefällt es mir, *weil* es wehtut? Manchmal wissen wir erst, wenn's schon vorbei ist, ob wir es mochten oder nicht. Wenn du unsicher bist, sag das, selbst wenn es dir komisch vorkommt: »Hey, ich weiß nicht, ob ich das mag oder nicht.« Das ist ein Zeichen für deine*n Partner*in, dass ihr die Dinge langsam angehen müsst. Das Ziel sind am Ende nicht Zweifel, sondern ist eindeutiges Vergnügen.

Falsche Höflichkeit ist beim Sex fehl am Platz, vor allem, wenn sie dich hindert, deine Bedürfnisse auszusprechen. Da machen Menschen sich nicht nur körperlich nackt, sondern auch emotional. Und wer will einer anderen Person in so einer intimen Situation schon auf die Zehen treten? Auch Angst ist eine natürliche Reaktion, und wenn sie überwiegt, dann zwing dich auf keinen Fall, Dinge zu tun, die du nicht tun möchtest. Lampenfieber und Nervosität sind eine Sache, aber du solltest dich niemals so eingeschüchtert fühlen, dass du nicht offen mit dem*der Partner*in kommunizieren kannst. Versuch hier, ehrlich zu sein, denn dein Wohlbefinden und deine Unversehrtheit gehen vor.

Die Angst vor Zurückweisung ist real, aber dein Wohlbefinden ist wichtiger.

Manchmal sprechen wir unsere Wünsche und Bedürfnisse nicht aus, weil wir uns vor der Reaktion eines*einer Partner*in fürchten. Ist die Person beleidigt, wenn ich nicht in der Stimmung für

Oralsex bin? Wird sie mit mir Schluss machen, wenn ich sage, dass Analsex nichts für mich ist? Wird sie sich ekeln oder mich auslachen, wenn ich mit ihr Rollenspiele ausprobieren will? In einer gesunden Beziehung – oder falls es ein One-Night-Stand ist: in einer gesunden Dynamik – akzeptiert ein*e Partner*in deine Grenzen, ohne dich dafür niederzumachen oder sogar zu bestrafen. Du musst dich zu nichts zwingen und nichts aushalten, um deine*n Partner*in sexuell zu befriedigen. Hab lieber keinen Sex – und keine*n Partner*in – als Sex, der dir nicht gefällt oder sogar schadet.

Hier zwei kurze Erfahrungsberichte:

Ein Typ, nennen wir ihn Kai, hatte sich mit einem anderen Mann, sagen wir Jack, über eine App verabredet. Das Ziel des Abends war eindeutig: Sex. Als Kai zum Hotel kam und Jack in der Lobby traf, blieb der Funke von Attraktion aber aus. Der Kuss im Fahrstuhl war zu nass und fordernd, und das Hotelzimmer roch komisch. Jack fragte Kai, ob alles in Ordnung sei, und Kai versicherte ihm, es sei alles okay. Er konnte nicht den Mut aufbringen, den Abend zu beenden, und wollte Jacks Gefühle nicht verletzen. Er wusste nicht, wie man jemandem eine höfliche Abfuhr erteilte, wenn man schon mitten im Date steckte. Also hatten sie Sex, wobei Kai versuchte, ihn so schnell wie möglich hinter sich zu bringen, obwohl er einfach hätte gehen können. Ein Abend auf dem Sofa mit einem Buch und einer Gesichtsmaske wäre zweifellos netter gewesen.

Kais Freundin, nennen wir sie Julia, nahm nach einem Date einen Typen, nennen wir ihn Max, mit zu sich nach Hause. Die zwei waren schon ordentlich bei der Sache, als Julia die Bremse anzog und den Sex mittendrin abbrach. Es war schlichtergreifend nicht gut, sie konnte es nicht genießen. Kurzerhand sagte sie Max, der Abend sei hiermit vorbei. Und Max? Max zog sich an und ging. Julia und Max sahen sich danach nicht wieder, denn Julia schuldete ihm weder eine Erklärung noch eine Wiedergutmachung.

Sei die Freundin, die Sex abbricht, wenn er ihr nicht gefällt. Sei der Typ, der das akzeptiert und sich vom Acker macht. Ich wünschte, ich wäre so souverän und knallhart gewesen, denn auch ich habe mich schon in Situationen befunden und mich hinterher gefragt, warum ich nicht einfach in meine Hose geschlüpft und abgezischt bin. Einfach so, weil ich es wollte.

Mach auch du nur das, was sich wirklich gut anfühlt. Lass dir nicht von einer anderen Person vorschreiben, was du zu mögen und zu tun hast. Achte auf deine Partner*innen und hör ihnen zu. Guter Sex passiert dann, wenn alle Involvierten ihm enthusiastisch zustimmen und Spaß daran haben.

SEX MIT DIR

Viele tun's, wenige sprechen drüber. Ständig berühren, schmecken, streicheln und fingern wir uns selbst. Warum? Weil es sich nice anfühlt, und mehr noch, weil es Spaß macht, entspannt und Glückshormone freisetzt. Es kann sogar Periodenschmerzen lindern und soll Krebs vorbeugen. Außerdem ist es extrem einfach, weil wir niemanden dafür benötigen.

Selbstbefriedigung ist normal, Selbstbefriedigung ist heiß. Selbstbefriedigung ist eine Party, bei der du dich selbst feierst, also lass dich nicht davon abhalten, dich in Schale zu werfen, dir Geschenke zu machen und dich von vorne bis hinten zu verwöhnen. Heiße Unterwäsche, Sextoys und Nacktbilder sind nicht nur dafür da, andere anzuturnen, sondern auch dafür, dich auf dich selbst heiß zu machen. Ein bisschen Narzissmus tut der Seele gut.

Selbstbefriedigung ist der beste Weg, um herauszufinden, was dir gefällt und was nicht. Experimentiere mit dir selbst. Wie schnell, wie intensiv, wie tief? Wie viel Druck darf sein, wie viel ist too much?

Zu viel Selbstbefriedigung soll auch nicht sein. Wenn du so oft masturbierst, dass du Schmerzen hast, lass es auf jeden Fall langsamer angehen oder suche dir zur Not professionelle Hilfe.

Das beste Mittelchen bei der Selbstbefriedigung ist am Ende deine eigene Fantasie.

Ihr sind keine Grenzen gesetzt, und ihr kann durch kleine Tricks auf die Sprünge geholfen werden. Bücher und Online-Fanfiction, in denen es heiß hergeht, haben schon viele sinnliche Momente geschaffen – und über Pornos haben wir ja bereits gesprochen.

Von Sex und Körpern wird auch in diesen Büchern ohne Blatt vorm Mund erzählt:

Honest von Milly Evans (englisch)

Kommt gut von Jüne Plã, übersetzt von Sina de Malafosse

Let's Talk About Sex, Habibi von Mohamed Amjahid

Lieb doch, wie du willst – Geschichten von Lust und Sehnsucht, erschienen bei Thienemann

Queer Body Power von Essie Dennis (englisch)

Sex Ed: A Guide for Adults von Ruby Rare (englisch)

Sex und so von Lydia Meyer

WAS BRAUCHE ICH FÜR SEX?

Hände und Füße, Lippen und Zunge, Genitalien und erogene Zonen – die Ausrüstung für romantische Stunden und heiße Spielchen haben wir. Aber da draußen gibt es so einige Hilfsmittel, die Sex einfacher machen, die frischen Wind ins Schlafzimmer bringen, die die Intensität steigern können. Und selbstverständlich dürfen wir auch unsere Gesundheit bei all dem Spaß nicht vergessen.

GLEITGEL

Sex wird um einiges einfacher – und schöner –, wenn die Dinge angenehm gleiten. Das Wunderwerk Körper kann zwar ganz ohne Beihilfe sein eigenes Gleitmittel produzieren – beispielsweise Scheidensekret –, aber nicht jeder Mensch hat eine Vagina, und nicht jede Vagina ist immer bestens auf Sex eingestellt. Daher ist Gleitgel dein bester Freund. Gleitgels bekommt man in den meisten Super- und Drogeriemärkten. Günstig sind sie nicht, trotzdem lohnen sie sich.

Hier solltest du über die Art von Gleitgel nachdenken. Ebenso wie wir bei der Ernährung darauf achten, was wir uns in den Rachen stecken, sollten wir auch beim Sex darüber nachdenken, was durch die Tür darf und was nicht. Viele Stoffe können unsere Haut und Schleimhäute reizen und austrocknen, daher sind Gels mit Geschmack oder anderen Extras nicht zwingend die beste Wahl.

Es gibt sowohl Gleitgels auf Wasser- und Silikonbasis als auch Hybride und Öle. Wasserbasierte Gels trocknen schneller aus und hinterlassen manchmal bleibende Flecken auf Bettwäsche, sollten aber vorzugsweise beim Sex mit Sexspielzeugen (dazu gleich mehr) benutzt werden, da sie bestens mit der Großzahl an Toys zusammenarbeiten. Silikongels gleiten länger und sind daher grade bei Analsex praktisch, weil das Gel nicht in die Haut einzieht. Allerdings solltest du Silikongleitgel und Spielzeug aus Silikon niemals kombinieren, weil das Material sonst angegriffen und brüchig wird – und auch für Oralsex ist es nicht genial, denn Silikon hat erst mal nichts in deinem Magen verloren.

Ölbasierte Gels sollten nicht mit Latexkondomen benutzt werden, weil sie das Latex angreifen und die Verhütung wirkungslos machen. Sie gleiten zwar wunderbar, lassen sich aber nicht ganz so leicht abwaschen – und sind auch für Allergiker*innen nicht immer die beste Wahl.

Letztendlich ist hier Ausprobieren die beste Methode, ein Gleitgel zu finden, das sowohl den Zweck erfüllt, angenehm riecht und schmeckt, als auch die richtige Konsistenz und Farbe hat und sich leicht ab- und auswaschen lässt. Wer kein Geld für Gleitmittel ausgeben möchte, greift gerne zu Hausmitteln. Die meisten davon sind jedoch **nicht** für Sex geeignet, da sie die Schleimhäute reizen oder Bakterien übertragen.

Aloe vera, das durch hauseigene Pflanzen gewonnen werden kann, bietet sich gut an und kann auch in Tuben gekauft werden – hier solltest du darauf achten, dass es reines Aloe vera ohne Zusatzstoffe ist. Viele Menschen nehmen Spucke, was zwar eine schnelle Lösung ist, aber Körperflüssigkeiten sind effektive Krankheitsüberträger. Manche Intim- und Feuchtcremes und auch Massageöle mit Gleitgel sind eigens für die vaginale oder anale Anwendung entwickelt und könnten sich gut eignen.

Finger weg von ätherischen Massageölen, Duschgels und Seifen. Auch Vaseline, Babyöl und Olivenöl und Co. sind aus genannten Gründen nicht zu empfehlen.

SEXSPIELZEUG

Kleopatra persönlich, so heißt es, besaß einst einen von Bienen betriebenen Vibrator. Das mag nichts als ein erotisches Volksmärchen sein, aber eins muss man uns Menschen lassen: Wir sind schon sehr pfiffig, wenn es darum geht, uns neue Methoden zur (Selbst-)Befriedigung auszudenken. Sexspielzeuge bzw. Toys kommen in allen Formen, Farben und Materialien. Wichtig ist bei allen, dass sie vor und nach Benutzung gründlich gereinigt und vorsichtig aufbewahrt werden. Achte auf das Material des Toys und die passenden Gleitmittel, denn manche Stoffe und Materialien greifen sich gegenseitig an; sie können rissig werden oder schmelzen. Außerdem werden sie bei fehlender Reinigung schnell zu Krankheitsüberträgern, und dieses Risiko ist durch Sauberkeit leicht zu vermeiden.

Dildos und Vibratoren sind wohl die geläufigsten Toys, denn sie sind selbsterklärend, leicht erhältlich und günstig (außer, man hat es auf ganz spezielle Größen oder Sonderausführungen abgesehen). Es gibt ein ganzes Schlaraffenland an Toys, wie Strap-ons (Dildos zum Umschnallen), aufblasbare Dildos, Prostata-Massagen (speziell geformte Dildos, die gezielt die Prostata massieren), Analkugeln und -ketten (ein Set von Kugeln an einer längeren Schnur), Plugs (Stöpsel zum, na ja, Stöpseln) und Tunnel (für leichteren Zugang).

Auch bei Genitalien soll keine Langeweile aufkommen: Satisfyer (werden nicht eingeführt, sondern stimulieren die Klitoris durch Druckwellen), Liebeskugeln (vibrierende Bälle zum Einführen) und Vaginapumpen (massieren und fördern die Durchblutung) bieten wunderbare Formen der Unterhaltung. Ebenso Penisringe (vielseitig anwendbar als Schmuck und Standhilfe), Keuschheitskäfige (um Erektionen und Selbstbefriedigung zu verhindern), Masturbatoren (als Alternative für die Hand) und ebenfalls Plugs.

Und wer sich weniger auf Genitalien konzentrieren will, kann sich mit Nippelpumpen, Fesselspielzeug, Augenbinden und Wachs vergnügen oder der Fantasie freien Lauf lassen.

VERHÜTUNGSMITTEL

Menschen haben sich einiges ausgedacht, um nach dem Sex nicht von Schwangerschaften oder STI überrascht zu werden. Verhütungsmittel sind so genial, dass sie riesigen sozialen Wandel bewirkten und ordentlich bei der Entwicklung von queeren und Frauenrechten mitmischten. Sie geben uns mehr Kontrolle über unsere Rechte und Lebensplanung. Sie schützen uns.

Verhütungsmittel haben verschiedene Zwecke und wirken sich je nach Person anders aus. Manchmal benutzen wir sie aufgrund einer Vorliebe, manche finden wir unpraktisch oder vertragen wir nicht. Einige bekommen wir in Supermärkten, Apotheken oder sogar kostenlos auf Events und bei Anlaufstellen für sexuelle Gesundheit. Andere sind verschreibungspflichtig und benötigen ärztliche Beratung. Hier mal eine Zusammenfassung all der Helferchen, die unser (Sex-)Leben so viel einfacher machen:

Kondome verhindern effektiv den Austausch von Sperma, Scheidenflüssigkeit, Blut und Schleimhautflüssigkeit. Sie können beim Anal- und Vaginalsex als auch beim Oralsex eingesetzt werden, wodurch Schwangerschaften und Krankheiten vorgebeugt werden. Kondome passen nicht nur auf einen Penis, sondern bieten sich auch bestens für Finger und Sexspielzeuge an, denn dort finden sich ebenfalls Bakterien.

Auch Femidome – Kondome speziell für die Vagina – senken das Risiko von Übertragung und Schwangerschaft, denn sie schützen gezielt beim Vaginalsex vor Erregern und fangen Spermien ab.

Das Gleiche gilt für Lecktücher – auch Dental Dams genannt –, die bei Oralsex sowohl auf Vulven als auch am Hintern angewendet werden. Das Tuch wird hier über die Stelle, die gleich Action bekommt, gelegt und bildet eine dünne Schicht zwischen Mund und Genitalien.

PrEP kommt in Form einer täglichen Pille, welche der Übertragung von HIV vorbeugt. PrEP steht für Prä-Expositions-Pro-phylaxe, ein Fachwort für die HIV-Gesundheits*vor*sorge für HIV-negative Menschen. Allerdings kommt es hier auf die korrekte Einnahme an, und sie ist nicht vollständig ohne Nebenwirkungen, deswegen ist ärztliche Beratung ein Muss.

Falls beim Sex mal das Kondom reißt oder keines benutzt wurde und ein Risiko auf HIV besteht, kann PEP helfen. Es steht für Post-Expositions-Prophylaxe: ein Notfallmittel, das im Best-fall innerhalb von vierundzwanzig Stunden *nach* dem Sex und über die nächsten vier Wochen hinweg eingenommen wird. Auch PEP kann nur bei ärztlicher Beratung verschrieben werden.

HIV und andere sexuelle Krankheiten bleiben hier erst mal blo-ßes Foreshadowing (so nennt sich das, wenn ein*e Autor*in ganz gewieft etwas andeutet, das später im Buch noch eine größere Rolle spielen wird. Zugegeben, das hier ist kein Thriller, sondern ein Sachbuch, aber auf dem Cover steht mein Name, also darf ich das). Jetzt erstmal weiter im Text:

Hormonelle Verhütung kommt in vielen Formen. Sie ist zwar besonders effektiv, ist aber auch umstritten: Manche Nutzer*in-nen erleben heftige Nebenwirkungen, andere wiederum nicht. Zudem wird die Verhütung meistens zur Alleinverantwortung für cis Frauen und Menschen mit Uterus gemacht. Hormonelle Verhütung beugt Schwangerschaften, nicht aber STI vor. Am be-kanntesten ist die täglich einzunehmende Antibabypille – kurz: die Pille –, die mithilfe von Hormonen den natürlichen Zyklus unterdrückt und die Eierstöcke so beeinflusst, dass der Eisprung verhindert wird. Außerdem wird durch Veränderung des Zervix-schleims das Vordringen von Spermien gestoppt. Manche Versio-nen der Pille werden durchgehend eingenommen, bei anderen ist vorgesehen, dass sie bis zu einer Woche pro Zyklus ausgesetzt wer-den, wodurch Blutungen einsetzen können. Verhütungspflaster (auf der Haut klebend) und Vaginalringe (in der Vagina platziert) funktionieren ähnlich und müssen ebenfalls regelmäßig ausgewechselt und ausgesetzt werden. Permanentere Mittel, die über einen längeren Zeitraum verhüten, sind die Hormonspiralen (für mehrere Jahre im Uterus platziert), das Hormonstäbchen (unter der Haut im Oberarm platziert) und die Verhütungsspritze (alle drei Monate). Für cis Männer und Menschen ohne Uterus gibt es momentan übrigens keine Pille oder Ähnliches. Ironischerweise sind die Risiken und Nebenwirkungen zu groß, um ein solches Mittel auf den Markt zu bringen.

Alternativen für die hormonelle Schwangerschaftsverhütung sind die Kupferspirale und das Diaphragma. Die Kupferspirale beziehungsweise Kupferkette wird für mehrere Jahre in den Uterus eingesetzt, wo die Kupferionen sich so auf die Schleimhaut und Spermien auswirken, dass eine Einnistung beziehungsweise Befruchtung kaum möglich ist. Das Diaphragma ist eine runde oder ovale Membran mit Federring, die vor dem Sex mit einem spermienhemmenden Gel bestrichen und in die Vagina eingeführt wird, wo es eine Barriere zwischen Sperma und Muttermund bildet. Dort muss das Diaphragma auch nach dem Sex noch für einige Stunden bleiben. So ähnlich funktioniert auch die Verhütungskappe, die ebenfalls mithilfe eines Verhütungsgels wirkt. Sie wird über den Muttermund gestülpt und saugt sich dort fest.

Bei der symptothermalen Methode muss man den eigenen Zyklus genaustens im Auge behalten, jeden Morgen nach dem Aufwachen die Temperatur (vaginal, rektal oder oral) messen und den Zervixschleim untersuchen. So wird festgestellt, wann man Sex ohne großes Schwangerschaftsrisiko haben kann und wann man besser auf ihn verzichtet oder zum Beispiel mit Kondom oder Diaphragma verhütet, wenn man kinderlos bleiben will. Das braucht viel Übung und Körperkenntnis.

Die permanenteste Lösung von allen ist eine Sterilisation. Hierbei werden bei einem operativen Eingriff entweder die Eileiter oder die Samenleiter durchtrennt. Schnipp, schnapp, und fertig: Biologische Kinder sind von jetzt an so gut wie unmöglich (auch wenn es Fälle gibt, in denen trotz jeglicher Vorbeugungsversuche ein Kind entstanden ist – die sind manchmal so dickköpfig, dass sie trotz medizinischer Intervention einen Weg finden).

Falls doch mal ungeschützter Sex passiert oder Zweifel aufkommen, ob die Verhütungsmittel ihren Job richtig gemacht haben, kommt die Pille danach infrage. Laut pro familia hat sie eine Erfolgschance von neunundfünfzig Prozent bis achtundneunzig Prozent (je nach Zyklustag und Zeitpunkt der Einnahme) und kann je nach Wirkstoff bis zu zweiundsiebzig beziehungsweise hundertzwanzig Stunden nach dem Sex eingenommen werden, wobei sie den Eisprung verhindert oder verzögert. Es gilt: je früher, desto sicherer! Generell braucht es kein Rezept für die Pille danach, allerdings werden die Kosten von der Krankenkasse übernommen, wenn du unter zweiundzwanzig bist und dir vorher bei Arzt*Ärztin ein Rezept abholst. Sonst liegt der Preis zwischen sechzehn Euro bis fünfunddreißig Euro. Eine Alternative ist die Spirale danach, eine herkömmliche Kupferspirale, oder die Kupferkette, welche zwischen hundertfünfzig Euro und dreihundertfünfzig Euro kosten kann, wenn man über zweiundzwanzig ist. Sie muss innerhalb von fünf Tagen nach dem Sex eingesetzt werden und gilt als sicherste Methode der Nachverhütung.

Wie du siehst, ist Queerness an sich kein automatisches Verhütungsmittel, und selbstverständlich können auch queere Menschen ungewollt schwanger werden. Wenn der Schwangerschaftstest also ein ungewünschtes Ergebnis anzeigt, entscheiden sich manche für eine Abtreibung. Die Gefühle und Meinungen rund um Abtreibung gehen extrem auseinander. Am Ende zählt nur die Entscheidung der schwangeren Person. Sie entscheidet selbst, was für ihren Körper und ihr Leben richtig ist. Laut Gesetz sind Abtreibungen in Deutschland rechtswidrig, wobei sowohl die schwangere Person als auch durchführende Ärzte*Ärztinnen sich strafbar machen. Straffrei ist der Abbruch nur nach einer staatlich anerkannten Schwangerschaftskonfliktberatung, innerhalb der ersten zwölf Wochen nach Empfängnis, einer Bedenkzeit von drei Tagen nach Beratung und nur wenn der Abbruch von einem Arzt*Ärztin durchgeführt wird. Dieser Ablauf ist in der sogenannten Beratungsregelung festgehalten. Nicht rechtswidrig ist der Eingriff, wenn ein zu großes psychisches oder physisches Risiko für die schwangere Person besteht (es besteht eine medizinische Indikation) oder die Schwangerschaft durch ein Sexualdelikt entsteht (es besteht eine kriminologische Indikation). Im Falle einer medizinischen Indikation kann die Schwangerschaft auch nach der zwölften Woche abgebrochen werden.

Auf der Seite familienplanung.de gibt es eine (unvollständige) Liste mit Ärzten*Ärztinnen, die Abtreibungen durchführen. Die Kosten bei Abtreibungen nach Beratungsregel liegen je nach Methode zwischen knapp dreihundert Euro und siebenhundert Euro und müssen grundsätzlich selbst übernommen werden. Für Menschen ohne eigenes Einkommen oder mit geringem Einkommen kann über die gesetzliche Krankenkasse eine Kostenübernahme beantragt werden.

Abtreibungen können mit vielen gemischten Gefühlen verbunden sein und auch emotional lange nachwirken. Eins ist jedoch sicher:

Jede Entscheidung für einen Schwangerschaftsabbruch ist valide, aus welchem Grund auch immer.

SAFER SEX

STI – sexuell übertragbare Infektionen – klingen zwar wie ein gruseliges Schreckgespenst, gehören aber dazu, wenn man eine sexuell aktive Person ist. Gerade queerer Sex hat ein mieses Image: Die von den Medien ausgeschlachtete AIDS-Krise schien die Vorurteile über »gefährlichen« queeren Sex nur zu bestätigen. Queere Männer wurden dahingerafft und zu Sündenböcken gemacht. Aber gefährlich ist Sex vor allem dann, wenn Aufklärung fehlt.

Um mal jegliche Gerüchte aus dem Weg zu räumen: Krankheiten diskriminieren nicht. Sie machen weder vor cishet noch vor queeren Menschen halt. Deswegen sollte jeder Mensch, der Sex hat, sich vor STI schützen, informieren und testen lassen.

Unter STI fallen zum Beispiel Chlamydien, Filzläuse, Feigwarzen, Gonorrhö, Hepatitis A, B und C, Herpes, HIV und AIDS, HPV und Mpox. Die machen sich gut als Horrorfilmtitel, enttäuschen aber als Andenken einer schlaflosen, heißen Nacht. Den Dämpfer kann man sich sparen, und die juckenden Symptome ebenfalls. Wer Genaueres über Chlamydien und ihre Clique erfahren möchte, kann sich auf liebesleben.de mal durch die Symptome klicken.

STI haben verschiedene Strategien, sich Zugriff auf unser Immunsystem zu verschaffen und es sich dort bequem zu machen. Gerade beim Anal-, Vaginal- und Oralsex, wenn fröhlich Körperflüssigkeiten ausgetauscht werden, hüpfen die Erreger gern von einem Menschen zum anderen. Auch Blutkontakt, wenn also Erreger durch kleinste Wunden direkt in den Blutkreislauf gelangen, bildet ein Risiko. Weiterhin kann es passieren, dass durch Speichel, Hautkontakt oder die gemeinsame Nutzung von Bettwäsche und Kleidung oder Sexspielzeug manch nervige Dinge wie Pilze oder Parasiten übertragen werden. Hier aber eine Entwarnung, damit ihr nicht jeden Kuss dreifach überdenkt: Meist erkennt ihr Symptome früh genug an Hautveränderungen, da Herpes, War-

zen und Läuse sich deutlich bemerkbar machen. Außerdem gibt es
für manche STI auch Impfungen, die das Risiko einer Übertragung
stark verringern.

**Grundlegend gilt: Je mehr du über STI weißt, desto leichter
kannst du sie erkennen und vorbeugen.**

Eine STI möchte ich hier kurz genauer unter die Lupe nehmen,
nämlich HIV und AIDS. Das hat, wie eben schon erwähnt, einen
historischen Hintergrund, denn: Queere Geschichte und HIV/
AIDS sind eng miteinander verflochten. In den Achtzigerjahren
brach eine weltweite Pandemie aus, die unzählige queere Leben
auslöschte und auch heute noch viele Opfer fordert, vor allem da,
wo kein Zugriff auf medizinische Versorgung besteht. In Deutschland sind bisher rund dreißigtausend Menschen an AIDS gestorben, weltweit etwa sechsunddreißig Millionen.

HIV ist ein Virus, das meist bei Geschlechtsverkehr oder gemeinsamem Drogenkonsum, aber auch in der Schwangerschaft
oder durch Stillen übertragen wird. Wenn HIV unbehandelt bleibt,
erkranken infizierte Personen meist an AIDS, was das Immunsystem extrem schwächt und oft zum Tod führt. Wenn es jedoch
richtig behandelt wird, kann eine HIV-positive Person ein sorgen-
freies Leben führen, ohne an AIDS zu erkranken oder das Virus
zu übertragen. Vielleicht hast du online schon mal den Ausdruck
U=U gesehen.

U=U: *»Undetectable means untransmittable«* beziehungsweise »nicht nachweisbar heißt nicht übertragbar«.
Wenn die Viruslast im Blut einer HIV-positiven Person
nicht nachgewiesen werden kann, kann eine Übertragung
nicht stattfinden.

Bei einer antiretroviralen Therapie (ART) wird die Vermehrung der Viren im Blut einer HIV-positiven Person durch Medikamente unterdrückt. ART heilt HIV nicht, aber bei einer erfolgreichen Therapie ist ein Leben wie jedes andere absolut möglich. Mit einer nicht nachweisbaren Viruslast können selbst Kinder gezeugt und ausgetragen werden, ohne dass eine Übertragung passiert.

Wie du bereits weißt, haben wir zwei weitere Komplizen, die unsere Sexleben sicherer machen. PrEP und im Notfall auch PEP beugen bei korrekter Einnahme einer HIV-Übertragung vor. Ärztliche Beratung wird hier nicht nur empfohlen, sondern ist in jedem Fall nötig.

Auf der Webseite der Deutschen Aidshilfe findest du neben all diesen Infos noch einen ganzen Bereich, der sich um »Oft gestellte Fragen zu HIV« dreht. Dort kannst du nicht nur nachlesen, wie HIV übertragen werden kann oder was zu tun ist, falls du die Sorge hast, dich angesteckt zu haben; es gibt auch weitere Hinweise, zum Beispiel zu Safer-Sex-Irrtümern oder dem HIV-Risiko beim Oralverkehr. Wenn du also mehr wissen möchtest, kannst du dich dort informieren und auch mal in den *Positive-Life-Podcast* der Schweizer Aids-Hilfe reinhören.

Neben all diesen Tipps und Tricks sind regelmäßige Tests und Untersuchungen eine gute Vorbeugung, mal ganz davon abgesehen, dass sie dir Sorgen vor Ansteckungen nehmen.

Um sicherzustellen, dass du keine STI hast, werden Proben von Blut, Urin und Stuhl oder ein Abstrich der Scheidenwand genommen. Je nach behandelnder Person ist der Vorgang dabei anders: Meistens wirst du in der Praxis auf die Toilette geschickt, wo du dir etwas unelegant ein Stäbchen in den Allerwertesten schieben darfst. Bei mir kam es auch schon vor, dass ein Arzt den Handgriff selbst unternahm. Da schießt einem schnell das Blut in den Kopf, aber die behandelnde Person hat schon so viele Popöchen gesehen, dass auch dein Blankziehen sie nicht aus der Bahn werfen wird. Für Urinproben musste ich bis vor Kurzem in einen kleinen Becher pullern, aber seit neustem gibt es auch hierfür ein dünnes Stäbchen, welches für ein paar Sekunden in der Harnröhre auf Tauchgang geht – angenehm ist das nicht, aber das Ergebnis ist genauer. Je nach Test oder STI gibt es auch einen Pinkelbecher oder Abstrich für Menschen mit Vagina. Blut musst du dir glücklicherweise nicht selbst abnehmen, dabei hast du immer professionelle Hilfe.

Regelmäßige Gesundheitschecks sollten für die sexfreudigen unter uns zur Routine werden, vor allem dann, wenn wir verschiedene Sex-Partner*innen haben, ungeschützt Sex haben oder zu einer Risikogruppe gehören – wie Männer, die mit Männern schlafen. Wenn du in einer monogamen Beziehung bist und ihr exklusiv seid, besteht so gut wie kein STI-Risiko. Trotzdem kann es auch ganz ohne Sex passieren, dass man sich mal einen Pilz einfängt. Wenn du gerade beginnst, jemanden zu daten, und ihr ohne Schutz Sex haben wollt, solltet ihr euch vorher testen lassen. Und wenn du, wie viele Singles, fröhlich von Blume zu Blume hüpfst, dann sind Tests etwa alle drei Monate eine gute Idee – egal ob du auf PrEP bist (was ausschließlich HIV vorbeugt) oder dich anderweitig schützt.

Heutzutage gibt es viele kostenlose Beratungs- und Testangebote. Wenn du Sorgen oder Symptome hast oder einer Risikogruppe angehörst, hast du folgende Möglichkeiten:

Eine erste Anlaufstelle sind dein*e Hausarzt*Hausärztin oder dein*e Gynäkolog*in. Sie können dich informieren und beraten, welche Tests für dich infrage kommen.

Kostenlos sind die Tests dann, wenn Symptome oder ein konkreter Verdacht auf Geschlechtskrankheiten vorliegen. In Großstädten gibt es meistens ein großes Angebot an Testzentren und auf STI-spezialisierte Kliniken, die bestens beraten und kostenlos testen. Aber im ganzen Land finden sich Aidshilfen, Gesundheitsämter und manchmal eigenständige Organisationen, die Beratung und Testung anbieten. Hüpf ins World Wide Web und finde raus, wo du in deiner Nähe Hilfe bekommen kannst.

In manchen Ländern gibt es bereits kostenlose Testkits, die diskret zu dir nach Hause geliefert werden. Dort nimmst du selbst Proben von Urin, Stuhl und Blut und schickst sie zurück ins Labor. Momentan muss das im deutschsprachigen Raum noch aus der eigenen Tasche bezahlt werden. Falls du dringende Fragen hast und dich so schnell wie möglich beraten lassen willst, kannst du dich online oder telefonisch an folgende Stellen wenden:

Aidshilfe:

- Deutschland: aidshilfe.de oder +49 221892031

- Österreich: aids.at oder +43 1599378426

- Schweiz: aids.ch oder per kantonspezifischer Nummer

weitere Anlaufstellen:

- gayhealthchat.de

- liebesleben.de oder +49 221892031

- profamilia.de

Um mal kurz Klartext zu reden:

Verhütungsmittel und Vorsorgeuntersuchungen sollten für jeden Menschen kostenlos und leicht zugänglich sein.

Das entspricht aber nicht der Realität. Krankenkassen weigern sich bei vielen Behandlungen, die Kosten zu übernehmen, zumal auch Ärzte*Ärztinnen teilweise uninformiert und voreingenommen sind und uns nicht ernst nehmen. Immerhin übernehmen Krankenkassen für cis Frauen und Menschen mit Uterus unter einundzwanzig Jahren zumindest teilweise die Kosten, und je nach Ort, an dem du lebst, hilft auch **pro familia** finanziell aus. Leider jedoch ist das Beratungs- und Testangebot in Großstädten viel größer als auf dem Land. Das System ist noch ausbaufähig. Die gute Nachricht: Wie du siehst, gibt es viele Beratungsstellen und Ressourcen, online und telefonisch. Außerdem möchte ich dich dazu ermutigen, offen mit deinen Partner*innen über Sex und Verhütung zu sprechen. Welche Methoden bevorzugst du? Wie fühlst du dich am sichersten?

Auch hier gilt: Niemand darf dich zu Dingen zwingen, die du nicht möchtest.

Sexuelle Infektionen passieren, und meistens erkennst du sie an den Symptomen. Kein Grund für Angst oder Verlegenheit, schließlich versinken wir auch nicht bei jedem Niesen oder Naseputzen vor Scham im Boden. Ärzte*Ärztinnen sind es gewohnt, STI zu behandeln. Gerade in Praxen, die auf sexuelle Gesundheit spezialisiert sind, zucken sie nicht mit der Wimper, wenn du mit Chlamydien antanzt oder längst den Überblick über deine verflossenen Partner*innen verloren hast. Natürlich ist es trotzdem nicht so leicht, mit einer fremden Person über die eigenen Genitalien zu reden. Unterm Strich sind Gespräche über Geschlechtsorgane meistens awkward, vor allem, weil STI, Schmerzen und Co. nicht gerade angenehmer Kaffeeklatsch sind. Kaum jemand fühlt sich so wohl im eigenen Körper, dass die Hosen sorgenfrei fallen gelassen werden, damit dann jemand anderes intime Körperregionen genauestens unter die Lupe nehmen kann.

Diese Hemmungen, eine*n Arzt*Ärztin aufzusuchen, sind nicht immer unbegründet: Werden meine Sorgen ernst genommen? Werde ich respektvoll behandelt? Ist die behandelnde Person queerfreundlich?

Bei meinem damaligen Provinz-Hausarzt habe ich mich als schwuler Mann nicht halb so aufgehoben gefühlt wie in der Praxis in Berlin, die auf sexuelle Gesundheit spezialisiert ist. Da ist bereits das Wartezimmer mit queeren Menschen gefüllt. Zwar kann ich mir immer noch spaßigere Dinge vorstellen, als vor meinem Arzt dort blankzuziehen und über mein Sexleben zu schnacken, aber ich weiß, dass mir ohne Vorbehalte zugehört wird. Die Website queermed-deutschland.de kann dir ebenfalls dabei helfen, queerfreundliche Praxen in deiner Umgebung zu finden.

Nicht alle von uns haben die Möglichkeit, eine kilometerweit entfernte Praxis aufzusuchen. Trotzdem ist es wichtig, dass du deine Gesundheit nicht vernachlässigst und jemanden aufsuchst, der*die dir helfen kann. Das Gute ist: Ärzte*Ärztinnen sind genau für solche Fälle ausgebildet. Leider kann es trotzdem vorkommen, dass manche ihre verurteilenden Gedanken nicht ganz so gut verstecken wie andere. Sollten sie sich einen blöden Kommentar leisten oder dich nicht mit dem dir zustehenden Respekt behandeln, verdienen sie in Zukunft eben nicht mehr an dir, weil du eine weniger kindische Person aufsuchen wirst.

SEX UND DROGEN

Wie in so vielen Lebenslagen greifen Menschen auch beim Sex gerne zu Drogen, und das aus verschiedensten Gründen: zur Entspannung, aus Nervosität, für ein intensiveres Erlebnis oder aus Experimentierfreudigkeit. Meistens ist es so, dass Sex gar nicht auf dem Plan stand und eher das spontane Ergebnis eines feucht-fröhlichen Barabends oder einer Party ist.

Wer Sex und Drogen mischt, sollte sich bewusst sein, dass die Einnahme von Alkohol, Gras, Pillen, Pulvern, Pilzen und anderen Substanzen zu einem gewissen Kontrollverlust führt. Die Sinne werden verzerrt, und Grenzen verschwimmen – Grenzen, die für Konsens wichtig sind. Zusätzlich gerät unsere sexuelle Gesundheit schneller außer Acht und es werden zum Beispiel Kondome weggelassen.

Davon abgesehen, dass Penisse und Alkohol sich nicht immer verstehen und niemand will, dass das beste Stück genau dann streikt, wenn es gebraucht wird. Auch Orgasmen bleiben bei Sex unter Einfluss von Alkohol und Drogen öfter aus. Weder ein streikender Penis noch ein streikender Orgasmus sind Gründe für Scham oder Hindernisse für guten, einvernehmlichen Sex, aber bei jeglichem Drogenkonsum ist große Vorsicht gefragt.

Eine beliebte Droge, gerade bei Sex zwischen Männern, sind Poppers. Die Droge war in den Siebzigern und Achtzigern in Clubs beliebt – und ist es heute noch –, wird aber vor allem beim Sex benutzt. In Deutschland sind der Verkauf und die Weitergabe illegal, der Besitz an sich nicht. Poppers kommen in kleinen Fläschchen, dürfen aber niemals eingenommen werden – das kann zum Tod führen. Stattdessen wird der Stoff eingeatmet. Der Effekt ist eine sofortige Entspannung der Muskeln, inklusive der Muskeln im Anus. Weil männerliebende Männer oft Analsex haben, erklärt sich auch der hohe Konsum in dieser Gesellschaftsgruppe.

Andere Effekte, abgesehen von einem Entspannungsgefühl, sind Euphorie- und Lustschübe und stärkere Orgasmen, aber eben auch Kopfschmerzen, Schwindel und Ohnmacht. Poppers sollten niemals in Kombination mit Medikamenten oder bei existierenden Herzkrankheiten konsumiert werden.

Fühl dich nicht unter Druck gesetzt, jemals Sex unter Einfluss von Drogen zu haben.

Guter Sex braucht weder Poppers noch irgendein anderes Mittelchen. Zwar hatte ich schon Partner, die beim Sex dazu griffen, aber ich selbst habe immer abgelehnt und es bis heute nicht bereut. Drogenfreier Sex erhält von mir fünf von fünf Sternen und null Beschwerden. Bedenke auch, dass viele der genannten Mittel zur Abhängigkeit führen – und wer möchte für guten Sex schon auf ein Mittelchen angewiesen sein?

Am Ende ist sexuelle Gesundheit ziemlich hot – zumindest gehe ich persönlich viel lieber mit jemandem auf Tuchfühlung, der sich um seine Kronjuwelen kümmert und mit dem ich offen über Syphilis und HIV sprechen kann. Wer nicht erwachsen genug ist, sich testen zu lassen und über sexuelle Gesundheit zu sprechen, hat abgrundtief schlechte Chancen.

Schwimmen macht dann Spaß, wenn man dabei nicht untergeht. Fahrradfahren macht dann Spaß, wenn man dabei nicht umkippt. Da ihr jetzt wisst, wie man derartige Unfälle vermeidet oder sich von diesen erholt und danach beschwingt wieder in die Pedale tritt, kommt jetzt das pure Vergnügen.

DAS ERSTE MAL

Um den ersten Sex ranken sich fast so viele Mythen wie um griechische Gottheiten, und, hey, beides hat großen Sex-Appeal, daher ist das Interesse verständlich.

Trotzdem solltest du dich selbst nicht unter Druck setzen und schon gar nicht von anderen unter Druck setzen lassen.

Wann du dein erstes Mal hast, sagt nichts über deinen Wert als Person aus. Manche Menschen haben es früh, andere erst als Erwachsene, wieder andere nie. Jungfräulichkeit ist ein bizarres Konzept; es beurteilt Menschen – vor allem Frauen – danach, wann und unter welchen Umständen sie das erste Mal von einem Penis penetriert wurden. Aber ein Leben völlig frei von dieser Vorstellung ist nicht nur möglich, viele schwören sogar drauf.

Auch wenn um dich herum alle über Sex reden – und Sex haben –, musst du dem Hype nicht folgen. Wenn du noch oder generell kein Interesse daran hast, ist das völlig in Ordnung. Nur weil du nicht so besessen von Sex bist wie viele andere, macht dich das weder unreif noch uncool.

Außerdem definierst du für dich selbst, was Sex ist und wie weit du gehen möchtest. Es gibt viele Menschen, die aus verschiedensten Gründen kein Interesse an penetrativem Sex haben, andere stehen nicht auf Oralsex. Dein Wohlergehen steht an erster Stelle. **Mach nur das, worauf du Bock hast.**

Unter uns gesagt bin ich ein großer Fan von Sex und kann ihn allen Interessierten weiterempfehlen. Er ist ein fantastischer Zeitvertreib und unglaublich vielseitig. Der erste Sex (und jedes Mal, wenn man was Neues im Bett ausprobiert) ist umso aufregender, weil man sich in bisher unentdeckte Gebiete vorwagt und nicht so ganz einschätzen kann, was als Nächstes passiert. Man lernt den eigenen Körper neu kennen, kommt einem anderen Körper näher als jemals zuvor, schafft für eine kurze oder lange Zeit eine enge Verbindung zu einem anderen Menschen und verliert sich in einem Wirbelwind aus Sinneseindrücken. Kurz gesagt, Sex fühlt sich gut an und macht Spaß.

Ein Mythos besagt, dass Sex beim ersten Mal – und generell – schmerzvoll sein muss. **Alles Mist.** Sex soll sich gut anfühlen, sonst gibt es keinen Grund, ihn überhaupt zu haben. Besonders bei Vaginalsex und Analsex wird behauptet, dass er immer mit Schmerzen verbunden ist und dass man diese Schmerzen über sich ergehen lassen muss. Einfach die Zähne zusammenbeißen, dann wird's schon irgendwie. Das ist eine Lüge. Natürlich ist es ungewohnt, wenn man zum ersten Mal (oder nach längerer Zeit wieder) eine andere Person dort spürt, wo normalerweise niemand Zutritt hat. Allerdings sollte dieses ungewohnte Gefühl immer Genuss und Erregung mit sich bringen, niemals Leid.

Sex soll allein dann wehtun, wenn die Involvierten auf Schmerzen stehen und sich vorher abgesprochen haben. In allen anderen Fällen sind Schmerzen ein Zeichen dafür, dass dein Körper nicht bereit ist oder mehr Zeit und Zärtlichkeit braucht. Wenn etwas wehtut, kommuniziere das deutlich, anstatt darauf zu hoffen, dass es besser wird, wenn du nur länger durchhältst. Das kann nicht nur bleibenden körperlichen Schaden anrichten, sondern auch dein Sexleben auf Dauer belasten. Wenn du Sex mit ungewollten Schmerzen verbindest, wird dein Körper früher oder später blockieren und sorgenfreien, genießbaren Sex erschweren.

Tipps, die den ersten Sex weniger gruselig machen:

- Auf penetrativen Sex kannst du dich vorbereiten, indem du mit Toys und Gleitgel an dir selbst experimentierst. So kannst du einschätzen, was auf dich zukommt.

- Genieß das Vorspiel: Kuscheln, Küssen und Petting sind großartig, um deinem Körper mitzuteilen, dass er gewisse Körperregionen entspannt und andere gut durchblutet.

- Schmerzen gehören nicht dazu. Wenn etwas unangenehm ist, kommunizier dies. Lass es langsam und entspannt angehen, oder probiere eine Alternative, sollte etwas wehtun.

- Wenn du mittendrin Panik schiebst oder abbrechen willst, sollst und darfst du das. Zwing dich nicht, etwas durchzuziehen, das du nicht genießen kannst.

- Denk dran, dass Sex kein Porno ist. Er ist dann perfekt, wenn ihr Spaß habt, nicht wenn ihr euch verstellt oder Dinge vortäuscht.

- Unfälle gehören dazu. Sie sind vielleicht kurz peinlich, aber auch menschlich. Kurz Pause drücken, Unfall beheben, und schon kann es weitergehen.

- Dein erstes Mal ist eins von vielen Malen, deswegen muss es noch lange nicht dein bestes Mal sein. Mit mehr Erfahrung lernst du, wie du dich und deine Partner*innen noch besser befriedigen kannst.

Wenn vaginaler Sex oder das Einführen von Tampons dir jedoch so gut wie immer Schmerzen bereiten und du keinerlei Verbesserung verspürst, könnte der Begriff Vaginismus für dich relevant sein. Vaginismus beschreibt das Verkrampfen der Vaginalmuskulatur, sodass Penetration schmerzhaft und kaum bis gar nicht möglich ist. (Ärztliche) Beratung ist hierbei ein Muss: Auf Seiten wie gynformation.de findest du eine große Auswahl an sorgfältig ausgewählten Gynäkolog*innen (du kannst dort auch gezielt nach »Sensibler Umgang mit Vaginismus« filtern). So oder so bedeutet Vaginismus kein Aus für Sex: Kommuniziere es offen mit Partner*innen, und erforsche die endlosen Möglichkeiten, die Sex ohne das Penetrieren einer Vagina bietet.

Auch mit wem du zum ersten Mal Sex hast, hat nur so viel Bedeutung, wie du der Situation beigibst. Das erste Mal kann ein unglaublich wichtiger Moment sein, den du nur mit einer sehr speziellen Person teilen willst. Andere haben ihren ersten Sex mit einer fremden Person, die sie nie wiedersehen.

Manchmal ist der erste Sex awkward oder unschön, und du

würdest ihn lieber vergessen. Es ist nicht so gelaufen, wie du wolltest, die Chemie stimmt nicht. Das ist normal und absolut okay. Hab nicht die Erwartung, dass der erste Sex gleichzeitig der beste Sex sein muss. Es wäre schade, wenn es nach dem ersten Mal nur noch bergab geht.

Beim Sex verhält es sich wie mit deinem Lieblingsessen: grundlegend großartig, aber je nachdem, wer mitmischt und welche Zutaten hinzugetan werden, ist es mal fantastisch und mal etwas enttäuschend.

Kein Drama, denn es kann jederzeit ein neuer Versuch gestartet werden. Guter Sex will gelernt sein, und auch wenn es Naturtalente gibt, müssen wir alle etwas üben. Mal ganz davon abgesehen, dass es nicht nur eine Art gibt. Sex hat man in Betten, am Strand und in der Dusche, zu zweit und zu dritt und zu zwölft. Sex hat man mit verschiedenen Menschen, die verschiedene Gender haben, mit und ohne Toys, mit Zungen, Fingern, Füßen, geplant und spontan, sanft und einvernommen gewaltvoll.

Jedes Mal, wenn du beim Sex etwas Neues ausprobierst, ist es gewissermaßen ein erstes Mal. Es ist ein bisschen, als würdest du neue Eissorten probieren, dabei setzt du dich schließlich auch nicht unter Druck, sondern kostest die Erfahrung aus.

SEX MIT ANDEREN

Jetzt, da Konsens besteht, du über Safer Sex Bescheid weißt und gründlich vorbereitet bist, kann es endlich losgehen. Zuallererst ein Geheimnis, das kein Geheimnis sein sollte: Das Ziel von Sex ist nicht der Höhepunkt. Kommen ist gleichzeitig *wirklich* nice und *wirklich* überbewertet. Sex haben, um zu kommen, ist wie in ein Land zu reisen, nur damit du es auf deiner Rubbel-Weltkarte freikratzen kannst, ohne je die Delikatessen zu probieren, die Sehenswürdigkeiten zu besuchen und die Menschen kennenzulernen. Sex soll von Anfang bis Ende genossen werden, nicht nur in den fünf bis zehn Sekunden, die es für den Höhepunkt braucht.

Es geht darum, euch gegenseitig Spaß und Lust zu bereiten.

VOR DEM SEX

Man rennt nicht mal eben einen Marathon, ohne zu trainieren und sich aufzuwärmen. Wenn wir Selbstbefriedigung als Training betrachten, sind Hilfsmittel und Körperpflege sozusagen das passende Schuhwerk und die Dehnübungen einer Person, die in Kürze flachgelegt wird – oder flachlegen wird. Tatsache ist, Flachlegen wird in naher Zukunft passieren.

Es hilft, vorbereitet zu sein, nicht nur, weil man dann eher Höchstleistungen erreicht, sondern auch, weil man sich weniger Gedanken um Stolpersteine machen muss und sich selbstbewusster fühlt. Natürlich ist Sex kein Marathon, kein Wettrennen. Es geht nicht mal darum, dass man das Ziel erreicht.

Hauptsache ist, man genießt die Aktivität.

Anders als Händewaschen ist Analhygiene nicht so easy, daher hier also eine kurze Einführung (pun not intended) für alle, selbst die, die sich nichts in den Po stecken lassen. Auch euer Hintern sollte sauber sein und nett riechen. Reden wir ganz offen drüber, es geht um Kacke und wie man sie beim Analsex vermeidet. Dazu ein paar Anmerkungen im Voraus.

Kacke riecht nicht sonderlich angenehm und wird auch keine Schönheitswettbewerbe gewinnen, ist bei penetrativem Sex in den Hintern aber einen Gedanken wert. Kacke kann, aber muss nicht abturnen. Wenn sie ungewollt beim Sex dazwischenfunkt, ist das nervig, aber nicht das Ende der Welt. Oft hilft Abwischen und schon kann es weitergehen. Schämt euch nicht, wenn ein Unfall passiert, aber beschämt vor allem eure*n Partner*in nicht.

Ich muss euch nicht erklären, wie man sich Hände wäscht und Zähne putzt. Zur Hygiene beim Sex möchte ich dir dennoch ein paar knappe, aber wichtige Tipps mitgeben:

Sauberkeit: Frische und saubere Bettwäsche ist sexy – und beugt der Übertragung von STI vor.

Hygiene: Frisch geduschte und saubere Menschen mit geputzten Zähnen sind ebenfalls sexy. Frischer Schweiß kann heiß sein, aber alter Schweiß ist vermeidbar. Gerade bei Analsex ist eine Spülung eine gute Idee (dazu gleich mehr).

Pflege: Hautcremes sorgen für ein sanftes, geschmeidiges Gefühl und für einen schönen Selfcare-Moment vor dem Sex – aber bitte nicht auf Genitalien auftragen. Dasselbe gilt für Parfüms und andere Duftstoffe. Je nach Geschmack können die schön oder störend sein – manchmal ist der natürliche Geruch eines anderen Menschen alles, was es braucht.

Körperbehaarung: Rasieren muss man sich für guten und sicheren Sex nicht; ob haarig oder blitzeblank fällt in den Bereich der Vorlieben. **Wichtig ist, womit du dich am wohlsten fühlst.**

Wer Unfällen vorbeugen will, kann sich vor dem Sex waschen. Manchmal hilft dabei unter der Dusche schon etwas Gleitgel und ein Finger. Wer sich wirklich sicher sein will, kann eine Analdusche machen. Dabei gibt es zwei verschiedene Methoden, die Pumpe und den Duschaufsatz. Hier beide im Detail.

Die Pumpe ist ein kleiner, elastischer Ball mit einem Spritzaufsatz. Du bekommst sie in Sexshops und Apotheken. Der Ball wird mit Wasser befüllt, die Spritze aufgesetzt, wenige Zentimeter in den Hintern eingeführt, und durch Druck auf den Ball wird das Wasser in den Darm geleitet. Nach der Analdusche ist es schlau, etwa eine halbe Stunde zu warten, damit sich alles beruhigt und jegliches Wasser wirklich ausgespült wird.

Analduschen können nicht nur beim Sex, sondern auch bei Verstopfung helfen, sollten aber nicht zu oft durchgeführt werden, da sie sonst die Darmflora zerstören und der Gesundheit schaden. Zwei Mal die Woche ist in Ordnung, mehr sollte es nicht sein.

Achte darauf, dass du die Analdusche vorher gut mit warmem Wasser reinigst. Dann kannst du den Ball mit lauwarmem Wasser füllen, entweder direkt unter dem Wasserhahn oder indem du ihn zusammendrückst, in ein Wasserbecken hältst und unter Wasser langsam den Druck verringerst. Füll den Ball komplett, sodass du dir später nicht Luft in den Hintern pumpst. Spritzkopf drauf, und los geht's.

Beim Einführen hilft wasserlösliches Gleitgel, damit du sanfter Zugang bekommst und dich nicht verletzt. Am besten legst du dich auf den Rücken und streckst die Beine in die Luft. Fühlt sich zwar an wie eine besonders intime Form von Yoga, macht es dir aber leichter. Wer auf Prä-Analsexyoga keine Lust hat: Der Trick funktioniert auch im Stehen.

Jetzt kannst du Druck auf den Ball ausüben und das Wasser langsam in deinen Darm pumpen. Wenn der Ball leer ist, halte ihn gedrückt, bis du die Spritze wieder aus deinem Po gezogen hast, sonst wird der Darminhalt zurück in die Pumpe gesaugt, und die Suppe wollen wir vermeiden. Nach ein, zwei Minuten wirst du das

Wasser auf dem Klo wieder los. Wiederhole den Vorgang zwei bis drei Mal, bis das Wasser klar aus dir hinausfließt.

Die zweite Methode ist ein Duschaufsatz speziell für die Analdusche. Es scheint zwar unkomplizierter, da man die Pumpe nicht ständig neu befüllen muss, aber bei der Dusche sind Temperatur und Druck viel schwerer zu regulieren, ebenso wie die Menge an Wasser. Du spülst dir nicht den Bauch aus, sondern nur das Rektum. Weniger ist hier eindeutig mehr. Wenn das Wasser zu heiß oder zu kalt ist oder zu schnell fließt, kann das unglaubliche Schmerzen bereiten und zu gesundheitlichen Schäden führen. Hier also langsam und vorsichtig vorgehen.

Bei Spritze und Duschaufsatz gilt: beides vor und nach Benutzung sehr gründlich mit warmem Wasser reinigen, denn solltest du bei einer Nutzung eine STI haben, könntest du dich beim nächsten Mal selbst anstecken.

Was du nicht machen solltest, ist, auf Essen zu verzichten, nur weil du Analsex haben wirst. Eine nährstoffreiche Ernährung ist wichtig und soll für Sex auf keinen Fall aufs Spiel gesetzt werden. Noch mal ganz deutlich: Lieber etwas Kacke beim Sex als kein Essen und Hungern.

BEIM SEX

Koste es aus, wenn jemand an deinen Nippeln knabbert, spür die Gänsehaut, wenn du deine*n Partner*in am Oberschenkel leckst, genieß die Hitze eines anderen Körpers auf deiner Haut, atme das Aroma der Person tief ein. Kommen ist eine glückliche Nebenwirkung von gutem Sex, aber keine Notwendigkeit.

Not all orgasms are equal.

Heißt, wie man zum Höhepunkt kommt, wie stark er ist und wie oft man kommt, ist von Person zu Person anders und völlig situationsabhängig. Manche Menschen sind anorgasmisch und können schlicht keinen Orgasmus haben. Das kann anatomische oder psychische Gründe haben. Aber wie wir wissen, heißt kein Orgasmus nicht gleich kein Sex oder kein Vergnügen.

Genauso verhält es sich mit penetrativem Sex. Auch das sollte kein Geheimnis sein. Man kann guten, aufregenden Sex haben, ohne dass ein Penis – oder andere Gegenstände – in Körperöffnungen gesteckt werden.

Wer aber eben genau darauf steht, sollte eins wissen: Ob du top oder bottom bist, sagt nichts darüber aus, wie dominierend, unterwürfig oder potent du bist. Bottoming ist mehr, als sich einfach aufs Bett zu werfen und den Sex geschehen zu lassen. Es braucht etwas Vorbereitung, Zeit und gute Kommunikation, denn du leitest an und sagst, was sich gut anfühlt und wo dein Top umdenken muss. Auch Topping will gelernt sein. Ein guter Top hat Feingefühl und weiß, wie er*sie die Partner*innen bestens verwöhnt, anstatt nur dem eigenen Orgasmus hinterherzujagen. Wer vers ist, hat im Sex-Lotto gewonnen und bekommt das Beste aus beiden Welten.

Cis Frauen und Menschen mit Vulva kommen anders als cis Männer und Menschen mit Penis. Erstere werden stark durch die Erregung der Vulva und der erogenen Zonen in der Vagina beeinflusst, Letztere werden durch Erregung des Penis oder der Prostata geleitet. Aber für alle gilt: Ein Orgasmus kann auch durch Erregung anderer Körperzonen oder sogar ganz ohne Berührung und allein durch Atmung erzeugt werden.

Menschen können unterschiedlich oft und in verschiedenen Zeitabständen kommen. Meistens benötigen Vulven weniger Zeit, sich zu erholen, während Penisse eine längere Verschnaufpause brauchen. Wie oft eine Person kommt, muss nichts über die Qualität des Sex oder die Intensität des Orgasmus aussagen. Es geht nicht darum, dass du kommst, sondern darum, dass du Sex genießt.

Ein Höhepunkt ist keine Voraussetzung für guten Sex, gute Kommunikation dagegen schon.

Versteh mich nicht falsch, Menschen können, auch ohne ein Wort miteinander zu wechseln, den Sex ihres Lebens haben, aber trotzdem wurde Konsens etabliert, und alle Involvierten fühlen sich wohl bei dem, was sie tun.

Rede über deine Bedürfnisse und Vorstellungen. Erzähl von deinen Wünschen und Fantasien. Steck deine Grenzen und Bedingungen ab, denn deine körperliche und geistige Gesundheit dürfen nicht riskiert werden.

Wenn du oder dein*e Partner*in eine Behinderung hat, redet darüber, was nötig ist, damit der Sex nicht nur möglich, sondern vor allem genussvoll ist. Dasselbe gilt für neurodivergente Menschen und Menschen mit chronischen Krankheiten. Alle sollten im gleichen Maße Spaß am Sex haben, und alle sollten kommunizieren, um diesen Spaß zu ermöglichen.

Am Ende sind Lust und Verlangen von Person zu Person unterschiedlich und abhängig von endlos vielen Faktoren. Wie sehr eine Person auf Reize in ihrer Umwelt anspringt, ist abhängig von Erziehung und Sozialisierung. Je empfänglicher für diese Reize, desto höher das Verlangen nach sexueller Befriedigung.

Wie wir uns ernähren, wie körperlich aktiv wir sind, ob wir eine Krankheit haben oder eine STI, beeinflusst unser Sexleben ebenso wie die Tageszeit oder Stimmung. Auch Perioden, Pubertät und Hormonbehandlungen stellen den chemischen Haushalt unseres Körpers auf den Kopf. Depressionen wirken sich auf unser Sexualverhalten ebenso aus wie Traumata, vor allem, wenn man sexuelle Gewalt erfahren hat.

Sex und unser Verlangen danach ist alles andere als statisch und fluktuiert je nach Alter und Lebensumständen. Gerade deswegen ist es wichtig, dass du offen kommunizierst, dass du sagst, was dir gefällt und was nicht. Dir kann niemand in den Kopf schauen, und wenn wir ehrlich sind, ist das auch nett so.

Sex verläuft nicht nach Plan, denn dein Körper hat oft andere Pläne. Manchmal hast du dich gründlich darauf vorbereitet, dass ein Penis über kurz oder lang in deinem Hintern landen wird, und dann grummelt der Bauch, oder es fühlt sich nicht gut an. Manchmal stellt sich dein Penis stur und streikt. Und manchmal kommt er schneller, als dir lieb ist.

Ich hatte schon oft Momente, in denen ich Pläne verwerfen musste, weil mein Kopf und mein Körper im Zwist waren. Anfangs war mir das peinlich, mittlerweile zucke ich mit der Schulter und denke um. Je weniger Druck ich mir und meinem Partner mache, desto besser wird der Sex. Anstatt alles unter Kontrolle zu haben, lasse ich mich von der Situation leiten. So ein Körper ist groß und besteht aus mehr als nur Geschlechtsorganen, daher lässt sich immer ein anderer Trick finden, um sich die Zeit zu vertreiben. Es hilft nicht, etwas verzweifelt zu erzwingen, wenn dabei der Spaß auf der Strecke bleibt.

NACH DEM SEX

An diesem Punkt gehen alle Menschen mit Vulva bitte einmal pinkeln. Nein, wirklich, gerade bei penetrativem Sex ist Wasserlassen die beste Methode, Bakterien aus dem Körper zu spülen und Infektionen vorzubeugen.

Aftercare zusammengefasst:

Ebenso wichtig wie die Vorbereitung auf Sex ist die **Aftercare** (oder Nachsorge). Hier ganz flott einige Tipps, wie du dich nach dem Sex um dein Wohlergehen und das deiner Partner*innen kümmern kannst:

- **Hygiene und Gesundheit:** Leg eine Pipipause ein, wasch dich sanft mit einem feuchten Tuch, nimm eine Dusche oder ein Bad (sowohl allein als auch zusammen schön), versorge wunde Stellen oder Kratzer mit Wundheilsalbe, und vergiss später nicht, das Bett neu zu beziehen.

- **Nähe:** Kuscheln, Streicheln, Küssen und Zärtlichsein ist wunderschön, und es baut ein Gefühl von Vertrauen und Sicherheit auf.

- **Bedürfnisse:** Sex kostet Energie, deswegen nicht vergessen, den Körper mit Nahrung und Flüssigkeit zu versorgen, und auch ein Nickerchen schadet nie.

- **Kommunikation:** Wie fühlst du dich? Geht es dir gut? Fehlt dir etwas? Mach einen Selbstcheck, und frag auch bei deinen Partner*innen nach. Und auch: Wie war der Sex? Gibt es Dinge, die man vielleicht nicht wiederholen oder beim nächsten Mal ausprobieren will? War etwas besonders schön oder unangenehm? Sprecht über die Dinge, die toll waren, und bestärkt euch gegenseitig. Was steht als Nächstes auf dem Plan – einschlafen und träumen oder vielleicht doch ins Kino gehen?

Egal ob solo oder mit Partner*in, nach dem Sex tut es gut, das Geschehene Revue passieren zu lassen. Nimm dir Zeit, den Sex auch emotional zu verarbeiten. Oft löst ein Orgasmus oder Intimität im Allgemeinen tiefe Gefühle in uns aus, und wir können uns besonders euphorisch, verwundbar oder down fühlen. Denk daran, dass Sex natürlich ist. Weder Lust an sich noch Vorlieben und Fetische sind Grund für Scham.

Und nur weil der Sex vorbei ist, heißt es nicht, dass man nicht weiterhin Zärtlichkeiten austauschen kann. Solche Momente können besonders schön und intim sein.

Stell sicher, dass es sowohl dir als auch deinem*deiner Partner*in gut geht, selbst wenn du nicht der Typ für Kuscheleinheiten und Deep Talk bist und dich im nächsten Moment auf Nimmerwiedersehen verabschieden wirst.

Mit Sicherheit bist du als Kind des Internets beim Scrollen schon den ein oder anderen unkonventionelleren Variationen von Sex begegnet, ob nun in Form einer Orgie in einem Musikvideo oder von Lederharnessen, Fesseln und Peitschen auf so manchem Laufsteg und Magazincover. Oder aber du schmökerst gern in Romance-Romanen, in denen die Dinge ganz schnell ganz schön spicy werden. Spicy wird es hier jetzt auch, denn wir stoßen weiter ins Paradies queerer Liebe und Lust vor. Lasst uns über Vorlieben, Kinks und Fetische sprechen.

Denk dran: Alles kann, nichts muss!

Wenn es dich reizt, die ein oder andere Sache in Zukunft auszuprobieren, wünsche ich dir das größte Vergnügen. Wenn du dagegen nichts mit den hier beschriebenen Dingen anfangen kannst, vertrau deinem Bauchgefühl.

Allein du entscheidest, wie und ob du Sex hast.

SEX MIT VIELEN ANDEREN

Warum Sex auf eine Person begrenzen, wenn man gleich mehrere Leute zum Vergnügen einladen kann? Klar, wenn du ungern deinen Nachtisch teilst oder keine Lust darauf hast, dass da noch jemand mitmischt, bist du im Duo vielleicht besser dran. Vielleicht ist Gruppensex nicht gerade der beste Gesprächsstoff für Großmutters sonntägliche Teerunde, aber nichts daran ist unmoralisch. Es kann ein echt heißes Gefühl sein, wenn mehrere Menschen sich gleichzeitig um dich reißen.

Wie bei jedem Sex sind Kommunikation und Konsens deine treuen Begleiter. Je nachdem wie der Sex initiiert wird, sind die Regeln abgesteckt. Wer zu zweit eine dritte Person sucht, wird das vorher im Gespräch oder auf dem Datingprofil klarmachen. Im kleineren Kreis kennt man sich gegenseitig und spricht sich ab. Auf größeren Sexpartys ist nicht immer klar, wer auftaucht und wie viele Leute teilnehmen. Für viele liegt in der Anonymität und Unvorhersehbarkeit der Reiz. Trotzdem muss vorher geklärt werden, ob es um geschützten oder ungeschützten Sex geht, was der Dresscode ist und ob bestimmte Kinks oder Fetische im Fokus stehen. Sei dir auch hier bewusst, dass du dich einem größeren Gesundheitsrisiko aussetzt. Sei vorsichtig, und lass dich regelmäßig testen.

CRUISING

Beim Thema Cruising muss ich kurz meinen inneren Geschichtslehrer hervorkramen. Denn: **Die Suche nach unverbindlichem Sex an öffentlichen Orten und queeren Treffpunkten ist ein fester Bestandteil queerer Kultur.** In einer Zeit vor Smartphones, Internet und Zeitungsannoncen mussten sich die Leute trotzdem irgendwie finden. Vor allem männerliebende Männer sind seit Jahrhunderten am Cruisen. Sie trafen sich in Parks, öffentlichen Toiletten und Lokalen, nicht nur für Sex, sondern auch, um Langzeitpartner zu finden. Das Problem damals war, dass auch die Strafverfolgung ihnen irgendwann auf die Schliche kam. Polizisten schlichen sich undercover in Toiletten, stifteten andere Männer zum Sex an und verhafteten diese, wenn sie zubissen. Gerade als Homosexualität noch strafrechtlich verfolgt wurde, hatte das fatale Folgen für die Verhafteten.

Auch heute ist Cruising noch ein beliebter Zeitvertreib. Der Reiz für spontanen Sex mit einer fremden Person ist groß und wird dadurch noch gesteigert, dass man erwischt werden könnte. Meistens werden hier Parks und Wälder besucht. Jede Großstadt hat den ein oder anderen beliebten Cruising-Spot.

Aber wer es gerne mit einer frischen Brise um den Allerwertesten treibt, sollte auch wissen, dass man sich gesetzlich auf dünnem Eis bewegt. An sich ist Sex in der Natur keine Straftat, aber wenn eine unbeteiligte Person davon Wind bekommt und sich gestört fühlt, kann das zu einer Anzeige führen. Wenn es dann ganz blöd läuft, folgt auch mal eine Geld- oder Freiheitsstrafe.

In der Theorie kann jede queere Bar ein Cruising-Ort werden.

Es braucht nichts als eine Person, die sich auf die Pirsch begibt. Es gibt aber auch klar definierte Cruising-Orte, die unter Ausschluss der Öffentlichkeit funktionieren, wie Sexclubs. Hier sind nur Volljährige zugelassen, und die Anwesenden sind sich im Klaren darüber, warum man sich hier so fröhlich versammelt hat.

Konsens spielt selbstverständlich auch beim Cruising eine große Rolle. Dadurch, dass man sich nicht vorher abspricht, existiert ein unausgesprochener Konsens-Kodex. Zusätzlich kann man mithilfe kleiner Signale seine Vorlieben verdeutlichen. Früher wurden Stofftaschentücher in verschiedenen Farben als Kommunikationshilfe benutzt, und noch heute machen Queers von ihnen Gebrauch (wobei man sich fast schon Karteikarten erstellen muss, um sich all die Bedeutungen zu merken). Je nachdem, in welcher Gesäßtasche das Tuch steckt, kann man darauf schließen, ob die Person gerne Oralsex gibt oder erhält oder ob sie ein Top oder ein Bottom ist, und eben all die anderen Infos erkennen, die Menschen heutzutage auf ihre Datingprofile klatschen. Auch unter frauenliebenden Frauen gibt es diese Codes, wobei selbst Schlüsselringe, Nagellack und Metallringe auf Vorlieben und sexuelle Identität hinweisen.

Von Farbcodes und anderen Signalen mal abgesehen wird beim Cruising durch Blickkontakt, Mimik und Gestik das gegenseitige Interesse erforscht, bevor es auf Tuchfühlung geht. Wenn jemand kein Interesse zeigt, ist das ein deutliches Nein und keine Einladung zu einem Flirtversuch.

VORLIEBEN, FETISCHE, KINKS

Wie mittlerweile deutlich sein dürfte, ist Sex keine mathematische Gleichung, die festen Regeln folgt und nur aufgeht, wenn ein Penis in einer Vagina landet. Sex ist genauso facettenreich wie die Menschen, die ihn haben. Allerdings haben Menschen eine

Vorliebe für Stempel, deswegen lassen die sich auch hier wieder-finden.

Nur weil Sex so unglaublich facettenreich ist, heißt das noch lange nicht, dass du jede dieser Facetten austesten musst. Es spricht rein gar nichts gegen schönen, alltäglichen Sex.

Zwei Begriffe, die an dieser Stelle angebracht sind:

> **Dom(inant):** eine Person, die gerne bestimmt, wo's langgeht.
> **Sub(missive):** eine Person, die sich beim Sex gerne sagen lässt, wo's langgeht.

Ein **Kink** ist eine Art sexuelles Interesse, das etwas ausgefallener ist als Blümchensex; ein Hobby, das leicht – oder stark – von der Norm abweicht. Was kinky ist und was nicht, kommt ein bisschen auf die Gesellschaft an. Konventioneller Sex wie Anal- oder Oral-sex wird nicht als kinky betrachtet, weil ihn die Mehrheit von uns hat und er alltäglich ist. Sex mit Rollenspielen, Dominanzgefällen oder Schmerzausübung ist dann doch etwas sensationsreicher. Da werden schnell mal Augenbrauen gehoben und pikierte Schnu-ten gezogen, wenn manch ein Kinkster erzählt, was ihm*ihr so gefällt.

Ein **Fetisch** ist ein ganz bestimmter Reiz, der dich scharf macht. Er ist zwar oft sexueller Natur, kann aber auch eine starke Faszination für etwas sein, das uns immenses Vergnügen bereitet. Meistens bezieht sich ein Fetisch auf eine Sache, die in erster Linie keinen direkten sexuellen Bezug besitzt, aber sexuelle Erregung erzeugt. Das können bestimmte Objekte sein oder auch Situatio-nen und Sinneseindrücke.

Fetischen sind keine Grenzen gesetzt. Sie sind sehr persönlich und können alles Erdenkliche involvieren. Weit verbreitete Fetische sind Leder und Gummi, Sportklamotten und Füße, aber auch Wackelpudding, Wachs, Schaum, Algen und Aliens können manche Menschen extrem heiß machen. Der Fantasie sind keine Grenzen gesetzt. Dann gibt's auch körperliche Empfindungen wie Gerüche oder Berührungen bestimmter Materialien, die uns die Knie weich werden lassen, und manche Menschen empfinden die stärkste Lust bei Schmerzen, Atemspielen oder Erniedrigung.

Die Liste ist wirklich endlos, aber ein paar Begriffe will ich zumindest anreißen.

SAFEWORD UND LIMITS

Ich sage es oft, weil es nicht oft genug gesagt werden kann:

Kommunikation und Konsens sind in jeder Lebenslage nötig.

Wer seine kinky Seite auslebt, muss sich ausführlich mit Partner*innen absprechen. Regelt vorher, was ihr zusammen erleben wollt, wo Unsicherheiten existieren, wann ihr euch unwohl fühlt und welche Grenzen auf keinen Fall überschritten werden dürfen. Überlegt euch ein Safeword, das eingesetzt werden kann, um den Sex abzubrechen. Sprecht euch während des Sex durchgehend ab. Es ist ebenso wichtig, eure Limits abzustecken wie zu verdeutlichen, wenn euch etwas gut gefällt. Dann wissen alle Beteiligten, dass der Sex heiß und gut ist.

Es gibt verschiedene Strategien, um eure Limits beim Sex zu kommunizieren, wie zum Beispiel das Ampelsystem: Sag »grün«, wenn dein*e Partner*in alles richtig macht, »gelb«, wenn dein*e Partner*in es langsamer angehen muss oder ihr euch neu besprechen sollt, und »rot«, wenn deine Grenze erreicht ist und der Sex abgebrochen werden muss. Das mag sich vielleicht sehr simpel anhören, ist aber gerade zu Beginn ein guter Einstieg, um ein Gespür für Kommunikation und Limits zu bekommen.

BDSM

»Bondage, Disziplin, Dominanz, Submission, Sadismus & Masochismus« ist ein Begriff, an dem man sich schnell mal verschluckt, ohne zu wissen, was da so dahintersteckt. BDSM ist extrem vielseitig, kinky und dreht sich viel um Sex, muss aber nicht immer Sex beinhalten. Wir sprechen hier grob von Rollen- und Fesselspielen, Schmerzen und Erniedrigung, aber auch von Dingen wie Kitzeln, Atemspielen, dem Einschränken von Sinnen, dem Spiel mit Feuer, Wachs, Körperflüssigkeiten und allem, was die Fantasie so hergibt. BDSM ist eine jahrtausendealte Erfindung, auch wenn sie es damals sicher nicht so nannten. Schon im achtzehnten Jahrhundert bezahlten gut betuchte Herren großzügiges Geld, um sich genüsslich foltern zu lassen.

Wichtig ist, dass Konsens bei BDSM nicht wegfällt. Ganz im Gegenteil: Die Teilnehmenden fühlen sich durch Schmerzen und Erniedrigungen respektiert und wertgeschätzt. Es entflammt ihre Lust und erfüllt ihre Wünsche.

Ebenso wichtig wie die Kommunikation vor und während der BDSM-Session, ist die Nachbesprechung. Ob bei einer Kuscheleinlage oder über einem Tee, hier wird sichergestellt, dass alle Beteiligten happy und heile sind.

Ein Tipp: Hinter dem Kürzel SMJG steckt ein Verein, der Jugendliche und junge Erwachsene achtsam über BDSM aufklärt und vernetzt. Wenn du Fragen oder Interesse hast, kannst du dich dort beraten lassen und online im Forum austauschen, an lokalen Treffen teilnehmen und über das Sorgentelefon Hilfe erhalten. Mehr Infos findest du unter smjg.org.

NOCH MEHR KINKY SPASS

Das Wort Fisten leitet sich von einer geballten Faust ab und beschreibt das lustvolle anale und vaginale Einführen einer Hand oder eines Arms. Ich bin jetzt mal so frech und behaupte, dass unsere Körper nicht dafür gemacht wurden, dass ausgewachsene Menschen es sich darin bis zur Schulter bequem machen. So ein großes Körperteil hat unter normalen Umständen nichts in dir verloren, deswegen ist Fisten Übungssache. Das Ziel ist ein intensives Lusterlebnis, das auf keinen Fall wehtun sollte, sonst kann man sich ernsthaft verletzen.

Wer so tief vordringt, sollte sich vorher wirklich gründlich gespült haben. Außerdem braucht es Zeit, Geduld und so viel Gleitgel wie möglich. Ich bezweifle, dass es irgendwo ein altes Sprichwort fürs Fisten gibt, also merk dir: Beim Fisten spar mit Gleitgel nicht.

> **Weitere spaßige Dinge, die viele queere Menschen genießen:**
>
> **Edging:** Jemanden fast bis zum Orgasmus bringen, nur um den Höhepunkt im letzten Moment abzuwenden. Fies, aber sexy.
>
> **Pegging:** Sich einen Dildo umschnüren und es jemandem anal besorgen. Bringt auch bei Heteros neuen Wind ins Schlafzimmer.
>
> **Rollenspiele:** Ob Doktor*in & Patient*in, Herrchen/Frauchen & Hund, Reiter*in & Pony oder Meister*in und Sklav*in, Rollenspiele können auch ohne Sex große Lust erzeugen.
>
> **Wassersport & Scat:** Sex, der Urin oder Exkremente involviert. Was einige unappetitlich finden, macht andere eben an.

Es passiert schnell, dass wir uns für Fetische schämen, aber wir sollten versuchen, diese Scham loszuwerden. Kinky Sex kann dabei helfen, Scham zu überkommen und als queere Person selbstbewusster zu werden. Klar können Fetische echt ungewöhnlich sein. Aber wieso anderen den Spaß verderben, wenn dich niemand zwingt, daran teilzunehmen? Also: Solange keine Gesetze gebrochen, kein Konsens missachtet und keine Lebewesen gegen ihren Willen verletzt und ausgenutzt werden, ist jeder Fetisch okay.

Wer Kinks und Fetische nur auf Sex reduziert, hat noch was zu lernen. Das Ausleben von sexueller Lust und Fantasien kommt einer Befreiung gleich; es ist ein Mittelfinger für Regeln, die uns vorschreiben, wie wir unser Leben zu führen haben – diese Regeln verfolgen uns sogar bis ins Schlafzimmer. Kinks helfen uns, aus eingerosteten Rollenbildern auszubrechen und Konventionen zu hinterfragen. Sie sind eine soziale Bewegung, und das Ergebnis ist eine Gemeinschaft. Es entsteht ein Netzwerk, das sich gegenseitig versteht und unterstützt.

Sex sollte angstfrei sein, aber wer vor so einem bedeutenden Moment steht, schiebt schon mal Panik. Der eigene Körper wird schnell zu einem Knoten aus Nervosität, unbeantworteten Fragen und großen und kleinen Sorgen. Sieh es mir nach, wenn ich am Ende von einem Kapitel über Sex plötzlich von Autos spreche, aber lass es mich so beschreiben: Als ich meinen Führerschein beim zweiten Anlauf endlich bestand, war ich noch immer ein grottenschlechter Fahrer, der sich vor jeder Hanganfahrt fürchtete und auf dem Kriegspfad mit der Kupplung war. Mit der Zeit führte ich all die typischen Handgriffe, ganz ohne nachzudenken, aus. Ich entspannte mich und konnte es endlich genießen, mit heruntergekurbelten Fenstern und Wind im Haar über Landstraßen zu sausen. Was nicht heißt, dass man erst mal die Zähne zusammenbeißen muss, damit es irgendwann schön wird. Auf der Autobahn, wenn ich freie Fahrt hatte, fühlte ich mich von Anfang an wohl. Das lief wie geschmiert. Der Rest kam nach und nach.

Dinge, die du dich jetzt vielleicht immer noch fragst:

Kann und darf ich denn überhaupt Sex haben, während ich meine Tage habe?

Du kannst und du darfst. Menstruationssex hat sehr nice Vorteile: Blut kann sexy sein, es funktioniert perfekt als natürliches Gleitgel, und Sex wirkt entspannend und löst Schmerzen. Denk nur dran zu verhüten, denn Schwangerschaften sind weiterhin möglich, und STI können schneller übertragen werden. Eine Periode ist somit kein Aus für Sex, alles, was es braucht, sind Kommunikation und Konsens – wie bei jedem anderen Sex auch.

Zählt Sex über Telefon/Skype/Chats denn auch als Sex? Wie läuft das zum Beispiel in einer Fernbeziehung?

Ein Hoch auf technischen Fortschritt, denn ihm haben wir Sexting und Cybersex zu verdanken. Hier gibt es verschiedene Stufen von Intimität: Zweideutige Nachrichten hin- und herschicken kann sowohl Flirten als auch Vorspiel sein. Mithilfe von Fotos, Videos und Videocalls kann man einander erregen und getrennt zusammen Sex haben, indem ihr euch beispielsweise gleichzeitig selbst befriedigt. Außerdem gibt es Spielzeug, das aus der Ferne gesteuert wird. Sex im traditionellen Sinne – mit direktem Körperkontakt – ist das nicht, aber warum nicht mit der Zeit gehen? Achte nur darauf, dass dein*e Partner*in damit einverstanden ist, explizites Foto- und Videomaterial zu erhalten, und schütze deine Privatsphäre.

QUEERE
GESUNDHEIT

Stell dir mal eine Welt vor, in der queere Menschen bedingungslos akzeptiert werden. Das ist eine Welt, in der ich mir keine Sorgen mache, wen ich in der Öffentlichkeit küsse, in der dir niemand sagt, was du aufgrund deiner Chromosomen darfst oder nicht, in der keine Waldbrände entstehen, weil eine Gender-Reveal-Party mal wieder außer Kontrolle geraten ist. Dutzende kleine und große Sorgen, die einfach verpuffen.

Bedauerlicherweise muss ich uns nun etwas unsanft aus diesem waldbrandlosen Traum wieder in die weniger prickelnde Realität zurückholen. Denn Queerfeindlichkeit ist real, und sie hat einen heftigen Effekt auf uns. Sie erzeugt Ängste, Depressionen und führt in den schlimmsten Fällen zum Suizid. Daher hat Queerness auch immer etwas mit (mentaler) Gesundheit zu tun, und wir müssen darüber aufgeklärt sein.

QUEERE KÖPFE

Queersein ist keine Krankheit. Queerfeindlichkeit dagegen macht krank.

Laut eines Wochenberichts des Deutschen Instituts für Wirtschaftsforschung aus dem Jahr 2021 sind queere Menschen gleich dreimal häufiger von Depressionen und Burnout betroffen als nicht queere Personen. Wir fühlen uns doppelt so oft einsam wie der Rest der Bevölkerung und wir spielen viel öfter als cishet Menschen mit dem Gedanken, unser Leben zu beenden. Homo- und bisexuelle Männer leiden deutlich öfter an Essstörungen als hetero Männer, und vierzig Prozent der trans Menschen kämpfen mit Angststörungen. Und weil das noch nicht genug ist, wirkt sich all der Stress auch böse auf unsere körperliche Gesundheit aus. Für chronische Krankheiten, Herzprobleme, Asthma und Co. sind wir durch all die mentalen Probleme besonders anfällig.

Man könnte jetzt meinen, wir seien zimperlich, aber wer queere Menschen kennt, weiß von unserer dicken Haut – zäh wie die eines Elefanten und mit dem magischen Glow, der uns genau wie unsere Queerness einfach angeboren ist.

Fakt ist, dass queere Menschen stärker mit Ausgrenzung und Anfeindungen zu kämpfen haben als nicht queere Menschen. Je öfter das Selbstbewusstsein angegriffen wird, desto brüchiger wird es. Dabei sind es aber nicht nur direkte Attacken wie Mobbing oder Beschimpfungen, die an unserem Wohlbefinden rütteln, sondern auch weniger sichtbare Ursachen.

Ständig wird uns das Gefühl gegeben, dass wir sonderbar sind und nicht in die Vorstellung einer normalen Gesellschaft passen. Aber wenn wir nicht reinpassen, liegt das allein daran, dass die Gesellschaft keinen Bock hat, Platz für uns zu machen.

Meine Queerness wird so oft kommentiert und als andersartig quittiert, dass ich mich manchmal daran erinnern muss, die Gedanken auszuschalten. Ich will nicht ununterbrochen über meine Queerness nachdenken, will mir nicht ständig tiefschürfende Fragen über mein Dasein stellen. Ich will viele Bücher lesen, Sauerteig mit knuspriger Kruste backen, Hunde streicheln, Kartenspiele gegen Freund*innen gewinnen, mir den Sternenhimmel erklären lassen und auf einer dieser riesigen Schaukeln durch eine Bergschlucht schwingen.

Das Problem ist, dass queere Menschen selten die Chance bekommen, zu existieren, ohne sich rechtfertigen zu müssen, weil wir viel zu sichtbar oder komplett unsichtbar sind, wir also in Medien, Bildung, Politik und Wirtschaft als Ärgernis dargestellt werden oder einfach keine Rolle spielen.

Als ob das nicht genug wäre, wird uns durch queerfeindliche Gesetze und fehlende Rechte zusätzlich das Leben schwer gemacht. Auch der Einfluss von schlechter Repräsentation in den Medien darf nicht unterschätzt werden – **wer sich nicht in Büchern und Filmen wiederfindet, denkt, er*sie sei allein.** Wer in Büchern und Filmen nur als Witzfigur dient, denkt, er*sie sei nichts als eine Punchline.

Filme, in denen queere Figuren mehr sind als eine Punchline:

Anything's Possible (2022)

Blue Hyacinth (2021)

Die Mitte der Welt (2016)

Do Revenge (2022)

Fire Island (2022)

Futur Drei (2020)

Moonlight (2014)

Porträt einer jungen Frau in Flammen (2019)

Siebzehn (2017)

Two Black Boys in Paradise (2023)

Obwohl man heutzutage davon ausgehen kann, dass die Gesellschaft, in der wir leben, demokratisch und tolerant ist, existiert weiterhin eine Allgemeinheit, die queeren Menschen gegenüber eher intolerant eingestellt ist – sonst stünde es um unsere Köpfe und Rechte um einiges besser. Es ist keine große Überraschung, dass die mentale Gesundheit queerer Menschen auf wackeligen Beinen steht.

Das ist eine Wahrheit, unter der alle marginalisierten Gruppen leiden, auch wenn sich der Grad von Akzeptanz und Ausgrenzung unterscheidet. Schwarze Menschen und People of Color, Sinti*zze und Rom*nja, behinderte Menschen, Muslim*innen, Juden*Jüdinnen, Frauen und von Armut betroffene Menschen – die Liste ist lang und nie vollständig. Für alle gilt: Wer ohne Ende Ungerechtigkeit erfährt, leidet auch psychisch. Dafür gibt es einen Fachbegriff, geprägt von Ilan Meyer, einem amerikanischen Wissenschaftler, der viel zu Gender und Sexualität forscht: **Minoritätsstressmodell**. Je stärker ein Mensch marginalisiert wird, desto heftiger die Auswirkungen auf die Gesundheit.

Wie sorgen wir dafür, dass unsere mentale Gesundheit bei so viel negativem Ansturm nicht einstürzt? Wie bleiben wir auf diesen wackeligen Beinen stehen?

Auch hier haben wir es mit dem vielseitigen und in diesem Buch äußerst beliebten Phänomen des Spektrums zu tun, denn unsere mentale Gesundheit fährt gerne Achterbahn; sie schmeißt uns in Tiefen, schraubt sich in Höhen, und manchmal tuckert sie antriebslos durch die Gegend. Fakt ist: Mentale Gesundheit ist alles andere als statisch. An sich sind von Lethargie, Trauer oder Angst geprägte Zeiten nichts Tragisches – solange man sich an dem Gedanken festhalten kann, dass sie vorübergehen. Ungesund wird es, wenn sie das Steuer übernehmen und jede Hoffnung über Bord geht.

Die gute Nachricht ist, dass queere Menschen ein Geheimrezept haben, um auch den gefährlichsten Sturm zu überstehen, und das ist der Stolz, queer zu sein, auch bekannt als **Pride**. Sich selbst und die eigene Community zu zelebrieren löst ein Glücksgefühl aus und macht jeden Tag ein klein bisschen heller.

Die Tatsache, dass queere Menschen jede Sekunde leben, lieben und einen Schritt vor den anderen setzen, egal wie klein er auch sein mag, füllt mich mit der Gewissheit, dass ich nicht allein bin.

Ob neben mir auf dem Sofa oder versammelt unter einem Hashtag in sozialen Netzwerken, irgendwo gibt es immer eine Gruppe von Menschen, die mich versteht, die mir einen Platz freihält und nur darauf wartet, dass ich mich zu ihnen setze.

Gleichzeitig gibt mir allein die Existenz queerer Menschen einen Grund, jeden Morgen die Augen aufzuschlagen und den Tag zu bewältigen. Manchmal gelingt mir das mit Leichtigkeit, an anderen Tagen bleibe ich liegen, wo ich aufgewacht bin – **aber das ist okay.** Der Gedanke, dass queere Menschen Bücher schreiben, Forschung betreiben, Kinder großziehen, auf Proteste gehen, auf Partys tanzen oder irgendwo ein ausgedehntes Nickerchen machen, ist ein glücklicher. Er beweist mir, dass die Möglichkeiten, ein queerer Mensch zu sein, unendlich sind.

Das sind zwei große Gedanken – die Frage nach Zugehörigkeit und die Frage nach Bestimmung –, aber es reichen schon kleine Dinge aus, um unserer mentalen Gesundheit einen Schubs in die richtige Richtung zu geben. Folgendes kann dir Hoffnung und Stärke geben:

- Bevor es bergauf gehen kann, müssen wir erst erkennen, dass wir uns auf einer Abwärtsspirale befinden, also dass es uns schlecht geht. Wenn die Gesellschaft ständig Leistung von uns verlangt, ist es manchmal nicht leicht, sich einzugestehen, dass wir einfach nicht mehr klarkommen, überfordert sind und uns selbst schaden, wenn wir unsere Probleme ignorieren. Das zu akzeptieren ist ein erster Schritt zur Besserung.
- Es hilft, Dinge selbst in die Hand zu nehmen, vor allem wenn wir merken, dass unsere Gedanken oder unser Verhalten einen

negativen Einfluss auf uns haben. Wenn sich die Gedanken im Kreis drehen und uns den Schlaf rauben, wenn wir uns abkapseln oder uns selbst in Gefahr bringen, gibt es verschiedene Strategien, einen klaren Kopf zu bewahren und uns zu schützen. Ablenkung durch Spaziergänge oder Hobbys gibt dunklen Gedanken weniger Chancen, sich festzusetzen. Zusätzlich kann man den eigenen Kopf ins Kreuzverhör nehmen, um schädliche und düstere Gedanken zu hinterfragen und ihnen die Macht zu nehmen. Manchmal hilft es, sich mit Dingen zu konfrontieren, denen wir aus dem Weg gehen, oder negativen Impulsen mit positivem Verhalten entgegenzuwirken, also sozialen Kontakt zu suchen, anstatt sich zurückzuziehen. Am Ende ist es immer eine gute Idee, sich einer anderen Person anzuvertrauen, egal ob Verwandte*r, Freund*in oder ein*e Fremde*r vom Nottelefon. Sie können helfen, die Gedanken zu sortieren, das Verhalten zu reflektieren, und uns Rat und Sicherheit geben.

- Hand in Hand damit kommt folgender Rat: Selbstfürsorge tut gut und sollte einen festen Platz in deinem Alltag haben. Klingt superbanal, ist aber wahr! Lieblingsserien und -bücher, Back- und Basteleinheiten oder Gaming und Skincare-Sessions mit Freund*innen helfen uns, durchzuatmen, und geben uns eine Auszeit von großen Sorgen, kleinen Sorgen, und Alltagsstress. Oft sind Selfcare-Aktivitäten Dinge, die man als Kind oder Teenager*in gerne gemacht hat und die einem auch noch als (heranwachsende*r) Erwachsene*r viel geben können. Selbst alltägliche Dinge wie Zähneputzen und ärztliche Gesundheitschecks gehören zur Selbstfürsorge. Warte nicht erst darauf, dass du weniger Stress und mehr Zeit hast, bevor du dich um dich kümmerst. Gerade in Momenten, in denen wir uns verwundbar und bedrückt fühlen, ist Selfcare wichtig.

> **Wer abschalten und sich in einem queeren Serienmarathon verlieren will, wird hier fündig:**
>
> *Becoming Charlie*
>
> *DRUCK*
>
> *Eldorado KaDeWe*
>
> *Glow Up – Deutschlands nächster Make-up-Star*
>
> *How to Dad*
>
> *Kuntergrau*
>
> *Loving her*
>
> *Neumatt*
>
> *Queer Eye Germany*
>
> *Sense8*
>
> *Wir*

- Bewegung und Ernährung sind wichtig, denn Körper und Geist sind gleichwertige Teile, die eure Aufmerksamkeit verdienen. Ob Krafttraining oder Tanzeinlagen, ob Meditation oder Yoga, wenn wir uns um unseren Körper kümmern, hat das einen positiven Einfluss auf unsere geistige Gesundheit. Und egal wie dick unsere Haut ist, am Ende sind wir zarte Blumen mit großem Durst und einem Nährstoffbedarf, der gedeckt werden muss. Also bitte das Wässern nicht vergessen und nährstoffreiche Mahlzeiten essen.
- Wenn die Welt ein deprimierender Ort und Queerfeindlichkeit überwältigend ist, wieso den Ort nicht ein bisschen

queerfreundlicher machen? Damit meine ich nicht, dass du dein Regenbogencape überwirfst, um Rechtsextremist*innen, Homoheiler*innen und Hassprediger*innen im Alleingang ein Ende zu bereiten. Ein sichereres und inklusiveres Umfeld lässt sich ganz ohne Geheimidentität verwirklichen. Kümmere dich in Phasen, in denen es dir gut geht, um ein Support-Netzwerk, das sich gegenseitig hilft und feiert. Suche diese Orte in schlechten Phasen auf, um dich mit den aus dem Aktivismus entstehenden positiven Gefühlen zu umgeben – damit du auch selbst wieder Kraft findest, um deinen Freund*innen zur Seite stehen zu können. Unterhalte dich mit Menschen in deinem Umfeld über queere Themen, sprich dich gegen diskriminierende Sprache aus, versuch, dort aufzuklären, wo Unwissen und Unwahrheiten bestehen. Das sind alles kleine Dinge, die eine große Wirkung haben. Wenn dich der Kampfgeist dann erst recht gepackt hat, kannst du auch auf einem institutionellen und strukturellen Level einen Wandel bewirken, also in Schulen, bei der Arbeit oder direkt in Politik und Recht. Wir brauchen Jurist*innen, Aktivist*innen und Politiker*innen, die dafür sorgen, dass queere Menschen gesünder und sicherer leben können.

STIMMEN AUS DER COMMUNITY

Was hilft dir, wenn's mit deiner mentalen Gesundheit grade mal nicht so gut aussieht?

DOMINIK: Wenn ich mal einen schlechten Tag habe, hilft es manchmal schon, gute Freund*innen anzurufen und sich bei denen mal alles von der Seele zu reden. Danach geht es mir meistens schon direkt besser. Wichtig ist für mich, dass ich nicht versuche, alles mit mir allein auszumachen. Auch für schlechte Zeiten sind Freundschaften da.

All diese Tipps sind Strategien, die uns bestärken können, aber – und das ist besonders wichtig – sie ersetzen keine professionelle Hilfe.

Selfcare ist gut, Therapeut*innen sind besser und in manchen Situationen sogar unbedingt notwendig. Sie haben jahrelang studiert und wurden dazu ausgebildet, uns bei komplexen Problemen zu helfen. Der Griff zum Telefon kann schwer sein, aber wenn du dir den Arm brichst, rufst du auch einen Krankenwagen. Besser wäre es natürlich, wenn es gar nicht erst zum Notfall kommt. Auch bei anfänglichen Symptomen wie Schlafproblemen, überwältigenden Emotionen wie Trauer und Wut, ausbleibendem Hunger und erhöhtem Stress können Therapeut*innen bereits helfen, die mentale Gesundheit zu stärken.

Falls du mit dem*der Therapeut*in nicht klarkommst, musst du nicht bei dieser Person bleiben. Ein*e gute*r Therapeut*in wird dir helfen, jemanden zu finden, der*die zu dir passt und dich versteht.

Sich Hilfe zu holen ist eine Stärke – keine Schwäche. Vergiss nie: Selbst wenn die Lage manchmal hoffnungslos aussieht, gibt es immer Hoffnung.

Wenn es aber schwierig ist, überhaupt jemanden in deiner Nähe zu finden – denn Therapieplätze sind knapp, und nicht alle Therapeut*innen sind gut auf queere Patient*innen vorbereitet –, muss eine Zwischenlösung her. Zum Glück gibt es viele Vereine und Organisationen, die Beratung und Selbsthilfegruppen anbieten. Stellen in deiner Nähe findest du zum Beispiel auf dem **Regenbogenportal** und auf der Website des **Verbands für lesbische, schwule, bisexuelle, trans*, intersexuelle und queere Menschen in der Psychologie e. V. (VLSP*)**. Wenn du studierst, kannst du meistens über das Studierendennetzwerk deiner Uni kostenlose psychologische Beratung in Anspruch nehmen. Außerdem gibt es

Beratungsstellen für queere Menschen, mit denen du jederzeit in Kontakt treten kannst. Hier mal eine Liste:

Beratungsstellen für queere Menschen:

Du bist Du (Schweizer Peer-Beratung, online & vor Ort)

In & Out Jugendberatung (Telefon, Chat & E-Mail)

Intergeschlechtliche Menschen e.V.
(Telefon, Chat & E-Mail)

Krisenchat (WhatsApp, SMS)

Nummer gegen Kummer (Telefon, Chat & E-Mail)

Queer-Lexikon (Kummerkasten, E-Mail)

Lambda Peersupport (Online-Peer-Beratung)

QUEERE KÖRPER

Sind die queeren Gedanken erst mal sortiert, geht es weiter, denn deine Queerness findet nicht nur in deinem Kopf statt. Deine Queerness ist untrennbar mit deinem Körper verbunden. Das soll kein angsteinflößender Gedanke sein, sondern ein glorreicher, aber auch ich habe Zeit gebraucht, mich mit ihm anzufreunden. Wie soll ich denn meinen Körper lieben, wenn ich meine Queerness nicht liebe, und andersrum? Irgendwie müssen wir die zwei miteinander vereinen, und das geschieht selten ohne Widerstand.

Selbstakzeptanz ist keine Pille, die man schluckt, damit man am nächsten Tag sorgenlos aufwacht. Wäre auch zu schön, wenn internalisierte, also verinnerlichte Queerfeindlichkeit sich mit einem Fingerschnipsen in eine rosa Glitterwolke auflösen würde.

Der Anfang ist, sich selbst einzugestehen, dass man queer ist. Dass das nicht weggehen wird. Dass das keine Katastrophe ist. Und wenn man will, lässt man von da an andere Menschen an dieser Wahrheit teilhaben.

Vielleicht bist du frustriert, weil ich zwei Sätze aufs Papier klatsche und es so leicht aussehen lasse. Natürlich ist es nicht leicht, aber **sei nachsichtig mit dir selbst.** Immerhin hast du dieses Buch aufgeschlagen. Auf diesen Schritt folgen noch viele weitere, und du musst keinen davon allein nehmen oder dich unnötig stressen.

»Queer« ist ein großes Wort, und es ist ein Prozess, sich darin zu entfalten und wohl zu fühlen.

Das dauert, vor allem, wenn du zwar viele Fragen, aber keine Antworten hast oder wenn du dir nicht sicher bist, ob »queer« dich überhaupt beschreibt.

Es gibt keinen Menschen, der das mit der Akzeptanz komplett im Griff hat. Wir sitzen im selben schwankenden Boot in Richtung Selbstliebe und haben schon in so manchem Sturm die sorgsam gestylte Frisur verloren.

Außerdem: Selbstakzeptanz heißt nicht alles oder nichts. Als Menschen haben wir die Freiheit, dreist komplex und gegensätzlich zu sein. Ich kann mir sowohl nachts im Gay Club die Seele aus dem Leib twerken, während Beyoncé aus den Boxen dröhnt, als auch am nächsten Morgen beim Sonntagsgottesdienst all meine Lebensentscheidungen bereuen. Das gelingt mir mit Leichtigkeit.

Selbstakzeptanz ist eine lange Reise mit ständigen Rückfällen, aber du musst nicht erst völlig mit dir im Reinen sein, um Momente der Selbstliebe zu erfahren. Du musst nicht jedes Röllchen, jedes Haar, jedes Muttermal deines Körpers lieben, um dich darin wohl zu fühlen. Du musst deine mentale Gesundheit nicht voll im Griff haben, um eine liebevolle Beziehung einzugehen.

Neben professioneller ärztlicher und therapeutischer Beratung gibt es **alltägliche Strategien,** die eine feindselige Einstellung zu unserem und anderen Körpern ändern können:

- **Check, was genau du dir online anschaust:** Instagram, TikTok, Facebook und Datingapps haben einen verdammt großen Einfluss auf unser Selbstwertgefühl. Wer sich täglich mehrere Stunden lang mit Bildern anderer Menschen vergleicht – Bilder, die gestellt und bearbeitet sind –, kann nur verlieren. Ein radikaler Akt, der dir zumindest für kurze Zeit Ruhe schenkt, ist, all diese Apps zu löschen. Ein Detox schaltet den Lärm aus, mit dem wir täglich zugeballert werden. Ganz ohne die Onlineverbindung lebt es sich aber doch nicht. Trotzdem kannst du kontrollieren, welchen Content du online siehst. Blockiere Accounts und Hashtags, die dir ein schlechtes Gefühl geben. Suche dir körperneutrale oder Body-Positivity-Accounts, die all die Schönheiten feiern, welche von der Gesellschaft als unattraktiv abgestempelt werden. Folge queeren, dicken und trans Accounts. Folge Menschen, die ihre Nonbinarität, ihre Narben, ihre Behinderung und ihre Hautfarbe mit Stolz präsentieren. Definiere Schönheit für dich neu, entdecke sie aus einem frischen Winkel wieder.
- **Check andere:** Lass die Leute nicht mit herabwürdigenden Kommentaren über das Aussehen anderer davonkommen. Wenn wir Diskriminierung gegen behinderte Menschen (auch **Ableismus** genannt) und Bodyshaming still hinnehmen, werden sie sich weiterverbreiten. Wenn wir uns dagegen wehren, setzen wir ein klares Zeichen, dass ignorante Kommentare inakzeptabel sind. Beim nächsten Mal, wenn Oma falsche Komplimente austeilt und deine Cousine fürs Abnehmen lobt, biete ihr nett, aber direkt die Stirn. Wenn dein Vater mal wieder einen behindertenfeindlichen Witz reißt, tu so, als würdest du die Pointe nicht verstehen, und lass ihn zappeln, wenn er erfolglos versucht, den

Witz zu erklären. Und sollte dein*e Partner*in jemals ein abfälliges Wort über dein Gewicht verlieren, kick sie aus deinem Leben. Du hast Besseres verdient als Respektlosigkeit.

- **Check dich selbst:** Du gehst mit dir selbst viel härter ins Gericht als mit anderen Menschen. Selbst- und Fremdwahrnehmung sind zwei sehr unterschiedliche Dinge. Welche Komplimente würdest du dir machen, wenn du eine fremde Person auf der Straße wärst? Wenn du deine beste Freundin wärst? Das heißt nicht, dass negative Gedanken verboten sind. In meinem Kopf tummeln sich so einige davon. Ich hab viele Meinungen über andere und mich selbst, und natürlich wird es mal zynisch und voreingenommen. Nicht jeder Gedanke, der mir kommt, ist hilfreich oder wahr, deswegen versuche ich, sie im Zaum zu halten. Insgeheim merke ich, wenn ich ungerecht mit mir selbst und anderen bin. Ich weiß, dass ich von Schönheitsidealen beeinflusst werde, aber ich weiß gleichzeitig, dass viele dieser Ideale unerreichbar und ungesund sind. Wir müssen uns immer wieder daran erinnern, dass es den perfekten Körper nicht gibt. **Dein Körper ist richtig, wie er ist, weil er dein Körper ist.**

- **Check, was du und dein Körper schon alles geschafft habt:** Es gibt eine milliardenschwere Beauty-Industrie, die sich nur darauf beschränkt, Falten verschwinden zu lassen. Egal in welcher Gesellschaftsgruppe, in allen wird Jugend verehrt, während Alter verachtet oder nicht beachtet wird. Meines Wissens hat dabei noch niemand das Geheimnis der ewigen Jugend geknackt. Die Wahrheit ist, dass Zeit an niemandem von uns spurlos vorbeigeht und wir alle eines Tages alt sein werden. Auch in hohem Alter wollen wir begehrt und geliebt werden. Wir werden weniger sehen und hören, an Herzkrankheiten leiden und mit chronischen Schmerzen leben. Das ist ein stinknormaler Prozess, der seine tollen und nicht so tollen Seiten hat. Nur ist das mit der Jugend nicht anders. Jugend kennt zwar wenig Falten, dafür sammelt sie auch ordentlich Schrammen und blaue Flecken ein, weil es gar nicht so easy ist, sich selbstständig durchs Leben zu navigieren. Wenn wir Alter und auch Behinderung mit Abscheu betrachten, schaden wir nur unserem zukünftigen Selbst. Wenn wir behinderte und ältere Körper für unattraktiv erklären, wie sollen wir als Senior*innen mit körperlichen und geistigen Einschränkungen dann eine liebenswerte Beziehung mit unseren Körpern führen? Falten, Narben oder Dehnungsstreifen sind keine Makel, es sind Spuren des Lebens. Alterserscheinungen beweisen uns, wie viel wir schon erlebt und überlebt haben. Das sind keine Gründe für Scham oder Selbsthass, ganz im Gegenteil: Die Tatsache, dass du und dein Körper schon so viel geschafft habt, ist ein Grund zum Feiern.

Auf queeren Körpern lastet viel Druck. Gerade weil wir aus dem Rahmen der heteronormativen Gesellschaft fallen, müssen wir uns besonders forschenden Blicken unterziehen, und das ist alles andere als angenehm. An den meisten Tagen ist es mir egal, wer mich sieht und was die Leute von mir denken. Ich schraube die Lautstärke meines Queerness-Reglers hoch, um mir selbst und anderen zu zeigen, dass ich mich wohl fühle in meiner queeren Haut. Ich trage meine Queerness mit Stolz, bade darin, als wäre sie ein Parfüm. Aber es gibt Momente, da fühle ich mich zu queer und zu sichtbar, als hätte man mich gegen meinen Willen auf einen Präsentierteller gesetzt, dabei möchte ich mich einfach verkriechen. Wie gesagt, Vorurteile und Schönheitsideale haben uns fest im Griff, da muss Queerness nicht auch noch zu einer Hürde werden.

Auch in unseren eigenen Communitys herrschen ungesunde Vorstellungen von Schönheit und Gesundheit, die dazu führen, dass wir andere queere Menschen abstufen und verurteilen. Werfen wir mal einen Blick auf queere Männer und die Körperkultur, die unter ihnen herrscht: Das Ideal bleibt weiterhin ein muskulöser, dünner, glatter und weißer Körper. Die Leitfrage ist: Bin ich männlich genug?

Wir sprechen vermehrt von Body Positivity und der Wichtigkeit, jeden Körper so zu feiern, wie er ist – das ist richtig und gut. Trotzdem rennen viele von uns täglich ins Fitnessstudio, um unseren Körper über mehrere Stunden hinweg zu einem Objekt zu formen, das bewundert und beneidet wird. Trotzdem besteht weiterhin eine schädliche Körperkultur, in der unser Essverhalten strikt kontrolliert und von Cheat Days gesprochen wird. Trotzdem gibt es eine Hackordnung, auf der dicke, Schwarze, braune, asiatische, trans und behinderte Körper allesamt schlechter wegkommen als ein maskuliner, athletischer weißer cis Körper.

Wenn gebräunte Männer mit Sixpacks, Botoxstirn und haarloser Haut dir auf jedem Werbeplakat, jedem Instagram-Post und in jeder Netflix-Show begegnen, ist es schwer, zu glauben, dass Körper, die nicht so aussehen, schön und begehrenswert sind. Mit dicken und diversen Körpern wird kaum geworben noch finden sich leicht Kleidung, Events und Freizeitaktivitäten für sie. Weil wir bereits so viel Zurückweisung in der breiten Gesellschaft erfahren, strengen wir uns umso mehr an, der eigenen Community zu gefallen, wie der britische Wissenschaftler Dr. Brendan J. Dunlop in *The Queer Mental Health Workbook* erklärt. Daher leiden queere Männer viel öfter an Essstörungen als cishet Männer, und neben dem Stress durch Queerfeindlichkeit ist dieses unrealistische Körperbild, dem wir so krampfhaft entsprechen wollen, ein weiterer Grund, warum wir so anfällig dafür sind.

Queere Frauen machen da zumindest innerhalb ihrer Communitys positivere Erfahrungen. Queere und dicke Körper werden seltener angegriffen und breiter akzeptiert. Es herrscht ein stärkeres Solidaritätsgefühl untereinander und ein größeres Verständnis für den Schaden, den ungesunde Schönheitsvorstellungen anrichten. Das Solidaritätsgefühl entsteht, weil man offener über Körperkultur spricht und gemeinsam für Befreiung und Body Positivity kämpft.

Trotzdem ist das Dasein als queere Frau kein zwangloses Paradies; auch hier werden Menschen nach ihrem Aussehen und Auftreten beurteilt. Manche werden als begehrenswert abgestempelt, während andere übersehen oder ausgestoßen werden. Queere Frauen haben mit beengenden Vorstellungen zu kämpfen, die ihnen vorschreiben, wie eine queere Frau zu sein hat. Oft fühlen Frauen sich nicht queer genug, nicht butch genug, oder, ganz im Gegenteil, ihnen wird das Frausein abgesprochen, weil sie sich zu maskulin präsentieren. Es scheint, als gäbe es einen winzigen Punkt auf dem Spektrum zwischen maskulinem und femininem Auftreten, und nur wenn man ihn trifft, ist man die perfekte queere Frau. Dass dieser Punkt, genau wie alle anderen Schönheitsideale komplett unerreichbar ist, führt zu einer kaputten Selbstwahrnehmung.

Queere Frauen leiden unter unrealistischen Körperbildern, denn sie wachsen in einer von Männern dominierten Welt auf, die ihnen von klein auf vorschreibt, wie sie aussehen und sich verhalten müssen, um wertvoll und attraktiv zu sein. Erstrebenswert ist allein ein dünner, femininer Körper mit großen Brüsten und weiten Hüften, perfekt zum Kinderkriegen. Selbst wenn Frauen kein Interesse an Männern haben, werden sie von ihnen sexualisiert und bevormundet.

Unser Körper und unser queeres Selbst verdienen es, gepflegt und geliebt zu werden. Viel leichter gesagt, als getan. Wer stark mit dem eigenen Körper und der mentalen Gesundheit zu kämpfen hat, sollte therapeutische und ärztliche Hilfe aufsuchen. Gerade Essstörungen können heftige Auswirkungen auf unsere Organe und unser Wachstum haben.

Es sollte so einfach sein, trotzdem kostet Nach-Hilfe-Fragen manchmal echte Überwindung. Wenn du merkst, dass innere negative Stimmen immer mehr die Überhand gewinnen, musst du dich mit ihnen nicht im Einzelkampf rumschlagen. Kein Mensch ist dafür gemacht, seine Probleme allein zu lösen.

Hilfe annehmen ist kein Zeichen von Schwäche. Du raubst niemandem Zeit, wenn du nach Hilfe fragst. Ich will, dass du dich als queere Person in deinem queeren Körper sicher und gut fühlst. Ich will, dass du jede Unterstützung bekommst, die du brauchst. Also zögere nicht, frag nach Hilfe, und nimm sie an.

TRANS UND NONBINÄRE KÖRPER

Trans und nonbinäre Körper stehen unter besonders heftigem Druck, weil sie aus den Regeln der Geschlechterbinarität fallen, und nach denen tickt die Welt – leider immer noch. Wir sind dabei, diese Regeln umzuschreiben, aber die Auswirkungen von heteronormativem Denken bekommen queere Körper trotzdem zu spüren, und das kann manchmal wehtun. Nur weil wir wissen, dass Körper und Gender nicht die Identität definieren müssen, tickt die Welt trotzdem nach diesen Vorstellungen. Milliarden von Menschen halten an starren Geschlechterrollen fest, und deswegen wirken sie sich auf jeden Aspekt unseres Lebens aus.

Die Regeln folgen einer Checkliste, auf der Männer und Frauen unterschiedliche Merkmale erfüllen müssen, um erfolgreich den »Geschlechtertest« abschließen zu können. Auf der Liste stehen Dinge wie Geschlechtsorgane, Chromosomen, Hormone und Co., aber auch Verhaltensweisen und Auftreten, Kleidung und Frisuren – all das, was Geschlechterrollen definiert. Wenn wir diese Rollen frei wählen können, müssen sie nichts Schlechtes sein. Ist schließlich toll, wenn man weiß, wer man ist und wo man steht. Wenn sie uns aber die Wahl nehmen und unser Aussehen und Handeln diktieren, läuft etwas falsch.

Was zählt, ist, dass dein Körper zu deinem Selbstgefühl passt. Er soll deine Identität ganz nach deiner eigenen Vorstellung ausdrücken. Wenn du dir unsicher bist, was sich am besten anfühlt, nimm dir so viel Zeit, wie du brauchst. Nichts davon eilt, denn du hast ein ganzes Leben, um dich zu verwirklichen.

Manche Männer haben eine Vulva, manche Frauen haben einen Penis, manche nonbinäre Menschen haben Brüste. Das macht sie nicht weniger männlich oder weiblich oder nonbinär. Ein Frauenkörper ist ein Körper, in dem eine Frau lebt, egal welche Chromosomen oder Geschlechtsmerkmale diese Frau hat. Ein trans Körper ist ein Körper, in dem eine trans Person lebt, egal wie sie sich kleidet. Ein nonbinärer Körper ist ein nonbinärer Körper, egal wie dieser aussieht.

Viele trans und nonbinäre Personen berichten allerdings von **Dysphorie,** also der schmerzhaften Erfahrung, dass ihr Körper nicht ihr Selbstgefühl widerspiegelt. Dieses Ungleichgewicht löst Stress und Angstgefühle, Unwohlsein und Ekel aus. Die Intensität und Auswirkungen sind von Person zu Person unterschiedlich. Oft werden sie von der Außenwelt hervorgerufen, die versucht, trans und nonbinäre Personen in Boxen zu stecken, in die sie einfach nicht passen.

Wenn der Körper im Einklang mit der Identität ist, wird man weniger von Zweifeln und Sorgen geplagt. Ich gebe zu, dieser Einklang ist fast schon utopisch, weil unsere innere Stimme – und unnötigerweise auch fremde Stimmen – immer etwas an unserem

Körper bemäkeln will. Trotzdem sollte jeder Mensch frei sein, all die langweiligen und stürmischen Momente im Leben zu erfahren, ohne dass Dysphorie die Party platzen lässt. Um das erreichen zu können, nehmen einige trans und nonbinäre Menschen den Weg der (medizinischen) **Transition.**

Eine **Transition** kann auf dem Papier stattfinden oder am eigenen Körper. Manche Menschen wollen ihre Stimme verändern, Geschlechtsmerkmale angleichen, beispielsweise durch Hormone oder Operationen, oder auch ihre Gesichtsform chirurgisch anpassen. Andere verändern ihre Ausdrucksweise durch Kleidung, Frisuren und Kosmetik, sodass diese mehr ihrer Identität entspricht. Oft folgt eine Veränderung der Vornamen und Pronomen oder auch der legalen Zuschreibung auf Dokumenten wie Geburtsurkunden und Ausweisen. Wieder andere ändern nichts, weil ihre Identität sich in ihrem Körper und ihrer Ausdrucksweise bestens aufgehoben fühlt. Nichts davon ist richtig oder falsch und hängt völlig von der Person ab. Viele trans und nonbinäre Menschen entscheiden sich für solche Veränderungen, wenn ihnen bewusst wird, dass sie sich mit dem bei der Geburt zugewiesenen Geschlecht nicht identifizieren. Wie so eine Transition aussieht, ist superindividuell. Manche Menschen haben nicht das Bedürfnis, auch nur ein Detail an ihrem Körper zu ändern, andere picken sich vereinzelte Optionen heraus, und wieder andere buchen das volle Paket.

Bei alldem gilt: Transition ist keine Voraussetzung fürs Transsein, und das Gleiche gilt für Dysphorie.

Wer eine medizinische und rechtliche Transition machen möchte, muss sich wohl oder übel mit anderen Menschen darüber unterhalten. Für die offizielle Änderung des Vornamens und des Geschlechtseintrags braucht es einen Antrag beim Amtsgericht.

Damit die Änderung bewilligt werden kann, fordert das TSG zwei Gutachten von zwei verschiedenen Sachverständigen – also Psychiater*innen. Diese Gutachten sind mies, denn sie greifen oft brutal in die Privatsphäre ein, kosten viel Zeit und vor allem Geld – laut des Bundesministeriums für Familie gehen im Schnitt dabei 1868 Euro drauf, je nachdem, was die Psychiater*innen verlangen und wie viele Gesprächsstunden sie für nötig halten, bevor sie das Gutachten ausstellen. Immerhin werden diese Kosten in manchen Fällen von der Verfahrenskostenhilfe übernommen. Trotzdem dauert dieser Prozess mehrere Monate, manchmal sogar Jahre. Dazu kommt die Forderung mancher Gerichte, dass die Person schon mehrere Jahre vor der Antragstellung auch sozial transitioniert sein, also ihre Genderidentität nach außen tragen muss.

Eine Übergangslösung, bis der Vorname und/oder der Geschlechtseintrag offiziell geändert sind, ist zumindest der **Ergänzungsausweis der Deutschen Gesellschaft für Trans- und Intersexualität**, welcher in Deutschland weitestgehend anerkannt wird.

Auch die Bewilligung einer medizinischen Transition verlangt der Person einiges ab. Krankenkassen fordern, dass sie zuvor eine zwölf- bis achtzehnmonatige psychotherapeutische Therapie macht, und wollen außerdem oft ein psychologisches oder ärztliches Gutachten, das zusätzlich Geld kostet und die trans Identität offiziell bestätigt. Die Kostenübernahme für geschlechtsangleichende Maßnahmen muss bei der Krankenkasse beantragt werden, was ein zeitaufwändiges Hin und Her sein kann – vor allem für nonbinäre Personen, denen Krankenkassen die Bewilligung von gewünschten medizinischen Maßnahmen um ein Vielfaches schwerer machen. Zusätzlich kompliziert wird es dann, wenn die nonbinäre oder trans Person behindert ist, in einem Asylverfahren steckt oder schlicht nicht die finanziellen Ressourcen für die laufenden Kosten aufbringen kann.

Für ausführlichere Infos kannst du das **Regenbogenportal**, die **LSVD-Website** oder das **Queer-Lexikon** aufsuchen, denn dieser Schnelldurchlauf wird dem langwierigen Prozess der rechtlichen und medizinischen Transition nicht gerecht. Deutlich ist hier allemal, dass das TSG und die Regelungen der Krankenkassen einiges zu wünschen übrigen lassen und überarbeitet beziehungsweise komplett ersetzt werden müssen, damit ein Mensch auf dem Weg der Transition nicht noch zusätzlich Traumata einsammelt. Darüber sprechen wir im Detail noch im Queerpolitik-Kapitel.

HORMONE

Hormonblocker werden eingesetzt, um die Produktion von **Östrogen** (produziert in den Eierstöcken und verantwortlich für Fettverteilung, Knochenbau, die Periode, das Wachstum von Vulva, Brüsten etc.) oder **Testosteron** (produziert in den Hoden und verantwortlich für Muskel- und Fettverteilung, Spermienproduktion, das Wachstum von Penis, Körperbehaarung, etc.) zu verringern. Wenn ein Kind schon im frühen Alter weiß, dass es trans ist, können Hormonblocker die Pubertät hinauszögern und die Entwicklung von sekundären Geschlechtsmerkmalen verhindern. Diese Methode ist reversibel, also umkehrbar, und sobald die Hormonblocker abgesetzt werden, entwickelt der Körper sich wie gewohnt fort.

Während der **Hormonersatztherapie (HRT)** werden Östrogen oder Testosteron in Form von Medikamenten, Injektionen, Pflastern oder Gels verabreicht. Das ruft eine zweite Pubertät auf den Plan und wirkt sich auf Muskeln, Körperfettverteilung, Stimme, Haare, Brust, Hoden und Potenz aus.

Hormone werden ein Leben lang regelmäßig verabreicht, da der Körper sie nicht von allein produziert. Selten kann es auch vorkommen, dass Menschen unverträglich auf Hormone reagieren und darauf verzichten müssen.

Die Hormontherapie wird von Krankenkassen übernommen.

STIMME

Wer Testosteron nimmt, kann meistens mit einer automatischen Absenkung der Stimme rechnen, aber Östrogen hilft nicht dabei, die Stimmlage zu heben. Die Veränderung der Stimme durch Logopädie, also ein Sprachtraining ohne operativen Eingriff, hilft dabei, eine andere Tonlage und Sprechweise zu erreichen. Eine letzte und riskantere Option ist die Stimmbandoperation zur Anhebung der Stimme. Beides wird von Krankenkassen übernommen.

HAARE

Der Bartwuchs wird durch Testosteron angestoßen, wie sehr er sprießt, ist letztendlich von den eigenen Genen abhängig. Die Barthaarentfernung wird von der Krankenkasse übernommen, beim Haarersatz ist es etwas komplizierter. Da Alter, Gene und Co. den Haarwuchs von trans wie auch cis Personen stark beeinflussen, gibt es hier keine Allgemeinregelung, und auch die Lösung – ob medizinische Hilfe oder Perücken – fällt von Person zu Person anders aus.

BRUST

Eine Mastektomie ist die Entfernung der Brüste und Neuformung der Brust. Es bleiben Narben zurück, die viele Menschen mit Stolz tragen und sich manchmal sogar tätowieren lassen. Dieser Eingriff wird von Krankenkassen übernommen.

Auch eine Brustvergrößerung ist möglich, wird aber nicht von Krankenkassen übernommen, wenn die Person schon Körbchengröße A hat.

GEBÄRMUTTER UND EIERSTÖCKE

Hinter den einschüchternden Begriffen **Hysterektomie** und **Ovarektomie** verstecken sich Eingriffe, die den Uterus und die Eierstöcke entfernen. Sie werden von Krankenkassen übernommen.

GENITALIEN

Dank medizinischem Fortschritt ist es heutzutage auch möglich, die Genitalien anzugleichen. Dafür gibt es einige medizinische Begriffe, die ich dir hier mitgeben möchte – gerade, weil über diese Behandlungen noch viel zu wenig aufgeklärt wird.

Für trans Männer zum Beispiel könnte eine **Kolpektomie** infrage kommen. Das ist die Entfernung des Scheidengewebes und der Verschluss der Scheide. Ebenfalls kann mit einer **Metaidoioplastik** die Klitoris in einen Klitorispenoid umgewandelt werden, wobei die Vulvalippen und die Harnröhre gestreckt und verlängert werden, sodass Pinkeln im Stehen möglich wird. Bei diesem Eingriff, genauso wie bei der **Phalloplastik** und dem **Skrotumaufbau**, wird mithilfe von Haut aus dem Unterarm oder dem Oberschenkel, der Veränderung der Harnröhre und dem Einsetzen von Prothesen ein Penis mit Hoden rekonstruiert.

Das klingt jetzt hier auf dem Papier superflott, ist in Wirklichkeit aber ein langer Prozess in mehreren Schritten. Das ist beim Aufbau von Vulva und Vagina nicht anders.

Die **Invaginationsmethode** und die **Vaginoplastik** bauen in mehreren Schritten eine Vagina auf, wobei eine Höhle im Unterleib geformt wird. Teile des Penis wie Schwellkörper und Eichel, aber auch Hoden, Samenstränge und Haut werden benutzt, um die Vagina zu bilden und die Vulva zu formen. Operationen im Genitalbereich sind sehr aufwändig, verlangen mehrere Schritte und eventuelle Korrekturen und sind mit einem langen Heilungsprozess verbunden. Für viele ermöglicht die Angleichung das Körpergefühl – und den Sex –, das sie sich schon immer gewünscht haben. Andere stellen fest, dass Sex und Orgasmen nun nicht mehr funktionieren wie vorher. Deswegen entscheiden sich manche trans Personen auch gegen eine genitalangleichende OP, weil ihnen das Risiko zu groß ist oder ihnen der Sex eben so gefällt, wie er ist.

Genitaleingriffe werden von Krankenkassen übernommen.

Hier noch einmal zum Überblick:

Metaidoioplastik: Operation zur Geschlechtsangleichung, spezifisch die Umwandlung von Vulva und Vagina zu Penoid, Penis und Hoden.

Kolpektomie: die Entfernung des Scheidengewebes und der Verschluss der Scheide.

Klitorispenoid: die Klitoris wird in einen sogenannten »Penoid« umgeformt, auch »kleiner Aufbau« genannt.

Phalloplastik: Beim »großen Aufbau« wird in mehreren Schritten aus einer Klitoris und mithilfe von Hautgewebe und Prothesen ein Penis mit Eichel aufgebaut. Je nach Plan lässt sich der Penis mithilfe einer Pumpe nach Lust und Laune versteifen, andere ändern ihren Zustand nicht.

Skrotumaufbau: Mit der Phalloplastik kann ein Paar Hoden einhergehen, das aus zwei künstlichen Bällen besteht, von denen einer als Pumpe für einen steifen Penis dienen kann.

Vaginoplastik: die Umwandlung von Penis und Hoden zu einer Vulva und Vagina.

WEITERE PLASTISCHE CHIRURGIE

Eingriffe, die Körper und Gesichtsform zusätzlich beeinflussen, müssen meistens aus eigener Tasche bezahlt werden. Krankenkassen sind nicht verpflichtet, chirurgische Eingriffe wie die Veränderung der Gesichtsform, das Einsetzen von Implantaten, die Verlagerung von Körperfett und die Verkleinerung des Adamsapfels zu übernehmen. In Einzelfällen haben Klagen aber dazu geführt, dass die Krankenkassen mit der Kohle rausrücken mussten.

Wie dir wahrscheinlich längst klar ist, passiert eine Transition nicht im Handumdrehen. Obwohl all die oben genannten Dinge eine Selbstverständlichkeit sein sollten, haben viele Menschen aufgrund fehlender Mittel oder der Gesetze ihres Landes keine Möglichkeit, diese Hilfe zu erhalten. Weil dieser Weg einiges an Kraft und auch Geld kostet, ist es umso wichtiger, dass du dich aufklärst, dir die Erfahrungen verschiedenster trans und nonbinärer Menschen anhörst und nicht überstürzt handelst.

Medizinische Eingriffe können unerwartete Nebenwirkungen haben, denn jeder Mensch reagiert anders auf Hormone und Medikamente. Dazu kommt, dass OPs – egal ob es sich um eine Geschlechtsangleichung oder Herztransplantation handelt – risikoreich sind und manchmal nicht so verlaufen wie geplant. Deswegen kann es passieren, dass das Ergebnis nicht den Wunschvorstellungen entspricht.

In den Medien werden Beispiele von Menschen, die ihre Transition rückgängig machten, häufig genutzt, um vor Transition zu warnen und Hass gegen trans Menschen zu säen. Detransition ist die soziale, medizinische oder rechtliche Rückgängigmachung einer Transition. Laut eines Artikels des amerikanischen Endokrinologen Dr. Michael S. Irwig gibt es wenige genaue Daten zu Detransitionen, aber die Anzahl wird sehr niedrig geschätzt. Die Gründe für eine Detransition unterscheiden sich stark: Ein Großteil wird von den Eltern oder der Umwelt gedrängt, manche finden den Prozess zu anstrengend, andere finden nur schwer einen Job, wieder andere können sich die Transition schlicht nicht leisten. Hier ist der Grund für eine Detransition also nicht, dass die Person nicht trans ist, stattdessen sind Transfeindlichkeit und fehlende Unterstützung die Auslöser. Natürlich gibt es aber auch Menschen, die sich für den für sie falschen Weg entschieden haben und die (medizinische) Transition an sich bereuen, beispielsweise weil Dysphorie oder Mental-Health-Probleme nicht gelöst wurden oder weil sie merkten, dass sie wirklich nicht trans oder aber nonbinär sind.

Zum Herantasten gibt es hier eine Liste mit Büchern, Podcasts und Co.:

All die brennenden Fragen von Henri Maximilian Jakobs

Detransition Baby von Torrey Peters, übersetzt von Frank Sievers und Nicole Seifert

Emil:ia von Peer Jongeling

Enby Babes – Der Blog

Inter: Ein Handbuch über Intergeschlechtlichkeit von Carolin Fritzsche

Queering Genitals. Intime Anatomie um_denken von lou kordts

Transcodiert Magazin

Trans Sein Podcast

YouTube: Kater Schnurz

Detransition ist kein Beweis, dass Transitionen generell gestoppt werden müssen, sondern zeigt, dass wir mehr Forschung und Aufklärung brauchen, damit alle Menschen, egal ob trans, nonbinär, inter* oder cis, die Unterstützung bekommen, die sie wirklich brauchen.

Wie bei jeder lebensverändernden Entscheidung gilt es auch bei der Transition die Risiken abzuwägen, sich gut zu informieren und sich ausführlich mit Expert*innen zu unterhalten. Dadurch wird dir der beste Weg ermöglicht, um dich in deinem Körper wohler zu fühlen.

Es ist nachgewiesen, dass die Lebensqualität von trans und nonbinären Menschen steigt, wenn ihre Sorgen ernst genommen werden und sie die nötige Unterstützung erhalten. Eine Studie des Journal of Adolescent Health aus den USA hat gezeigt, dass die Depressions- und Suizidrate von trans und nonbinären Person im Alter von dreizehn bis vierundzwanzig Jahren massiv gesunken ist, nachdem sie die von ihnen gewünschte Hormontherapie erhielten. Logisch, oder?

Wer Hilfe braucht und sie erhält, dem geht es eben besser.

Ein Körper ist ein Zuhause, und wenn man sich darin unglücklich fühlt, weil die Einrichtung nicht zur Persönlichkeit passt, muss eine Renovierung her.

Wie diese aussieht, ist von Bewohnerin zu Bewohner anders. Manche geben den Wänden einen neuen Anstrich und tauschen Fliesen gegen Parkett, andere entwerfen einen komplett neuen Grundriss. Übrigens sind nonbinäre und trans Menschen nicht die Einzigen, die geschlechtsangleichende Renovierungen vornehmen. Auch cis Menschen lassen sich die Lippen aufspritzen, die Brüste vergrößern, den Kiefer anpassen und Haare transplantieren, um sich einen femineren oder maskulineren Schliff zu verschaffen.

Sich ein neues Zuhause zu erstellen ist ein Kraftakt, aber einer, der voller Neuentdeckungen und Euphorie steckt. Es ist ein Prozess, der nie vollkommen abgeschlossen ist, weil es keine »vollständige« oder »abgeschlossene« Transition gibt.

Menschen sind von Natur aus ständig im Wandel, ob trans oder cis.

QUEERE PRÄSENTATION

Der Grundriss ist geklärt, der Anstrich auch, nur die Inneneinrichtung fehlt noch. Ein Zuhause ist mehr als seine Kernausstattung. Es ist die Musik, die vom Plattenspieler durch die Räume getragen wird (House? Deutschrap? Jazz?), es sind die Bücher im Regal (Romance? Selbsthilfe? Mangas?), das Material der Regalbretter (Glas? Stahl? Eiche?) und die Gesamtästhetik (Hygge? Chaos? Botanischer Garten?).

Ganz frei wählen wir uns diese Elemente aber nicht aus. Wir schlüpfen in vorgefertigte Rollen, die unsere Sprache, unser Verhalten, sogar unser Aussehen vom Scheitel bis zu den Sneakern beeinflussen.

Kleidung, Accessoires, Frisuren und Make-up sind seit jeher ein wichtiger Teil queerer Präsentation, denn auch sie werden vom binären Geschlechtersystem beeinflusst: Machen Röcke mich unmännlich? Machen weite Klamotten mich weniger transfeminin? Löschen BHs meine Nonbinarität aus? Macht Schminke mich schwul? Zerstört ein Bart meine Femininität?

Der Gedanke, sich von Farben, Make-up, Behaarung und Kleidung diktieren zu lassen, ist im ersten Moment komplett lächerlich. Ein Kleid ist ein Stück Stoff, egal an was für einem Körper es hängt. Ein Geschlecht hat es nicht.

Aber weil wir Kleidern seit Jahrhunderten die Bedeutung zuschreiben, dass sie nur von Frauen getragen werden, und weil Frauen lange verboten wurde, Hosen zu tragen, schreiben wir Menschen, die Kleider tragen, Weiblichkeit zu. (Natürlich gibt es kulturelle Unterschiede und traditionelle Kleider und Röcke für Männer, aber in fast jeder Kultur gibt es Kleidung, die eine Aussage über das Geschlecht der Tragenden macht.)

All diese äußerlichen Merkmale definieren uns, und wir werden sie niemals loswerden, aber wehrlos sind wir nicht. Wir können sie zu unserem Vorteil nutzen. Es gibt **Kleidungsstücke,** die uns dabei helfen können, unserer Identität Stück für Stück näherzukommen.

Binder: Eine Art Unterhemd, welches sicher die Brüste abbindet und eine flachere Brust formt. Dabei muss auf eine gute Passform geachtet werden, denn ein zu enger Binder und das zu lange Tragen davon kann schlimme gesundheitliche Folgen haben. Auf der Seite des Queer-Lexikons findest du eine ausführliche Anleitung mit Tipps.

Brustform: Künstliche, abnehmbare Brüste, um eine vollere Brust zu formen.

Packer & Packing-Unterwäsche: Ein Packer ist ein künstlicher Penis mit Hoden, beispielsweise aus Silikon, der unter die Hose bzw. in die Unterwäsche gestopft werden kann und eine optische Erhebung bewirkt. Packing-Unterwäsche sind spezielle Unterhosen, die einen Packer an Ort und Stelle halten, aber es gibt auch herkömmliche Designs, die dafür geeignet sind. Als Alternative für Packer halten natürlich auch Socken oder andere Objekte her.

Tucking-Unterwäsche: Tucking ist eine Methode, um Penis und Hoden sicher abzubinden und einen flachen Schritt zu bewirken. Dabei werden die Hoden vorsichtig in den Körper eingeführt, wo über dem Hodensack in den Leistenkanälen Platz für sie ist (Wunderwerk Körper, sag ich da nur). Dann wird der Penis

zwischen die Beine gelegt und nah anliegende Unterwäsche über-
gezogen, damit nichts verrutscht. Meistens tun es einfache Slips,
aber es gibt auch Gaffs, also eigens fürs Tucking gemachte Unterwäsche. Auf der Seite des Queer-Lexikons findest du eine ausführliche Anleitung mit Tipps.

**Wir können aber auch Make-up, Schmuck und Frisuren als
Werkzeuge einsetzen, um unsere queere Identität zu bestär-
ken. Wir bauen uns ein Zuhause ganz nach unserem eigenen
Geschmack.**

Also: Schmück dich mit Piercings und Tattoos. Färbe dir die
Haare, rasiere sie ab, trag stolz ein Kopftuch. Experimentiere mit
Konturstift und Kajal. Lackiere dir die Nägel, und behänge dich
mit Ketten. Lass die Achselhaare und die Monobraue wachsen.
Schmeiß dich in Latzhosen und Croptops und Miniröcke. Trage
Binder, Tucking- und Packing-Unterwäsche. Probiere Jockstraps
und Strings und Lingerie und Harnesse. Versuch dich an Lack und
Leder, Netz und Seide. Wirf dich für dich selbst in Schale oder
dress to impress. Kuschel dich in Hoodies, kauf weite Hosen, ge-
nieß bunte oder bedeckte Farben. Verhülle deinen Körper, sei ein
Mysterium.

Tu nur, was sich gut anfühlt, ignorier den Rest.

Die Erkenntnis, dass dein Körper dir selbst gehört und du die
Grenzen beengender Traditionen sprengen kannst, kommt einem
Befreiungsschlag gleich. Niemand hat dir etwas vorzuschreiben.
Darin liegt der Stolz, ein queeres Wesen in einer Welt zu sein, die
keinen Bock hat, uns Platz zu machen. Wir machen uns den Platz
schon selbst.

GESCHICHTE

Queere Menschen hat es schon immer gegeben, und solange die Menschheit sich nicht selbst irgendwann ins Aus kickt, werden queere Menschen auch in Zukunft Geschichte schreiben. Hätte man mir im Geschichtsunterricht Vorträge zu homosexuellen Griechen und Stonewall gehalten, anstatt nur von Aquädukten und der Leibeigenschaft zu schwafeln, sähen meine Zeugnisse heute besser aus. Geschichte war eins von vielen Fächern, in denen queere Themen unter den mit Kaugummi und Pausenbrotresten versauten Teppich gekehrt wurden.

Hier kommt also eine kurze deutsche und vor allem queere Geschichtsstunde.

Die Geburtsstunde der modernen LGBTQ+-Bewegung ist weltweit eine Legende: 1969 bricht im Stonewall Inn in New York City ein Aufstand aus, nachdem die Queers dort die Nase voll haben von der ständigen Diskriminierung durch die Polizei. Es ranken sich zahlreiche Gerüchte um diesen Moment, aber fest steht, dass er weltweit Wellen schlägt und weitgehend als die Geburtsstunde der modernen queeren Menschenrechtsbewegung gilt. Aber queere Menschen in Deutschland haben nicht jahrhundertelang einfach auf ihrem Allerwertesten gesessen und in der Nase gebohrt, bis Stonewall sie erinnerte, dass sie ein Recht auf Freiheit hatten.

Deutschland hatte den ein oder anderen Mondlandungsmoment, wenn es um erste Schritte in Sachen Queerness geht. Hier gab es zum Beispiel weltweit
- die erste schwule und die erste lesbische Zeitschrift:
  Der Eigene (1896)
  Die Freundin (1924)

- die ersten queeren Filme:
  Anders als die Anderen (1919)
  Mädchen in Uniform (1931)
- die ersten geschlechtsangleichenden Operationen:
  Karl M. Baer (1906)
  Dora Richter (1922)
  Lili Elbe (1931)
- die erste queere Menschenrechtsorganisation:
  das Wissenschaftlich-humanitäre Komitee (1897)

Und ich lüge nicht, wenn ich sage, dass sogar Homosexualität in Deutschland erfunden wurde. Oder, na ja, zumindest das Wort. Der österreichisch-ungarische Aktivist und Autor Karl Maria Kertbeny schrieb 1868 einen Brief an einen Mann namens Karl Heinrich Ulrichs (der gleich noch wichtig wird). Dieser Brief ist das erste bekannte Dokument weltweit, in dem Homosexualität – und Heterosexualität – erwähnt wird.

Queere Geschichte fängt da an, wo Menschen anfangen – wobei es eine logische Schlussfolgerung ist, dass selbst die Dinosaurier es queer miteinander trieben.

Wir dagegen hüpfen ins Heilige Römische Reich Deutscher Nation, das unter katholischer Herrschaft Sex zwischen Männern selbstverständlich als Sünde betrachtete, wie so viele Dinge, die Spaß machten. In den Jahrhunderten bis zur Gründung des Kaiserreichs 1871 spielte sich somit einiges ab: vom Gräuel des Scheiterhaufens und anderen Hinrichtungsmethoden zu royalen Skandalen und der Etablierung queerer Treffpunkte in Großstädten.

1872 ist man so schlau und übernimmt im neu gegründeten Kaiserreich die Tradition der Preußen, sexuelle Handlungen zwischen Männern mit einigen Monaten im Knast zu bestrafen. Der

Paragraf 175 ist damit offiziell und soll uns über ein Jahrhundert Kopfschmerzen und andere Qualen bereiten.

1897 wird das Wissenschaftlich-humanitäre Komitee ins Leben gerufen, die erste organisierte Vereinigung im Kampf gegen Schwulenverfolgung. Natürlich passiert das Ganze im queeren Eldorado Deutschlands: Berlin. Und wer hat's erfunden? Niemand anderes als Magnus Hirschfeld, eine queere jüdische und deutsche Ikone, die auf keinen Fall unerwähnt bleiben darf. Zusammen mit einigen anderen Intellektuellen und vielen Unterstützenden wird das Komitee gegründet, um den Paragrafen 175 aus dem Gesetzbuch zu streichen – ein Vorhaben, das vorerst scheiterte.

1919 gründet Magnus noch so eine revolutionäre Sache, und zwar das Institut für Sexualwissenschaft in Berlin. Hier wird über Sexualität geforscht, und Intellektuelle aus aller Welt kommen zusammen. Während der Weimarer Republik blüht die queere Szene auf. Sie feiert rauschende Bälle, flirtet in Bars, cruist in Parks, kreiert Kunst, Bücher, Zeitschriften und Filme und wird zum ersten Mal zu einer politischen Bewegung. Damit ist die Verfolgung aber nicht vorbei. Queere Menschen werden strikt vom Staat überwacht und für Grenzüberschreitungen bestraft.

1933 bis 1945 werden queere Menschen in Deutschland systematisch verfolgt und ermordet wie niemals zuvor in der Weltgeschichte. Hirschfeld flieht ins französische Exil, während die Nazis sein Lebenswerk in Flammen stecken. Die Dokumente und Forschungen des Instituts fallen der ersten Bücherverbrennung im März 1933 zum Opfer. Der Paragraf 175 wird verschärft – neben Sex sind von nun an jegliche »unzüchtigen« Handlungen zwischen Männern strafbar und werden mit höheren Strafen geahndet. Über fünfzigtausend Männer werden strafrechtlich verfolgt. Viele werden erst in Haft und Zuchthäuser und später in Konzentrationslager gesteckt, wo sie mit dem rosa Winkel gekennzeichnet werden. Hunderte erleiden Kastrationen, etwa zehntausend sterben an Hunger, durch Erschöpfung oder Mord. Für frauenliebende Frauen gibt es kein Strafgesetz, doch auch sie gelten als Feindinnen des Staates, werden verfolgt und getötet. Die genauen Zahlen sind aufgrund fehlender Gesetzgebung und Dokumentation unbekannt. Über trans und nonbinäre Menschen, die von Nazis verfolgt wurden, ist noch weniger dokumentiert, aber auch sie entgehen der Verfolgung und Tötung nicht.

1950 entscheidet die DDR, dass der Paragraf 175, wie er nun besteht, nationalsozialistisches Unrecht ist, und kehrt zur ursprünglichen Fassung vor der NS-Zeit zurück. Die Zahl der Verurteilten bleibt in der DDR gering, ausgestoßen und diskriminiert werden queere Menschen trotzdem. Die BRD hält an der verschärften Nazi-Version fest und verurteilt bis in die Sechzigerjahre über sechzigtausend Männer, die weiterhin heftige Haftstrafen erfahren, ihr Gesicht und ihren Lebensunterhalt verlieren. Viele von ihnen wurden bereits von den Nazis verfolgt und werden auch jetzt noch terrorisiert.

1971 feiert die Berlinale die Filmpremiere von *Nicht der Homosexuelle ist pervers, sondern die Situation, in der er lebt* von Rosa von Praunheim – und bringt damit die moderne Schwulen- und Lesbenbewegung im deutschen Raum ins Rollen. Der dokumentarische Spielfilm fordert Freiheit und ruft Schwule auf, sich nicht mehr zu verstecken. Ein Jahr später wird er zum ersten Mal im WDR gezeigt, und wieder ein Jahr danach in der ARD, woraufhin eine Publikumsdiskussion folgt. Es sind revolutionäre Momente für Deutschland, denn als Folgen bilden sich landesweit Clubs und Netzwerke queerer Menschen, während queere Rechte breit in der Öffentlichkeit diskutiert werden. Der Film und die Diskussion sind beide auf YouTube zu sehen, aber sei gewarnt, es wird skurril.

1972 findet in Deutschland die erste Schwulendemo statt. Auf die Beine gestellt wird sie durch die *Homophile Studentengruppe Münster* (HSM), und es tanzen etwa zweihundert Leute an, um gemeinsam gegen Homofeindlichkeit und Kapitalismus zu protestieren.

1976 erlässt die DDR die »Verfügung zur Geschlechtsumwandlung von Transsexualisten« und ruft damit die erste offizielle deutsche Regelung für trans Menschen, die ihren Geschlechtseintrag ändern wollen, ins Leben. Vier Jahre später zieht auch die BRD mit dem »Transsexuellengesetz« – kurz: TSG – nach. Beides sind entscheidende Momente, die trans Menschen in Deutschland mehr Selbstbestimmung erlauben, trotzdem kommen sie mit fiesen Widerhaken. Um ihre Rechte in Anspruch nehmen zu können, müssen trans Menschen traumatisierende Hürden überwinden, wie beispielsweise Umsiedlung oder Sterilisation.

1981 wird in den USA zum ersten Mal in einem Bericht von AIDS gesprochen, auch wenn es zu diesem Zeitpunkt noch gar nicht als dieses bekannt ist. Langsam schwappen die Nachrichten von dutzenden Opfern, die an der mysteriösen Krankheit sterben, auch nach Deutschland über, und Panik bricht aus. Aber das erwartete Massensterben in Deutschland bleibt aus. Viele schwule Männer infizieren sich. Selbsthilfegruppen und die Aidshilfe werden gegründet und klären über das Virus und gleichzeitig Sexualität auf, in der Hoffnung, die Verbreitung zu stoppen – mit gewissem Erfolg.

1994 wird der Paragraf 175 offiziell abgeschafft. Während seiner Gültigkeit wurden etwa hundertfünfzigtausend Männer darunter verfolgt.

1996 werde ich schließlich in die Welt gesetzt, und da eine große – und meiner Meinung nach missgünstige – Mehrheit der Ansicht ist, dass dies kein historischer Moment ist, beenden wir den queeren Zeitstrahl hier vorerst. Aber keine Sorge, von moder-

nen und noch ausstehenden queeren Errungenschaften erfährst
du mehr im Kapitel über Politik. Wenn du dich eigenständig durch
die Geschichte wühlen willst, kannst du hier anfangen:

Audre Lorde: Die Berliner Jahre, 1984–1992 (2012)

Bad Gays Podcast (englisch)

Das andere Berlin von Robert Beachy, übersetzt von Hans
Freudl und Thomas Pfeiffer

Der Kreis (2014)

Der Liebe und dem Leid von Rainer Herrn

Eldoradio Podcast

Franz: Schwul unterm Hakenkreuz von Jürgen Pettinger

Grosse Freiheit (2021)

In Männerkleidern von Angela Steidele

Jüngere Bi+ Geschichte in Berlin von Karl-Heinz Steinle auf
biberlin.de

Kazimira von Svenja Leiber

Lesbengeschichte.org

*Queer – eine deutsche Geschichte vom Kaiserreich bis
heute* von Benno Gammerl

Theirstory – Their Art Podcast

Uferfrauen: Lesbisches L(i)eben in der DDR (2020)

Nachdem wir ein paar queere Eckdaten abgehakt haben, will ich euch einige bahnbrechende Persönlichkeiten vorstellen, von Prinzessinnen und Aktivist*innen zu Künstler*innen und auch Bösewichten – denn Queerness schützt nicht vor Intoleranz. Manche dieser Biografien sind tragisch, also seid gewarnt, dass nicht all unsere Held*innen ein Happy End haben.

Kronprinzessin und Erzherzogin Isabella von Bourbon-Parma (*1741) kann einen beeindruckenden Stammbaum vorweisen: Sie heiratete den Kaiser des Heiligen Römischen Reiches und konnte damit Marie-Antoinette ihre Schwägerin nennen, aber Isabella sah den Tag nicht mehr, an dem Maries Kopf rollte. Tatsächlich war sie viel mehr an Josephs anderer Schwester Marie Christine interessiert. Die hat ihrem kaiserlichen Bruder nämlich den Platz im Prinzessinnenherz weggeschnappt. Über Jahre hinweg teilten die blaublütigen Damen eine »enge Freundschaft«, wie Historiker*innen es gerne nennen, wenn ihnen die Existenz von Homosexualität plötzlich schleierhaft wird. Es wurden zahlreiche Briefe voller Liebesbekundungen ausgetauscht, aber ob Marie Christine Isabellas Gefühle erwiderte, ist unklar – ihre Briefe an Isabella sind mysteriöserweise unauffindbar.

Goldene Löffel und Kronjuwelen können keine psychischen Probleme heilen, und Isabella rang ihr ganzes Leben mit ihrer mentalen Gesundheit. Kurz nach einer komplizierten Geburt starb sie im Alter von zweiundzwanzig Jahren.

Karl Heinrich Ulrichs (*1825) war wohl der erste deutsche Schwulenrechtler, dabei gab es das Wort »schwul« zu seinen Lebzeiten noch nicht. Also musste ein anderes Wort her, und Karl Heinrich hat sich den Begriff des »Urnings« ausgedacht – ein Mann, der Männer liebt. 1871 hielt er sogar eine Rede vor einer Versammlung von fünfhundert Juristen, bei der der mutige und etwas überoptimistische Karl sich vor den gesammelten Politikern outete und die freche Behauptung aufstellte, Urninge seien so ge boren, und nichts an ihrem Begehren sei falsch. Als Sahnehäubchen forderte er Gleichstellung.

Wie man sich vorstellen kann, haben die Herren nicht grade mit Yaaaas!-Schreien und Beifall reagiert. Nope, sie haben den armen Karl Heinrich so lange angeschrien, dass er die Rede nie beenden konnte und zusah, dass er schnell das Rednerpult verließ.

Als Journalist kämpfte er danach weiter für Urninge – und »Urinden«, frauenliebende Frauen –, aber seine größte Angst wurde wahr: Als Bismarck Deutschland vereinte, wurde das preußische Anti-Urning-Gesetz, der Paragraf 175, im ganzen Land wirksam. Karl Heinrich hatte genug von Deutschland, wanderte nach Italien aus und starb dort im hohen Alter. Erst hundert Jahre nach seinem Tod wurde das Gesetz abgeschafft.

Emma Trosse (*1863) ist nicht nur die erste uns bekannte Frau, die akademische Forschungsarbeit über weibliche Homosexualität veröffentlicht hat, sie legte auch einen Meilenstein in Sachen Asexualität. Gegen Ende des neunzehnten Jahrhunderts war Emma eine der ersten Frauen, die als Gasthörerin an einer Berliner Uni Vorlesungen besuchen durfte. Sie war eine zeitgenössische Sexualforscherin von Magnus Hirschfeld, und eins ihrer Bücher – »Ein Weib? Psychologisch-biographische Studie über Konträrsexuelle« – war als derart »unzüchtig« verschrien, dass es gerichtlich verboten wurde. In diesem aufrüttelnden Text berichtete Emma von frauenliebenden Frauen, aber eben auch von Personen »ohne Sinnlichkeit« – und bekannte sich selbst als solche. Zusätzlich forschte und veröffentlichte Emma über Medizin und Heilkunde, arbeitete als Lehrerin, gründete ein Mädcheninternat und (zusammen mit ihrem Ehemann) ein Sanatorium für Diabetiker*innen. Damit nicht genug, das Multitalent hatte eine starke kreative Ader und wurde für ihre Gedichte gefeiert.

Was wir heute als asexuelles Outing erkennen, ist vor allem deshalb so wichtig, weil bisher nur wenig über A-Spektrum-Geschichte bekannt ist. **Asexualität und Aromantik sind moderne Beschreibungen für menschliche Erfahrungen, die schon so lange existieren, wie es uns gibt.** Nur gab es bisher kaum Möglichkeiten, diese Erfahrung zu dokumentieren. Das liegt vor allem daran, dass sexuelle Selbstbestimmung für viele Menschen keine Option war, denn (eheliche) Partnerschaften sicherten das Überleben, ob man nun eine*n Partner*in wollte oder nicht. Manchmal war der einzige Ausweg die Flucht ins Kloster, nur ist die Beweislage hier ähnlich schwammig, schließlich gibt es viele Gründe, warum jemand sich für ein Leben als Mönch oder Nonne entscheidet. Umso dankbarer bin ich Vorreiter*innen wie Emma, deren Mut und harte Arbeit uns heute Kraft und Hoffnung geben.

Hätte es im deutschen Kaiserreich bereits eine Spiegel-Bestsellerliste gegeben, wäre Karl M. Baer (*1885) mit Sicherheit an der Spitze gelandet. Somit blieb ihm der schreiend rote Bestseller-Sticker immerhin erspart. 1907 veröffentlichte er die Autobiografie *Aus eines Mannes Mädchenjahren* und schenkte uns damit ein unbezahlbares Werk, das in die inter* Weltgeschichte einging. Im Buch erzählt er davon, wie seine Eltern ihn als Mädchen erzogen, weil er mit Varianten der Geschlechtsentwicklung geboren wurde. Aus Karls Lebensgeschichte entstand 1919 sogar ein gleichnamiger Film, der heute jedoch als verschollen gilt. Bevor er männliche Pronomen annahm, war Karl bereits aktivistisch in jüdischen und feministischen Bewegungen involviert. Mit Anfang zwanzig plante er seinen Suizid, doch ein Unfall sandte ihn in die Arme von niemand Geringerem als Magnus Hirschfeld. Mithilfe des Sexualexperten unterging Karl die erste dokumentierte Geschlechtsangleichung und erhielt die gesetzliche Anerkennung seines männlichen Geschlechts. Während des Nationalsozialismus wurde Karl verfolgt, gefoltert und eingesperrt und floh schließlich mit seiner Ehefrau nach Israel. Dort soll das Paar zusammen mit einer zweiten Frau gelebt haben. Anscheinend ist Karl nicht nur eine inter*, sondern auch eine poly Ikone!

Ernst Röhm (*1887) war für einige Zeit Hitlers rechte Hand – bis dieser ihn ermorden ließ. Dass der Kopf der nationalsozialistischen Sturmabteilung homosexuell war, mag überraschend sein, aber Röhms Netzwerk und politische Stellung schützten ihn. Röhm war nicht der einzige schwule Nazi, der ein hohes Amt unter Hitler bekleidete. Er versammelte eine ganze Clique Gleichgesinnter um sich, die mit ihm nicht nur das Bett, sondern auch die antisemitischen Ansichten teilten.

Am Ende war es nicht Röhms öffentlich bekannte Homosexualität, die seine Karriere und seinen Kopf forderte. Hitler sah ihn als großes Machtrisiko und ließ ihn während einer mörderischen Aktion im Jahr 1934 zusammen mit etwa hundert anderen politischen Gegnern hinrichten.

Trotzdem stellt sich die Frage, wie ein schwuler Mann Teil einer Partei sein konnte, die Homosexualität so verabscheute, dass sie deren Auslöschung plante. Aber wenn man bedenkt, dass Röhm ein weißer, maskuliner Mann war, der eine Liebe zu Waffen und das Militär pflegte und mit Abscheu auf Frauen, Juden und andere queere Menschen hinabblickte, passt er schon wieder ziemlich gut ins Raster der Nazis.

Es scheint absurd – und das ist es –, aber auch heute gibt es homosexuelle Politiker*innen, die queerfeindliche Ansichten hegen und stolz drauf sind. Queere Menschen sind nicht automatisch empathischer oder freundlicher, ignoranter oder hasserfüllter, nur weil sie queer sind. Wie alle Menschen haben wir das Potenzial, zu hassen und zu lieben. Ernst Röhm hat sich für Hass entschieden.

Die dänische trans Frau Lili Elbe ist heutzutage weltweit berühmt, aber ihre Zeitgenossin Dora Richter (* 1891) ist eine ähnlich revolutionäre Figur. Dora, auch Dorchen genannt, lebte und arbeitete am Institut für Sexualwissenschaft in Berlin. Dora hatte, wie einige queere und trans Menschen, im Institut eine Anstellung gefunden. Sie bekam die richterliche Erlaubnis, Frauenkleidung zu tragen, und ist die erste bekannte trans Frau, die eine geschlechtsangleichende Operation unternahm.

Einer Anekdote zufolge sah man sie eines Tages in der Küche des Instituts nähen und mit einer Gruppe trans Frauen Volkslieder schmettern. Nachdem Hirschfelds Sexualinstitut von den Nazis zerstört wurde, verliert sich ihre Spur.

Audre Lorde (* 1934) ist auch mehrere Jahrzehnte nach ihrem Tod noch eine der einflussreichsten Stimmen im Kampf gegen Rassismus, Sexismus und Queerfeindlichkeit. Kein Wunder, denn ihre Gedichte und Essays sind so unglaublich gut, dass man sofort vom Hocker gerissen wird und auch erst mal eine Weile am Boden liegen bleibt, um ihre Worte zu verarbeiten. Als Schwarze lesbische Frau und Mutter wurde sie von der Gesellschaft oft ignoriert und beiseitegeschubst, doch sie weigerte sich, diese Schmähungen zu akzeptieren, und gewann mit ihren Texten weltweiten Ruhm.

Die in Harlem geborene Dichterin und Schriftstellerin hat zwischen 1984 und 1992 viel Zeit in Deutschland verbracht. Als Gastdozierende an einer Berliner Uni klärte sie dort über Feminismus und Anti-Rassismus auf und lehrte die Studierenden, wie sie die Macht ihrer Worte für mehr Gerechtigkeit nutzen konnten. Audre bestärkte Schwarze Menschen in Deutschland, eine Community zu gründen und ihren Stimmen Gehör zu verschaffen. Inspiriert durch ihren Zuspruch gründete eine Gruppe Schwarzer Frauen, darunter die Dichterin May Ayim und die Historikerin Katharina Oguntoye, eins der ersten Afrodeutschen Netzwerke, genannt

ADEFRA, das auch heute noch einen Schutzraum für Schwarze und PoC-Frauen, inter* und trans Menschen bietet.

Im selben Atemzug mit Audre Lorde muss auch Ika Hügel-Marshall genannt werden, die 1947 als Tochter einer weißen Deutschen und eines Schwarzen Soldaten aus den USA geboren wurde. Ika wuchs umgeben von weißen Menschen auf, und da ihr Vater schon vor ihrer Geburt wieder nach Nordamerika zurückkehrte, sollte es Jahrzehnte dauern, bis sie zum ersten Mal einer anderen Schwarzen Person gegenüberstand. Eine bayrische Kleinstadt in den Vierziger- und Fünfzigerjahren ist kein freundlicher Ort für ein Schwarzes Kind. Im Schulalter entreißt das Jugendamt Ika ihrer liebenden Mutter und steckt sie in ein Heim, wo sie von Aufseherinnen und Kindern gleichermaßen gequält wird. Ika kämpft sich durch. Sie wird Erzieherin, Sozialpädagogin, Kampfsportlehrerin, Uni-Dozentin, Künstlerin, Autorin, Übersetzerin, Verlegerin, Filmemacherin, Aktivistin. Sie kämpft für und findet Halt in der Frauen-, Lesben- und Afrodeutschen Bewegung. Sie schließt Freundschaften mit Dichterinnen und Denkerinnen wie May Ayim und Audre Lorde, verliebt sich in ihre Kollegin Dagmar Schultz, mit der sie bis an ihr Lebensende zusammen ist. Sie ist ein unverzichtbares Puzzleteil queerer und deutscher Geschichte.

Weitere Menschen, die queere Geschichte schrieben:

Alexander der Große, 356

Friedrich II., 1712

Dina Alma de Paradena, 1871

Thomas Mann, 1875

Lotte Hahm, 1890

Anita Berber, 1899

Annette Eick, 1909

Gottfried von Cramm, 1909

Hans Scholl, 1918

Herbert Hoffmann, 1919

Felice Schragenheim, 1922

Charlotte von Mahlsdorf, 1928

Dies ist ein viel zu kurzer Blick in die Vergangenheit, denn hinter uns liegen Millionen queerer Leben, die verloren gingen oder absichtlich verschüttet wurden.

Ein paar Eckdaten und historische Persönlichkeiten reichen nicht aus, um das volle Spektrum an heroischen, abgründigen und vor allem komplexen Persönlichkeiten darzustellen, die vor uns kamen.

Geschichte ist wichtig, weil sie die Gesellschaft prägt und uns den Weg weist. Geschichte ist lebendig, weil vorausgegangene Generationen uns das Hier und Jetzt ermöglichen – und wir können das Gleiche für nachfolgende Generationen tun. Wir haben noch so viel zu erforschen und zu entdecken, was queere Geschichte betrifft, und vielleicht hungerst du, wie auch ich, nach mehr. Ich will meine Ahn*innen kennenlernen und bin dankbar für all jene, die Staub von längst vergessenen Büchern und morschen Knochen pusten, um diesen Traum zu verwirklichen. Queere Geschichte ist die Geschichte der Menschheit; wir waren schon immer ein Teil von ihr. Es ist an der Zeit, dass sie gebührend erzählt wird.

WOZU BRAUCHT ES NOCH PRIDE?

Jedes Mal, wenn auf der Welt eine Pride-Parade durch die Straßen zieht, gibt es einen Spielverderber, der etwas sagt wie: »Wozu der Zirkus? Homophobie ist doch längst kein Thema mehr!« Also lass uns mal einen Blick auf die Fakten werfen, bevor wir dem*der Spielverderber*in glauben, unsere Flaggen in die nächste Mülltonne stecken und einen Abzug machen.

Bis 1994 war Sex zwischen Männern in Deutschland eine Straftat. Bis 2011 mussten trans Menschen sich sterilisieren lassen, um ihr Geschlecht gesetzlich anerkennen zu lassen. Bis 2017 durften gleichgeschlechtliche Paare nicht heiraten. Bis 2018 war es inter* Menschen nicht möglich, ihre Identität gesetzlich anerkennen zu lassen. Bis 2020 konnten queere Minderjährige einer Konversationstherapie unterzogen werden.

Im Sommer 2022, während ich dieses Buch schreibe, sind queere Menschen im Grundgesetz noch immer nicht gegen Diskriminierung geschützt. Inter* Menschen mit Geschlechtsvariationen können zwar bei ihrem Geschlechtseintrag »divers« ankreuzen, trans und nonbinäre Menschen haben weiterhin in den allermeisten Fällen nur binäre Optionen. Trans und nonbinäre Personen müssen sich mehreren psychiatrischen Gutachten unterziehen und mehrere tausend Euro zahlen, um vor dem Gesetz als ihr wahres Geschlecht zu gelten. Inter* Kinder können trotz Bann noch immer einer Genitalmutilation unterzogen werden. Es gibt keine Reparationen für inter* Menschen, die Genitalmutilation erlitten haben, und keine Strafe für diejenigen, die sie anordnen oder durchführen. Inter* und trans Menschen werden weiterhin pathologisiert. Ein*e Partner*in in einer gleichgeschlechtlichen Ehe muss das eigene Kind als Stiefkind adoptieren. Trans Väter müssen sich unter ihrem Deadname als Mutter des Kindes, das sie geboren haben, registrieren lassen. Weder in der Schweiz noch in Österreich gibt es Verbote für Konversionstherapie. Und mit Bildung und Aufklärung über sexuelle und geschlechtliche Vielfalt sieht es überall arm aus.

Wenn wir über weitere Grenzen linsen, stellen wir schnell fest, dass die Lage für queere Menschen weltweit eine Katastrophe ist. In dutzenden Ländern wird Queerness kriminalisiert, in manchen davon wird sie mit dem Tod bestraft.

Gesetze sind eine Sache, gelebte Erfahrungen eine andere. Queere Menschen leiden öfter an Depressionen und anderen Mental-Health-Problemen als der Rest der Gesellschaft. Sie erfahren mehr Mobbing in Schulen, sind öfter obdachlos. Das Gesundheitswesen vernachlässigt sie ebenso wie das Bildungswesen. Und die Nummer an Straftaten gegen queere Menschen steigt jedes Jahr.

All die Rechte, die queere Menschen heute besitzen, wurden uns nicht geschenkt. Sie wurden erkämpft.

Von Aktivist*innen und Politiker*innen, die seit Jahrhunderten Gerechtigkeit fordern (wir erinnern uns an Karl). Das sind Jahrhunderte, in denen queere Menschen schutzlos blieben und verfolgt wurden. Obwohl heutzutage die Überzeugung herrscht, dass queere Personen die gleichen Rechte und Privilegien besitzen wie der Rest der Gesellschaft, werden wir auch heute noch angegriffen, belächelt und ignoriert.

Pride-Paraden und Pride-Events sind im Kern immer eine Form des Protests. **Und wir werden so lange protestieren, bis man unsere Existenz nicht mehr abstreitet und einschränkt.** Aber darüber hinaus brauchen Menschen keinen Grund, um eine bunte Party zu schmeißen.

Queerness ist immer ein Anlass zur Freude.

Und schließlich denken die Leute auch nicht dran, Karneval und Fasching einfach einzustampfen, weil sie keinem Zweck dienen.

Sollte sich demnächst mal wieder jemand lautstark über Pride beschweren, kannst du der Person gerne ordentlich was geigen. Oder die Spielverderber*innen einfach Spielverderber*innen sein lassen und weiter dein Ding durchziehen.

Hier kommt eine Auswahl relevanter queerer Filme für Dokumentationsfans:

Ab heute – Der lange Weg zu meinem Namen (2021)

Das Ende des Schweigens (2020)

Disclosure (2020)

Genderation (2021)

Jeder Tag ein Kampf? (2022)

Paris is burning (1990)

Pray Away (2021)

Trans – I Got Life (2021)

Welcome to Chechnya (2020)

Zuhurs Töchter (2021)

WAS IST QUEERPOLITIK?

Als queere Menschen sind wir politisch, ob wir wollen oder nicht. Unsere Identität wird konstant debattiert; in Zeitungen, in sozialen Medien, beim Kaffeeklatsch und selbst vor Gericht.

Obwohl ich es lieber hätte, wenn meine Rechte nicht infragegestellt würden, versuche ich, diese Debatten als Zeichen zu sehen, dass sich etwas bewegt. Wir machen kleine Schritte in Richtung Gerechtigkeit. Wir haben eine Chance, Dinge zu verändern. Und Veränderung ist nicht nur möglich, unsere Vorfahren haben sie bereits umgesetzt. Ohne sie hätten wir noch lange keine gleichgeschlechtliche Ehe, keine offen queeren Politiker*innen im Bundestag, keine queeren Bücher in Schulbüchereien. Wir haben aber noch einen langen Weg zu gehen, und viele Hindernisse, die uns aufhalten.

Queerpolitik heißt, zu verstehen, dass sexuelle und geschlechtliche Identität nur zwei kleine Puzzleteile einer riesigen Community sind. Queere Identität ist vielfältig und kommt in den verschiedensten Körpern. Deswegen ist Queerfeindlichkeit nur eins von vielen Problemen, die dir und deinen queeren Mitmenschen das Leben schwerer machen. Wenn ich sage, dass Queerpolitik all das Unrecht beenden will, das queere Menschen erfahren, meine ich damit nicht nur Queerfeindlichkeit. Behindertenfeindlichkeit geht dich etwas an, weil deine Community darunter leidet. Armut, Umweltschutz und Flüchtlingspolitik betreffen dich, weil queere Menschen aus deiner Community aufgrund von Klimawandel und Krieg ihre Heimat verlieren. Diskriminierung, Stigmatisierung und Hass auf Menschen aufgrund von Herkunft, Hautfarbe und Glaube sind Probleme, die dich wütend machen, weil sie deine queeren Geschwister direkt angreifen.

Queerpolitik ist die Politik der Marginalisierten und fordert Gerechtigkeit weit über die Grenzen von Queerness hinaus.

Wer mehr darüber lernen möchte, wie eine ungerechte Welt sich auf Menschen mit mehreren Marginalisierungen auswirkt, darf gerne mal folgende Bücher aufschlagen:

Behindert und stolz von Laura L'Audace

Disability Visibility von Alice Wong (englisch)

Feminismus für alle von bell hooks, übersetzt von Margarita Ruppel

Kluft und Liebe von Josephine Apraku

On Intersectionality: Essential Writings von Kimberlé Crenshaw (englisch)

Race Relations von Michaela Dudley

Sister Outsider von Audre Lorde, übersetzt von Eva Bonné und Marion Kraft

Unlearn Patriarchy herausgegeben von Lisa Jaspers, Naomi Ryland und Silvie Horch

Why We Matter: Das Ende der Unterdrückung von Emilia Roig

Queerpolitik kämpft dafür, all das Unrecht zu beenden, das queere Menschen noch erfahren – wie du spätestens jetzt weißt, gibt es noch die ein oder andere klitzekleine Baustelle. Wir müssten die Welt einmal am Zipfel packen, fest schütteln und neu ordnen, um Gerechtigkeit für alle zu erreichen. Zumal Meinungsfreiheit bedeutet, dass ich akzeptieren muss, wenn Leute Pfefferminzschokolade mögen, wo doch offensichtlich ist, dass Pfefferminz und Schokolade niemals miteinander in Verbindung gebracht werden sollten.

Aber: Meinungsfreiheit hört da auf, wo Menschenfeindlichkeit beginnt.

Selbst wenn eine Welt, in der sich alle liebhaben und Ringelreihen tanzen, utopisch erscheint, ist Gerechtigkeit für queere Menschen ein erreichbares Ziel. Ein Ziel, für das alle von uns kämpfen müssen.

Dem Reflex, bei so viel herrschendem Unrecht Augen und Ohren zu verschließen, ist schwer zu widerstehen. Man kann so tun, als sei alles gut, aber irgendwann wird man aufwachen und feststellen, dass man sich selbst belogen hat. Trotzdem ist es unmöglich, sich bei jedem Atemzug Gedanken über die Lage queerer Menschenrechte zu machen. Das ist sowohl anstrengend als auch deprimierend. Es gibt immer etwas, das uns traurig und wütend macht, es gibt immer etwas zu verändern und zu verbessern – und daher brauchen wir dringend mal eine Pause. Glücklicherweise gibt es so viele von uns, dass unsere queeren Geschwister und Verbündeten eine Zeit lang das Ruder übernehmen, bis wir ordentlich verschnauft haben. Danach kann der Kampf für Gerechtigkeit weitergehen.

Hier kommt eine kleine Auswahl an **Baustellen**, die es noch zu bewältigen gilt.

BAUSTELLE #1: HASSKRIMINALITÄT

Queere Menschen sind in Deutschland nicht sicher. Das ist eine unbequeme Wahrheit, aber wahr ist sie allemal. Du hast bestimmt genauso wie ich die Berichte über Hassattacken in den Nachrichten und auf Social Media gesehen. Ich werde die Erinnerungen nicht los an die Drag Queen, die von einer Gruppe von Teenagern bedroht wurde, an das schwule Paar, das nach einer Pride-Veranstaltung verprügelt wurde, an den trans Mann, der bei dem Versuch, zwei Frauen vor einer queerfeindlichen Attacke zu verteidigen, selbst zum Opfer wurde und im Krankenhaus verstarb, an die nonbinäre Person, auf die eine Pistole gerichtet wurde, und an die trans Frau, deren Grab nach ihrem Tod verschandelt wurde. Dann sind da die Morde: allein drei im Jahr 2020, einer brutaler als der nächste. Die Gewalt beschränkt sich nicht auf Deutschland. Auch aus anderen Ländern erreichen uns Berichte über Angriffe und Tötungen. Das alles sind keine Einzelfälle. Es sind müde Wiederholungen des gleichen zerkratzten Tonbandes.

Der Moment, wenn mich Nachrichten über queerfeindliche Gewalt erreichen, ist jedes Mal ein harter. Ich muss schwer schlucken, kämpfe mit den Tränen. Zu einem unschönen Heulkrampf kommt es aber vor allem dann, wenn ich sehe, wie viele Menschen ihre Trauer und Solidarität ausdrücken. Wie wir zusammenrücken und uns gegenseitig stützen. Wie wir ein Ende der Gewalt fordern.

Hasskriminalität ist nichts Abstraktes, das uns nur über die Medien erreicht. Sie ist so real, dass sie an unseren Körpern Spuren hinterlässt. Wenn es dir so geht wie mir, hast du sie auch selbst schon erlebt.

Ich wurde ein einziges Mal in meinem Leben zur Zielscheibe einer Hassattacke. Als ich in einer Silvesternacht in Neuseeland Hand in Hand mit einem Date durch die Gegend schlenderte, weit hinter uns der Strand, von dem noch Musik durch die Straßen hallte, waren wir plötzlich umzingelt von einer Gruppe junger Leute. In betrunkener Feierlaune kamen sie auf den Gedanken, ein paar Schwule zu piesacken. Hohn und Gelächter wurden schnell zu Tritten. Die ganze Nacht hatte die Polizei die Straßen patrouilliert, aber jetzt waren wir allein mit den Angreifern.

Wir stolperten voran, versuchten erfolglos, Schubsern und gestellten Beinen auszuweichen. Ich wusste, dass diese Gewalt alltäglich war; war nicht überrascht, denn irgendwann musste es mich treffen. Aber das half nicht gegen die Panik.

Was uns rettete, waren die Freundinnen der Männer, die versuchten, die Beleidigungen und das Geschubse zu stoppen. Wir nutzten diesen kleinen Moment der Ablenkung, befreiten uns und rannten.

In dieser Nacht bin ich glimpflich davongekommen, aber die Angst sitzt weiterhin tief unter der Haut. Vielleicht kennst auch du den Schrecken, wenn aus einer gewöhnlichen Situation plötzlich eine lebensbedrohliche wird. Davon erholt man sich nicht so schnell wie von einem Schnupfen.

Umso bedeutender ist es, dass wir über unsere Erfahrungen sprechen. Es geht nicht nur darum, aufzuzeigen, dass Queerfeindlichkeit verletzt und tötet und deswegen vorgebeugt werden muss. Wenn wir unsere Erfahrungen teilen, finden wir Halt und Schutz bei unseren Geschwistern und Verbündeten. Wir erkennen, dass uns keine Schuld trifft.

Du hast es nicht verdient, aufgrund deiner Identität Hass zu erfahren. Du bist nicht schwach, wenn dir Gewalt zustößt.

Du musst dich nicht schämen, wenn du mit dem Trauma zu kämpfen hast. Schämen müssen sich die Täter*innen und diejenigen, die nichts tun, um queere Menschen zu schützen.

Leider trifft queerfeindliche Gewalt viele von uns. Es ist eine erschreckende Tatsache, dass sie noch immer alltäglich ist. Ein Report des US-Justizministeriums aus dem Jahr 2020 fand heraus, dass lesbische und schwule Personen mehr als doppelt so oft Gewaltattacken ausgesetzt waren wie heterosexuelle Personen. Trans Personen erlitten mehr als doppelt so oft Gewalt wie cis Personen.

Eine Umfrage des Trevor Projects aus dem Jahr 2022 hat ergeben, dass einunddreißig Prozent der queeren Jugend in den USA aufgrund ihrer sexuellen Orientierung körperlich bedroht oder angegriffen wurden, bei trans und nonbinären Jugendlichen waren es aufgrund ihrer Geschlechtsidentität siebenunddreißig Prozent.

Die deutsche Bundesregierung berichtet, dass die Zahl der Attacken auf queere Menschen mit jedem Jahr steigt. Im Jahr 2021 waren es mindestens drei bis vier queerfeindlich motivierte Attacken pro Tag. Dabei wissen wir nur von den Angriffen, die der Polizei gemeldet werden. Die Dunkelziffer – all die unbeobachteten und ungehörten Übergriffe – ist noch viel größer.

Ich bin damals nicht mal auf den Gedanken gekommen, Anzeige gegen unbekannt zu erstatten. Hätte ich mich überhaupt getraut, mich der Polizei anzuvertrauen? Hätte man mich ernst genommen, etwas unternommen? Queerfeindliche Straftaten werden aus den verschiedensten Gründen nicht zur Anzeige gebracht. Viele Opfer schweigen, weil sie sich schämen, weil sie nicht geoutet sind, weil sie denken, dass es nichts bringt, oder der Polizei nicht vertrauen. Mit gutem Recht, immerhin hat der deutsche Staat uns noch vor achtzig Jahren ermordet und bis vor dreißig Jahren wie Straftäter*innen behandelt. Zumal bei queeren Menschen das Vertrauen fehlt, dass die Polizei sensibel und aufgeklärt mit uns umgehen wird. Immer wieder gibt es neue Berichte über rechtsextremistische Gruppen bei der Polizei; allein im Jahr 2022 wird von mehreren Fällen wie in Hessen, Baden-Württemberg und Nordrhein-Westfalen berichtet – Links zu den vollständigen Nachrichtenberichten darüber findest du im Quellenverzeichnis.

Welche queere Person soll sich da sicher fühlen?

Es liegt in der Verantwortung des Staats, queerfeindlicher Gewalt ein Ende zu bereiten. Das beginnt mit Aufklärung in Schulen und staatlichen Institutionen. Gewaltprävention muss ausgebaut werden, ebenso wie die Strafverfolgung. Denn wenn nicht mal der

Staat queere Identität für schützenswert hält, wieso sollten es die Menschen darin tun?

Falls du Hasskriminalität erfahren oder gesehen hast, solltest du den Vorfall bei der Polizei melden, aber du kannst dich auch an die **Antidiskriminierungsstelle des Bundes**, den **Verband der Beratungsstellen für Betroffene rechter, rassistischer und antisemitischer Gewalt** oder den gemeinnützigen Verein **WEISSER RING** wenden.

Hasskriminalität findet auch digital statt. Manchmal setzen sich Angriffe im analogen Leben sogar online fort. Aber das Internet ist kein rechtloser Raum. Digitale Gewalt hat wahrhaftige Konsequenzen für Täter*innen. Solltest du online von Beleidigungen, Bedrohungen, Mobbing oder Stalking betroffen sein, kannst du dich wehren, indem du dir Unterstützung bei Expert*innen suchst. Du kannst dich direkt ans **Bundesamt für Justiz** wenden und ein Meldeformular einreichen oder dich kostenlos von **Hate-Aid** beraten lassen.

BAUSTELLE #2: FAMILIENPOLITIK

Dass ich in meiner Zukunft in ein Schloss ziehen werde, weißt du bereits, aber ich will dir noch etwas über mich verraten: In diesem Schloss sehe ich mich nicht nur wie Belle durch eine riesige Bibliothek tanzen, sondern auch ein paar niedliche Kinder großziehen. Stell ich mir süß vor, aber als schwuler Mann ist das ein Traum, der ebenso wie Schloss und Bibliothek gar nicht so einfach zu erreichen ist. Der Weg zum eigenen Kind, wenn man denn eins möchte, ist für queere Eltern momentan noch unnötig steinig.

Queere Familien werden in Deutschland massiv diskriminiert. Weil Sex bei den meisten queeren Paaren nur als Zeitvertreib funktioniert und als Fortpflanzungsmethode komplett versagt, muss man bei der Familiengründung kreativ werden. Queere Eltern haben einen jahrelangen Prozess vor sich, der ihnen finanziell und psychisch einiges abverlangt. Selbst wenn das Wunschkind kommt, ist der Spießrutenlauf noch nicht vorbei. Denn der Staat weigert sich, dem Kind die Eltern anzuerkennen.

Wenn weder natürliche Fortpflanzung noch unbefleckte Empfängnis eine Option ist, stehen queere Eltern vor folgender Wahl: Adoption, Pflegekinder, Samenspende. Leihmutterschaft und Eizellenspenden sind verboten.

Adoption: Die rechtliche Elternschaft für ein Kind, das andere leibliche Eltern hat, welche das Kind aufgeben oder unbekannt sind.

Pflegekinder: Kinder, deren Wohl in ihrer herkömmlichen Familie nicht garantiert ist und die daher vom Jugendamt für kurze oder längere Zeit in einer Pflegefamilie untergebracht werden. Die leiblichen Eltern haben weiterhin ein Mitspracherecht im Leben des Kindes. Pflegekinder sind keine Adoptivkinder, können unter bestimmten Umständen aber von ihren Pflegeeltern adoptiert werden, beispielsweise mit Einverständnis der leiblichen Eltern oder wenn das Kind volljährig ist.

Samenspende: Eine Option für viele lesbische Paare und Menschen, die ein Kind gebären können und wollen, für eine Schwangerschaft aber eine Samenspende brauchen. Die Samenspende kann dabei aus dem Freundeskreis kommen oder anonym sein.

Leihmutterschaft: Eine Option für viele schwule Paare und Menschen, die Kinder zeugen können und wollen, für eine Schwangerschaft aber eine Eizellenspende brauchen. Hier wird die Eizelle einer anderen Person meist mit dem eigenen Sperma befruchtet. Die »Leihmutter« trägt das Kind aus und gibt es nach der Geburt an die Eltern ab. Leihmutterschaft ist sehr variabel, je nachdem, wer die Ei- oder Samenzellen spendet, ob die Leihmutterschaft auf einer finanziellen oder freundschaftlichen Basis besteht und inwiefern sie im jeweiligen Land überhaupt legal ist.

Eizellenspende: Hier spendet ein gebärfähiger Mensch eine Eizelle, die künstlich befruchtet und bei einer zweiten gebärfähigen Person eingesetzt wird. Die Person, die das Kind austrägt, ist somit kein genetischer Elternteil.

Alle drei rechtlich möglichen Wege kommen mit einer netten Last an Problemchen. Pflegekinder sind keine sichere Option für alle Beteiligten, da die Kinder zu jedem Zeitpunkt wieder zu ihrer Herkunftsfamilie zurückkehren könnten. Die Trennung ist weder für das Pflegekind noch die Pflegeeltern besonders spaßig.

Adoption ist zwar möglich, aber schwierig. Es gibt ein Mindestalter von fünfundzwanzig Jahren bei den Eltern, die Beteiligten müssen sich Prüfungen unterziehen, machen dabei diskriminierende Erfahrungen, und am Ende gibt es keine Garantie, dass man ein Kind adoptieren wird. Zwar sind Adoptionen aus dem Ausland möglich, aber auch hier werden queere Eltern ausgeschlossen. Falls sie doch für eine Adoption infrage kommen, haben sie hoffentlich das nötige Kleingeld, denn Ämter, Vermittlungsstellen und Reisekosten ziehen ihnen die Scheinchen tausendfach aus der Tasche.

Die Samenspende ist nicht weniger kompliziert, aber durch die leibliche Elternschaft erledigt sich zumindest das ein oder andere Problem. Trotzdem, die Kosten sind auch hier horrend, und dazu kommt, dass nur wenige Ärzte*Ärztinnen sich aufgrund der undurchsichtigen Rechtslage bereit erklären, queere Paare zu behandeln. Und da ist immer noch die Sache, dass nur der leibliche Elternteil staatlich anerkannt wird. Der andere Elternteil muss das eigene Kind als Stiefkind adoptieren. Ich spreche hier bewusst von zwei Elternteilen, weil drei oder mehr Eltern in den Augen des Staats nicht existieren. Alternative Familienmodelle ignoriert die Regierung geflissentlich.

Was vom Staat weiterhin unterstützt wird wie kein anderes Familienkonzept, ist die Ehe. An sich ja toll, wenn Menschen finanzielle Unterstützung, Steuererleichterung und Schutz erhalten, aber auch hier handelt die Regierung voreingenommen. Denn wer darf eine Ehe eingehen, und wer nicht? Eine Ehe steht ausschließlich zwei Menschen zu, wobei polyamoröse Beziehungen den Kürzeren ziehen. Gleichzeitig bekommen Lebenspartnerschaften, die nicht auf einer sexuellen und/oder romantischen Basis aufgebaut sind, nicht dieselben Rechte zugesprochen, selbst wenn die Menschen darin einen Haushalt, die Erziehung von Kindern und eben ihr Leben miteinander teilen. Die Ehe bleibt ein heteronormatives Konzept, das Diskriminierung aufrechterhält.

BAUSTELLE #3: BILDUNGSWESEN UND MOBBING

Queere Aufklärung findet in Schulen kaum bis gar nicht statt. Das nenne ich mal eine Bildungslücke! Aber damit nicht genug, Schulen sind Orte, an denen Queerfeindlichkeit oft einfach ignoriert wird. Laut einer Umfrage der EU-Grundrechteagentur aus dem Jahr 2020 erzählten 62 Prozent der fast 140.000 Befragten niemandem an der Schule von ihrer queeren Identität und 48 Prozent der Befragten wurden beleidigt, bedroht und lächerlich gemacht. Schulen sind ein Minenfeld für queere Schüler*innen.

Mobbing ist eine Erfahrung, die sich leider viele queere Menschen teilen. Im Deutschen scheint es kein gutes Wort für eine Person zu geben, die andere systematisch schikaniert und terrorisiert. »Mobber*in« erinnert eher an eine Art Insekt, zumal ich noch nie eine Person getroffen habe, die diese Bezeichnung tatsächlich benutzt. Daher rede ich jetzt von Täter*innen – und ich war das Opfer, jahrelang.

Das Mobbing hat schon im Kindergarten seinen Anfang genommen, wobei es damals noch eine sehr abgeschwächte Form war, die aus Seitenblicken, Ausgrenzung und vereinzeltem Triezen bestand, einfach weil ich ein extrovertierter Junge war, der aus der Reihe tanzte und nichts mit Fußball anfangen konnte. Brutal wurde es erst auf der weiterführenden Schule.

Mobbing findet überall statt: in Familien, am Arbeitsplatz, aber vor allem in der Schule. Pubertierende Kinder sind den ganzen Tag in einem Raum zusammengepfercht; sie testen Grenzen aus und stellen Machtverhältnisse auf.

Ich wurde als schwul beschimpft, bevor ich überhaupt wusste, dass ich schwul war. Man konnte mir meine Femininität und meine Queerness schon als Kind ansehen, daher war es für Mitschüler*innen ein leichtes Ding, mich verbal anzugreifen und sich über mich lustig zu machen. Die Täter waren Jungen in meiner Klasse, aber nicht ausschließlich. Auch Schüler*innen aus Parallelklassen und anderen Jahrgängen hatten Spaß daran, mich zu erniedrigen. Ich hatte beschlossen, diese Erniedrigungen zu dokumentieren, und begann, an einem Schultag eine Liste zu schreiben mit all den Schimpfworten, die mir an den Kopf geworfen wurden. Schon vor der großen Pause war sie beträchtlich lang. Als mir ein anderer Schüler zuflüsterte, dass das keine gute Idee sei, weil ich mir damit nur noch mehr Feinde machen würde, hörte ich dummerweise auf ihn und warf die Liste weg.

Es fällt mir schwer, mich an einzelne Mobbing-Vorfälle zu erinnern. Es gab keine krasse körperliche Gewalt, keine einschneiden-den Momente der Brutalität. Stattdessen sind es über drei Jahre an Beleidigungen, Demütigung und Ausgrenzung – und das an jedem Schultag, ohne Ausnahme. Manche mögen sagen, das sei nur halb so schlimm, ist ja nichts passiert, aber ich verstehe nicht, warum eine Person erst geschlagen oder bespuckt werden muss, bevor ihr Leid ernst genommen wird. Mehr als drei Jahre Mobbing sind über tausend Tage, an denen ein Opfer beschließen könnte, dass es nicht noch mehr Schmerz ertragen kann. Es sind über tau-send Tage, an denen der Selbstwert und die Lebensfreude eines Menschen zerstört werden.

Ein Tag allein ist schon zu viel.

Hätte ich die Liste mit den Beleidigungen damals behalten, viel-leicht hätte mich die Schulleitung ernst genommen. Hat sie aber nie. Lehrende denken, sie könnten Mobbing unterbinden, aber wäre das wahr, wäre es kein Problem, das sich in so gut wie je-dem Klassenzimmer Deutschlands wiederfindet. Nach meiner Erfahrung gibt es nur wenige Lehrende, die es schaffen, eine Gruppe von etwa dreißig Jugendlichen unter Kontrolle zu brin-gen. Wenn sich Erwachsene nicht einmal in einem Klassenzim-mer behaupten können, wie sollen sie dann einzelne Schüler*in-nen vor Mobbing schützen? An meiner Schule wurden Tage der Toleranz organisiert, Konfliktlotsen in Klassen gesendet und The-rapeut*innen eingestellt, aber das hat die Täter*innen nicht auf-gehalten. Schließlich wurden sie nur selten erwischt und erfuhren noch seltener Konsequenzen für ihre Gewalttaten. Mobbing ist ein Machtspiel, und es fühlt sich gut an, Macht zu genießen und in der Sicherheit zu baden, kein Opfer zu sein. Ich weiß das, weil ich selbst einst Täter war; ein Mitläufer, der es genoss, mal nicht am kürzeren Hebel zu sitzen. Heute muss ich mit dem Wissen

klarkommen, dass ich einer anderen Person grundlos Leid zuge-
fügt habe.

Ich hätte gern Ratschläge parat für Menschen, die aufgrund ihrer Queerness gemobbt werden. Leider gibt es keine Sofortlösung.
Mobbing ist eine besonders heimtückische Form von Gewalt, weil
sie so gefährlich und so schwer nachweisbar ist, vor allem in der
Schule. Man fühlt sich isoliert, und selbst wenn man sich Lehr-
kräften anvertraut, verliert man schnell das Vertrauen in die Auto-
rität, weil sich die Dinge nur selten verbessern, wenn Erwachsene
eingreifen.

Trotzdem ist es wichtig, dass du dir Hilfe suchst und nicht allein bleibst. Rede mit einer Vertrauensperson über deine Erfahrungen. Dokumentiere die Angriffe, schreib auf, was passiert ist,
wer involviert war und was vorgefallen ist. Wenn Lehrpersonal
und Schulleitung versagen, kontaktiere das Schulamt – Schullei-
tungen haben es gar nicht gern, wenn jemand ihnen genauer auf
die Finger schaut und ihre Arbeit (beziehungsweise Untätigkeit)
kritisiert. Ein letzter Ausweg ist ein Schulwechsel. Der kann zwar
kompliziert sein, aber ein Neustart kann Wunder wirken.

**Was mir geholfen hat, so albern das jetzt klingt, waren Bücher.
Ich hatte zu dieser Zeit keine Freund*innen, die mir den Rü-
cken gestärkt hätten, aber Bücher haben mir versprochen, dass
es Hoffnung gibt und die Dinge irgendwann besser werden.
Genau deswegen findest du im ganzen Buch verteilt Listen mit
Tipps zu tollen queeren Büchern.**

Darum müssen queere Geschichte, queere Biologie und queere
Literatur in den Lehrplan. Lehrende müssen, lange bevor sie ein
Klassenzimmer betreten, für queere Themen sensibilisiert werden. Die Schulleitung muss einen festen Plan für queere Akzeptanz und gegen Queerfeindlichkeit haben.

Es reicht nicht, dass vereinzelte Lehrkräfte die Aufgabe stemmen, queere Akzeptanz zu verbreiten. Es muss ein System her, das queere Schüler*innen schützt. Denn wenn es stimmt, dass in einer durchschnittlichen Klasse in Deutschland vierundzwanzig Schüler*innen sitzen, und wenn es stimmt, dass sieben Komma vier Prozent der deutschen Bevölkerung queer sind, dann sind das fast zwei queere Köpfe pro Klasse. Haben die es nicht verdient, zu lernen, ohne gemobbt und diskriminiert zu werden?

BAUSTELLE #4: GESCHLECHTLICHE SELBSTBESTIMMUNG

Seit 1980 existiert in der Bundesrepublik Deutschland das **Transsexuellengesetz**, kurz **TSG**. Das Problem fängt schon beim Namen an, denn Transsexualität ist ein veralteter Begriff, der auf die Sexualität anstatt auf die Identität hinweist. Da haben wir schon den ersten Grund, warum das Gesetz abgeschafft gehört.

Das TSG ermöglicht trans und nonbinären Menschen unter bestimmten Konditionen die Änderung des rechtlichen bei der Geburt zugewiesenen Geschlechtseintrags. Dafür müssen trans und nonbinäre Personen ein gerichtliches Verfahren einleiten, mehrere aufwühlende Gutachten über sich ergehen lassen und das alles aus eigener Tasche bezahlen. Und das ist nur die abgeschwächte Version, die heute keine Zwangssterilisation, Zwangsscheidung und Zwangsgeschlechtsangleichung mehr enthält.

Die offizielle Änderung des Vornamens und Personenstandes ist ein Spießrutenlauf, der eine traumatische Erfahrung sein kann. Doch für manche trans und nonbinäre Menschen ist es das kleinere Übel. Die Alternative ist, dass sämtliche Papiere falsche Informationen enthalten und die Person konstant misgendert wird: bei der Wohnungssuche, Ausweiskontrollen, Kartenzahlungen und sonstigen Alltagssituationen. Das verkompliziert Dinge, die alles andere als kompliziert sein sollten, und zwingt trans und nonbinäre Menschen zu einem ungewollten Outing. Vom Stress mal ganz abgesehen ist das gefährlich, denn Transfeindlichkeit kostet Leben.

Ein Lichtblick ist das **Selbstbestimmungsgesetz.** Es soll trans und nonbinären Menschen ermöglichen, ihren Namen und Geschlechtseintrag selbstständig per Selbstauskunft beim Standesamt zu ändern, ohne nervige Gutachten und Gerichtsverfahren. Ist schon eine nette Sache, wenn der Staat nicht nur aufhört, trans und nonbinäre Personen durch menschenunwürdige Auflagen zu erniedrigen, sondern in Zukunft auch noch dazu beiträgt, dass sie ihr Leben gestalten können, wie es ihnen passt.

Nur haben sich damit nicht alle Probleme in Luft aufgelöst. Der Geschlechtseintrag im Personenstand diskriminiert weiter fröhlich alle, die sich nicht in die drei existierenden Kategorien stecken lassen. Viele nonbinäre Personen bleiben so lang unsichtbar, bis der Geschlechtseintrag eine akkurate Selbstdefinierung möglich macht – oder abgeschafft wird.

BAUSTELLE #5: TRANSFEINDLICHKEIT

Die Situation von trans Menschen heute gleicht der Situation von homosexuellen Menschen vor zwei bis drei Jahrzehnten. Es ist ein Satz, den ich immer wieder höre, und obwohl sich beide Gruppen in vielen Dingen unterscheiden, ist was dran an der Kernaussage. Vor etwa dreißig Jahren galten schwule Männer als Perverse, psychisch krank, eine Mafia mit niederen Motiven, ein soziales und gesundheitliches Risiko für die Gesellschaft, aber vor allem für Kinder, die sie einer Gehirnwäsche unterzögen, um sie ebenfalls homosexuell zu machen. Klingt wie ein schlechter Groschenroman, entspricht leider der Wahrheit.

Eine ähnliche Hetzkampagne wird gegen nonbinäre und trans Menschen geführt. Im Namen der Neutralität wird dabei debattiert, ob sie Rechte haben dürfen oder eben nicht. Komisch, oder? Wenn infrage gestellt wird, dass Menschen einen Anspruch auf Freiheit und Sicherheit haben?

Leider ist es ein Leichtes, Menschen zu überzeugen, dass non-binäre und trans Menschen ein Feindbild sind. Erstens fehlt es an Aufklärung: Die wenigsten kennen auch nur den Unterschied zwischen cis und trans, und somit bleiben Vorurteile und diskriminierende Sprache unangefochten.

Zweitens zieht das Argument, dass Kinder in Gefahr sind, ziemlich gut. Eltern schieben eine riesige Panik, dass ihre Sprösslinge zu irreversiblen OPs gezwungen werden, und das, obwohl non-binäre und trans Jugendliche erst ab sechzehn Jahren Hormonbehandlungen haben dürfen und OPs erst mit achtzehn Jahren möglich sind. Was nicht heißt, dass man direkt unters Messer gelegt wird. Für derartige Behandlungen sitzt man Monate bis Jahre auf Wartelisten, denn nur die wenigsten können sich private Versorgung leisten. Skurril ist dabei, dass ein ähnlicher Aufschrei in Medien und Politik ausbleibt, wenn Genitalmutilation an inter* Kindern vorgenommen wird.

Ein drittes Argument ist, dass trans Frauen eigentlich Männer seien, die nur so tun, als ob, um sich an Frauen vergehen zu können. Das unterstellt trans Menschen, dass sie bösartige Perverse sind anstatt Menschen, die ihr Leben in Frieden führen wollen. Zumal ein Mann nicht erst so tun muss, als sei er eine Frau, um Frauen wehzutun. Diese Form von Transfeindlichkeit nennt sich **Transmisogynie:** Hass, der gezielt gegen trans Frauen gerichtet ist.

Transfeindliche Menschen werden vor allem online als **TERFs** beschimpft; manche bezeichnen sich mittlerweile sogar stolz selbst als solche. »Trans-exclusionary radical feminists« sind Personen, deren Feminismus trans und inter* Menschen ausschließt und ihnen die Existenz abspricht. Was daran feministisch ist und wieso man auf Engstirnigkeit und Menschenhass stolz sein sollte, bleibt schleierhaft. Ein ähnlicher Begriff ist »gender-critical«, kurz GC, was den Anschein einer sachlichen und seriösen Einstellung erwecken soll, unterm Strich aber auch nur eine schlechte Verkleidung für Transfeindlichkeit ist. TERFs und GCs sind transfeindliche Menschen und müssen immer als solche bezeichnet werden, damit ihre inhumanen Motive niemals verschleiert werden können. Das Lemkin Institut für Genozid-Prävention, eine amerikanische Volksinitiative, kategorisiert die »Gender-kritische Bewegung« als faschistische Gruppe mit einer völkermörderischen Ideologie, welche die komplette Auslöschung aller trans Menschen anstrebt.

Transfeindlichkeit ist keine harmlose Einstellung, sie ist eine reale Bedrohung, die täglich Leben kostet.

Jedes Jahr am 20. November findet der **Trans Day of Remembrance,** der Tag der Erinnerung an die Opfer von Transfeindlichkeit, statt. An diesem Datum kommen weltweit Menschen zusammen und gedenken all derer, die durch transfeindliche Gewalt getötet wurden. Weil die trans Community recht klein, aber eben auch gut vernetzt ist, wird von Jahr zu Jahr eine Liste mit den Namen der Opfer geführt, die allesamt bei den Versammlungen vorgelesen werden. Es ist einer dieser Momente, in denen Trauer das Atmen erschwert. Doch Trost ist nah; er findet sich in all den Menschen, die Schulter an Schulter stehen, eine Kerze in der Hand, vereint in den Gedanken an die Geschwister, die wir verloren haben. Wir versammeln uns, um uns zu erinnern, um unsere Solidarität zu zeigen, stets mit der Hoffnung im Herzen, dass die Liste kürzer wird, bis keine Namen mehr daraufstehen.

Transfeindlichkeit ist gefährlich, aber wir sind alles andere als wehrlos. Zwar werden immer wieder Rückschritte gemacht wie in den USA, wo viele Staaten Geschlechtsangleichungen gesetzlich verbieten, aber zur gleichen Zeit werden in Malta die Krankenkassen in Zukunft geschlechtsangleichende Eingriffe übernehmen, während in Deutschland politische Reformen wie die Einführung des Selbstbestimmungsgesetzes anstehen, um trans Menschen mehr Gerechtigkeit und Sicherheit zu ermöglichen.

Transfeindlichkeit ist ein bekämpfbarer Feind. Wir können ihr ein Ende setzen.

BAUSTELLE #6: QUEERNESS UND GLAUBE

Passen Queerness und Glaube zusammen? Die Antwort ist, entgegen aller Erwartungen, super unkompliziert:

Ja, Queerness und Glaube können in Harmonie existieren.

Sie schließen sich nicht gegenseitig aus. Warum sollten sie? Wenn Frieden und Nächstenliebe zu den Leitmotiven einer Religion zählen, gilt das auch für queere Menschen. Wer etwas anderes behauptet, ist nicht an Frieden und Nächstenliebe interessiert.

Es ist schon etwas ironisch, dass die einzigen positiven Erfahrungen, die ich als queere Person in meiner Schulzeit machte, ausgerechnet im Religionsunterricht stattfanden. Vielleicht hilft es, zu erwähnen, dass ich protestantisch erzogen wurde, aber trotzdem: Dort, wo ich am wenigsten Akzeptanz erwartete, wurde sie mir entgegengebracht.

An dieser Stelle ein Shoutout an meinen Religionslehrer in der Oberstufe, der einer Gruppe lethargischer Schüler*innen erklärte, dass Natur und Mensch als fluide Geschöpfe in die Welt gesetzt wurden, deren Vielfalt nicht nur akzeptiert, sondern gewünscht ist.

Allerdings erinnere ich mich auch daran, wie der Lehrer zugab, dass er gleichgeschlechtliche Paare nicht öffentlich trauen konnte,

weil er sonst um seinen Job als Pfarrer fürchten müsste. Ich erinnere mich auch an die katholische Lehrerin an meiner Schule,
die ihren Job aufgab, um mit ihrer Partnerin leben zu können.
Ich werde auch nie vergessen, wie eine Freundin mich einmal zu
einem Gottesdienst einlud, und weil die Kirche besonders mo-
dern und voller junger Menschen war, ging ich neugierig mit. Ich
war beeindruckt von den Hipster-Pastor*innen und dem Popkon-
zert, das auf der Bühne inszeniert wurde. Die Illusion zerfiel sehr
schnell, als ich mit leisem Misstrauen die Kirche googelte und he-
rausfand, dass sie homosexuelle Menschen zwar duldete, das Ausleben der Homosexualität aber ebenso als eine Sünde betrachtete
wie beispielsweise Masturbation. Persönlich fand ich, dass weder
das eine noch das andere das Fegefeuer verdiente. Spätestens als
ich erfuhr, dass eine der Pastorinnen zwar »nichts gegen Schwule«
habe, ihren Kindern aber sicher nichts von Homosexualität erzählen würde, war die Sache besiegelt. Die Hipster-Kirche musste auf
meine Wenigkeit verzichten.

Queere Akzeptanz ist keine Selbstverständlichkeit in den Welt-
religionen, allerdings gibt es in jeder Glaubensrichtung queerfeindliche und inklusive Fraktionen.

Im Gegensatz zu der Hipster-Kirche empfängt der **Liberal-Isla-
mische Bund e. V.** queere Muslim*innen mit offenen Armen. Dort
werden seit 2010 queere Eheschließungen durchgeführt, queere
Menschen bekleiden wichtige Ämter und sind als Imam*innen
tätig, und es werden queer-muslimische (Online-)Treffen und
Beratung angeboten. Weltweit gibt es Organisationen, Gemeinschaften und Orte, an denen queere Muslim*innen zusammenkommen, wie das **Queer Muslim Project** in Indien, die queere
Menschenrechtsorganisation **Bedayaa** in Ägypten und Sudan, die
Unity Mosque in Toronto und das **CALEM Institute** in Marseille,
wo ein schwuler Imam queere Paare traut. Queere Muslim*innen

praktizieren ihren Glauben überall, und trotzdem wird vor allem dem Islam vorgeworfen, er sei intolerant und queerfeindlich – als wäre das Christentum so viel besser.

Das Christentum, vor allem der Katholizismus, verbietet und bestraft Queerness und hat diese Haltung über Jahrhunderte hinweg über den Planeten verteilt. Europäische Kolonialmächte, von Deutschland bis zum Vereinigten Königreich, brachten große Teile der Welt gewaltsam unter ihre Fittiche, löschten indigene Kulturen komplett aus und zwangen Millionen Menschen, zum christlichen Glauben zu konvertieren – und Queerfeindlichkeit zu adoptieren, wo sie vorher so nicht existierte. Im selben Zug wurden dort bereits existierende vielfältige Konzepte von Geschlecht und Sexualität ausgelöscht und mit christlichen und heteronormativen Ideen ersetzt.

Heute geraten der Vatikan und seine Anhänger*innen immer heftiger unter Beschuss – zu Recht. Viele der Traditionen, an denen Katholik*innen verzweifelt festhalten, sind mittelalterlich. Kritik hagelt es auch aus eigenen Reihen, und zuletzt haben sich über hundert Mitglieder und Mitarbeitende in einer Protestaktion als schwul, lesbisch, bi-/pan-/asexuell, inter*, trans*, nonbinär und/oder agender geoutet. Die Aktion #OutInChurch fordert, dass queere Mitarbeitende offen leben können, ohne ihren Job zu verlieren. Sie ist der Beweis, dass queere Christ*innen existieren und Glaube und Queerness in sich vereinen.

Das Judentum versammelt viele unterschiedliche Glaubensausrichtungen unter sich, wovon manche sehr konservativ und queerfeindlich sind, während andere versuchen, Tradition und Moderne miteinander zu vereinen. Unter dem Namen Keshet finden sich sowohl in Deutschland als auch in anderen Ländern wie den USA, England und Italien Organisationen, die queere Jüdinnen und Juden miteinander verbinden und queeres jüdisches

Leben zelebrieren. Sie bauen Schutzräume für queere Menschen, leisten Aufklärungsarbeit und sind ein weiterer Beweis, dass Religion inklusiv und vorurteilsfrei sein kann.

> **Vereine, Organisationen und Einrichtungen, die sich für queere Akzeptanz und Diversität in religiösen Institutionen einsetzen:**
>
> **KESHET Deutschland**
> mehr Informationen unter: keshetdeutschland.de
>
> **#OutInChurch**
> mehr Informationen unter: outinchurch.de
>
> **LIB-EV – Liberal-islamischer Bund**
> mehr Informationen unter: lib-ev.de

Die queerpolitische Baustelle kann schnell zur Stolperfalle werden, bei der man kopflos von einer Baugrube in die nächste fällt. Es gibt einfach viel zu viele Projekte aus dem Boden zu stampfen und zu stemmen; und ihre Tragweite übersteigt bei weitem, was ein einzelner Mensch erreichen kann. Ein Mensch mit einem Spaten reicht aus für die Grundsteinlegung, aber es braucht eine Community, um das Gerüst zu errichten und ein Dach draufzusetzen. Eine Anleitung dafür findest du auf den nächsten Seiten.

VERANTWORTUNG UND AKTIVISMUS

Wer Ungerechtigkeit sieht – und selbst erfährt –, kennt die nagende Frustration, wenn sich nichts zum Besseren verändert. Hoffnungslosigkeit verbreitet sich rasend schnell, und man fühlt sich ohnmächtig.

Wo soll ich anfangen? Wie gehe ich vor?
Kann ich überhaupt etwas bewirken?

In diesem Kapitel geht es um die kleinen und großen **Veränderungen,** die wir für uns selbst, aber auch für unser Umfeld erzielen können – und darum, wie viel **Verantwortung** so ein paar menschliche Schultern stemmen können.

WIE KANN ICH AKTIV WERDEN?

Wir sind uns wohl einig darüber, dass Queerfeindlichkeit ein echt großes Problem ist, das am Ende nur mit sehr großem Einsatz bekämpft werden kann. Wenn der Kampfgeist in dir geweckt ist, sich die Wut in deinem Bauch aufstaut und du nicht untätig sein möchtest, gibt es viele Möglichkeiten, wie du anpacken kannst.

Ich will kleine Taten nicht kleinreden, denn es ist wahr, dass sie eine große Wirkung haben können. Das fängt mit dir an: **Selbstakzeptanz und Selbstfürsorge sind als queere Person eine Form von Widerstand.** Das Gleiche gilt für den **alltäglichen Protest gegen Ungerechtigkeit**: Wer den Mund aufmacht, wenn Freund*innen sich acefeindlich äußern, wenn Bekannte Witze über Lesben reißen oder Familienmitglieder queerfeindliche Sprache benutzen, der*die setzt ein Zeichen gegen Queerfeindlichkeit. Und das sind bei weitem nicht die einzigen Gesten, die viel bewirken können: Spende hin und wieder für queere Zwecke, wenn du das nötige Kleingeld übrig hast. Unterstütze queere Künstler*innen, Autor*innen und eigenständige Geschäfte. Sei ganz unverschämt du selbst und zeig der Welt, dass queere Menschen nicht kleinzukriegen sind.

Aktivismus geht aber noch einen Schritt weiter. Er wandelt kleine in große Taten um. Er mag im Alltag zarte Wurzeln schlagen, aber er blüht auf, wenn er Menschen verbindet und zum gemeinsamen Handeln treibt. Er ist selten bequem und einfach. Er verlangt Mut und Einsatz, und er kommt in allen möglichen Formen.

Wenn du ganz klassisch vorgehen willst, werde Mitglied in einer Partei, die sich für queere Menschen einsetzt.

Queerpolitik braucht es überall dort, wo es Menschen gibt – auch im Dorf. Wir brauchen dringend queere Menschen in Machtpositionen. Ich plädiere für queere Weltherrschaft! Ab mit dir ins Bürgermeister*innenamt, in den Bundesgerichtshof, ins Europaparlament!

Abseits von Regierungen und Parteien gibt es viele **Gruppen**, denen du beitreten kannst. Suche dir eine Organisation, deren Werte du teilst. Eine gute Anlaufstelle ist der Verein in deiner Stadt, der die Pride-Parade organisiert. Wenn es ein queeres Jugendzentrum gibt, wirst du auch dort fündig. An deiner Uni wird es mit Sicherheit einen queeren Treff geben, der politisch aktiv ist. Auch auf der Arbeit ist Solidarität wichtig, ob du nun in einer Gewerkschaft für queere Rechte eintrittst oder aber einen gemütlichen Stammtisch gründest, bei dem du und deine Kolleg*innen euch austauschen und organisieren könnt.

Gerade gemeinnützige Organisationen suchen immer Freiwillige, die ihnen unter die Arme greifen und bei der Obdachlosenhilfe oder dem Nottelefonservice aushelfen.

Aktivistische Arbeit ist dort besonders wichtig, wo sie sofortigen Wandel und einen direkten positiven Einfluss auf Menschenleben bewirkt.

WIE KANN ICH AKTIV WERDEN?

Werde Mitglied eines queeren Vereins!

Auf der tra-la-card von queer-lexikon.net gibt es eine Auswahl an Jugendgruppen im deutschsprachigen Raum, und auch für junge Erwachsene gibt es viele Anlaufstellen wie:

- LSVD e. V.
- Lambda Bundesverband
- CSD Deutschland e. V.
- Bundesverband trans* e. V.
- Queeramnesty
- Intersexuelle Menschen e. V.

Gibt es in deiner Nähe nichts? Gründe selbst!

- Stammtisch mit queeren Kolleg*innen
- Queerer Buchclub
- Queeres Sommercamp
- Queerer Sportverein
- Queerer Treff für behinderte, migrantische, inter* Menschen, Menschen mit Kinks oder gemeinsamen Hobbys
- Co-Working-Treff

Helfe aus in ehrenamtlichen Institutionen:

- Obdachlosenhilfe
- Nottelefonservice
- Peer-Beratung
- Gewaltprävention
- Altenhilfe

- Aufklärungs- und Bildungsarbeit am Arbeitsplatz oder in Schulen
- Aidshilfe e. V.

Engagiere dich an deiner Schule/Uni
- Queere Workshops und Freizeittreffen
- Queere AGs und Schüler*innenvertretung
- Queeres Studierendencafé
- Queere Referate und Gruppen, die im Studierendenparlament und -ausschuss (AStA) die Interessen der Studierenden vertreten

Werde Mitglied einer Partei, die sich für queere Politik einsetzt!

Gehe auf Demonstrationen, nutze deine Stimme!

Das Tolle an Demos – die du meistens auf Social Media angekündigt findest – ist, dass du einfach auftauchen kannst. Bastel dir ein Plakat, stell dich dazu, ruf laut Parolen im Chor. Demos, Protestaktionen und auch Mahnwachen für Menschen, die durch queerfeindliche Gewalt ihr Leben verloren haben, sind wichtige Momente, in denen die Community zusammenkommt und einstimmig Gerechtigkeit verlangt.

Denk daran, dass aktivistische Arbeit, wie es der Name sagt, kein nettes Hobby, sondern Arbeit ist. Das kann extrem auslaugend sein. Manchmal versuchst du so sehr, für andere Menschen da zu sein, dass du deine eigene Gesundheit vernachlässigst. Ich habe selbst feststellen müssen, wie zeitaufwendig, frustrierend und emotional Aktivismus ist. Also verteile Verantwortung und mach Verschnaufpausen, bevor du mit neuer Kraft für Gerechtigkeit fichtst.

Online-Aktivismus ist so ein Ding. Einerseits kann er sehr effektiv sein, wenn es darum geht, Aufmerksamkeit auf soziale Missstände zu richten und weltweit Menschen zu informieren.

Nur muss sich das Verhalten online auf Unterstützung auf den Straßen übersetzen.

Am 2. Juni 2020 posteten Menschen weltweit schwarze Quadrate auf Instagram. Der *Blackout Tuesday* ging aus einer aktivistischen Kampagne zweier schwarzer Frauen, Brianna Agyemang und Jamila Thomas, hervor. Das Ziel: globale Aufmerksamkeit auf rassistisch motivierte Morde lenken und Rassismus bekämpfen. Es war eine Reaktion auf die Tötungen von George Floyd, Breonna Taylor und Ahmaud Arbery durch Polizeigewalt. Das Internet wurde mit Millionen von Black Squares geflutet, wodurch auch viel Kritik und Debatten über performativen Aktivismus entstanden.

> **Performativer Aktivismus:** Aktivismus, der an erster Stelle dazu dient, das eigene Image aufzupolieren, ohne sozialen Wandel zu bewirken.

Man kann unzählige Infografiken und TikToks machen, aber wenn dabei nur die Followerzahl wächst, während queere Rechte auf der Strecke bleiben, hat der Online-Aktivismus das Ziel verfehlt. Es ergibt Sinn, das Internet als Sprachrohr zu nutzen, aber es ist keine Wunderlösung. Algorithmen und die Zensur queerer Menschen begrenzen online die Wirksamkeit. Und es ist sehr einfach, nach einem geteilten Post und einer unterschriebenen Petition zu denken, die Arbeit wäre getan.

Wenn es reichen würde, höflich um Gleichberechtigung zu bitten, hätte es nicht hundertzweiundzwanzig Jahre gedauert, um den Paragrafen 175 abzuschaffen. Wenn es reichen würde, höflich um Gleichberechtigung zu bitten, wären queere Menschen schon längst in der Verfassung vor Diskriminierung geschützt. Sind sie aber nicht.

Was sind deine Challenges und was die schönsten Momente?

LENI BOLT: Meine größte Challenge ist die Akzeptanz in der Gesellschaft. Es gibt leider nach wie vor so viele Menschen da draußen, die sagen: »Nichtbinäre Personen gibt es nicht.« Ich habe es mir zur Mission gemacht, genau diesen Menschen zu begegnen und ihnen zu zeigen, dass es uns sehr wohl gibt und schon immer gegeben hat. Wir wurden in den letzten Jahrzehnten unsichtbar gemacht, und jetzt ist es an der Zeit, Gesicht zu zeigen. Meine schönsten Momente sind immer wieder die Pride-Veranstaltungen. Ich fühle mich so verbunden mit allen Queers und bekomme sogar jetzt Gänsehaut, wenn ich nur daran denke.

GIALU: Die Challenges sind die Diskriminierung, der Hass und das Unverständnis. Dass ich dafür, wie ich bin, gehasst und beleidigt werde, obwohl ich niemandem auf irgendeine Art und Weise schade. Zu merken, dass nicht akzeptiert wird, dass ich mich in meinem Körper wohl fühle; wobei ich doch aber, wenn ich glücklich bin, auch andere Menschen glücklich machen kann, und darum geht es doch letztendlich.
Dementsprechend sind die schönsten Momente für mich, zu merken, dass ich an meinen Inspirationen wachse, mich selbst besser kennenlerne und dass ich immer mehr eins mit meinem Inneren werde. Diese Verbindung zu mir selbst und auch zu anderen Menschen, mit denen ich mich dazu austauschen kann, ist das Schönste.

Sei wütend. Geh auf die Straße. Engagiere dich. Organisiere dich. Hoff nicht darauf, dass andere die Welt für dich verbessern. Wenn du selbst eine Stimme hast, nutze sie.

Wer sich mehr über queerpolitische Themen informieren will, kann in diesen Büchern mehr erfahren:

Bi von Julia Shaw, übersetzt von Sabine Reinhardus

Der weiße Fleck von Momhamed Amjahid

Die Transgender Frage von Shon Faye, übersetzt von Jerôme C. Robinet und Claudia Voit

Die Zukunft ist nicht-binär von Lydia Meyer

Muslimaniac von Ozan Zakariya Keskinkiliç

Queergestreift von Kathrin Köller & Irmela Schautz

Wenn wir die großen politischen und gesellschaftlichen Systeme dieser Welt hinterfragen, kommen wir nicht drum herum, auch einen Blick auf uns selbst zu werfen – immerhin sind wir ein Teil dieser Politik und dieser Gesellschaft.

Wenn wir sie verändern wollen, müssen wir selbst die Veränderung sein.

Jetzt geht es darum, den Blick nach innen zu richten, auf die eigenen Vorurteile und Wissenslücken, die jeder Mensch mit sich trägt. Du und ich müssen Verantwortung übernehmen für unsere Taten und unsere Gedanken. Nur wenn wir die schädlichen und menschenfeindlichen Strukturen in uns selbst und um uns herum erkennen, können wir sie bekämpfen. Wir sind trotz der Diskriminierung, die wir erfahren, in vielerlei Hinsicht in einer privilegierten Position und müssen diese Macht nutzen, um das Ungleichgewicht dieser Welt wieder geradezurücken.

IST DIE QUEERE COMMUNITY EIN SCHUTZRAUM FÜR ALLE QUEEREN MENSCHEN?

Ist die queere Community rassistisch? Ist die queere Community ableistisch? Ist die queere Community etwa … queerfeindlich?

Dir schwant schon Böses, denn die Antwort auf all diese Fragen ist kein Grund zur Freude. Ja, die queere Community ist all diese Dinge. Auch hier herrschen dieselben mächtigen Strukturen, welche uns als gesamte Menschheit maßgeblich prägen. Queere Menschen wachsen schließlich nicht in einem Paradies auf, in dem niemand ausgegrenzt wird. Schön wär's! Wir werden von klein auf mit den gleichen Geschichten gefüttert, wie alle anderen Menschen auch: Männer sind hart im Nehmen, Frauen sind sensibel, arme Menschen sind faul – die Schauergeschichten nehmen kein Ende. Sie machen auch vor der queeren Community nicht Halt.

Das führt dazu, dass immer irgendwer versucht, Türsteher*in vom queeren Club zu spielen. Dabei werden willkürlich Menschen eingeladen und abgewiesen. Es lässt sich immer ein Grund finden, warum jemand nicht »queer genug« oder »auf die falsche Weise queer« ist.

Die Wahrheit ist, niemand kann dir vorschreiben, wie deine Queerness funktioniert. An deiner Queerness gibt es nichts zu rütteln.

Aber du musst die volle Verantwortung für deine eigenen Vorurteile übernehmen – und sie loswerden. Denn an Vorurteilen gibt es so einige, die sich queere Menschen anhören müssen – von endoallocishet Personen und von anderen Queers.

Bi+-sexuelle Menschen werden ständig invalidiert. Ihnen wird vorgeworfen, verwirrt oder untreu zu sein, sich nicht entscheiden zu können, weil sie sich zu Personen mit verschiedenen Genderidentitäten hingezogen fühlen. Aus demselben Grund werden sie beschuldigt, gierig zu sein und nicht genug zu bekommen. Besonders weh tut es, wenn ihnen die Queerness abgesprochen wird, weil sie in einer scheinbar heterosexuellen Beziehung leben. Das ist ein Trugschluss, der bi+ Menschen unsichtbar macht.

Wenn du als pansexueller Mann in einer Beziehung mit einer heterosexuellen Frau bist, bist du weiterhin queer. Du bist queer, egal mit wem du zusammen bist.

Transweibliche Menschen erfahren Hass von einer kleinen Gruppe von transmisogynen lesbischen cis Frauen, die dafür sorgen, dass alle Lesben ungerechterweise einen schlechten Ruf haben. Aber wer am lautesten schreit, ist nicht automatisch das Sprachrohr der Allgemeinheit. Diese lesbische Minderheit (deren Angehörige sich selbst ebenfalls als TERFs bezeichnen) entfacht Terror und hetzt aggressiv gegen trans Frauen, wobei sie mit gefährlichen Unwahrheiten und hasserfüllten Stereotypen über trans Menschen um sich wirft. Dieser Hass ist nichts als ein Tritt nach unten, es ist das verzweifelte Etablieren von Machtverhältnissen durch die Unterdrückung einer schwächeren Community.

Wenn du eine trans Frau bist, bist du eine Frau, völlig unabhängig von deinem Körper und deiner sexuellen oder romantischen Orientierung. Trans Frauen sind Frauen.

Ace und aro Menschen wird Verwirrung vorgeworfen, manchmal sogar eine psychische Störung. In einer Gesellschaft, die von Sex und romantischer Liebe besessen ist, gilt das Ausbleiben von sexueller und romantischer Attraktion als »unnatürlich«. Dass dies ein vorurteilsschwerer Trugschluss ist, haben wir bereits geklärt. Außerdem wird ständig debattiert, ob a-Spektrum-Personen überhaupt zur queeren Community gehören. Die Frage ist mies. Keine queere Gruppe gleicht der anderen aufs Haar, daher unterscheiden sich unsere Lebenswege. Doch das gibt niemandem das Recht, Menschen, die sich auf dem Spektrum von Asexualität und Aromantik wiederfinden, auszuschließen. Denn Unsichtbarmachung, fehlende Aufklärung, Pathologisierung und Scham sind nur eine Auswahl vieler Erfahrungen, die wir miteinander teilen.

Du findest dich auf dem asexuellen oder aromantischen Spektrum wieder? Dann bist du Teil der LGBTQIA+-Community – das A steht da immerhin nicht ohne Grund.

Menschen mit Behinderungen werden auch in queeren Gemeinschaften ausgegrenzt, denn Queerness allein hebt vorherrschende Diskriminierungsformen nicht auf – deswegen ist auch die queere Community kein Ort, an dem Ableismus sich einfach in Luft auflöst.

> **Ableismus** (manchmal auch Behindertenfeindlichkeit genannt) ist die Diskriminierung von Menschen aufgrund körperlicher und psychischer Behinderungen und Einschränkungen sowie Leistungen.

»Behindert« scheint ein ebenso beliebtes Schimpfwort zu sein wie »schwul«, aber wer ganz genau aufpasst, wird erkennen, dass sich unzählige ableistische Redeweisen in unserem Alltagsgebrauch wiederfinden. Wörter wie »verrückt« und »idiotisch« scheinen harmlos, wurden früher aber genutzt, um Menschen mit Behinderungen, Angststörungen, Depressionen und Krankheiten zu entwürdigen. Im Podcast *Echt behindert!* erklärt Autorin und Journalistin Andrea Schöne, dass »Idiotie« eine Diagnose war, die als Rechtfertigung für die Verfolgung und Ermordung behinderter und kranker Menschen während des Nationalsozialismus benutzt und noch bis in die 1970er Jahre in der Medizin verwendet wurde. Heute benutzen wir das Wort immer noch, um negativen Gefühlen Luft zu machen und andere Menschen zu beleidigen. Dabei ist die deutsche Sprache ein Goldbrunnen für kreative Schimpfwörter. Warum also auf ableistischen Begriffen beharren?

Ein anderes Problem, das behinderte Menschen aus queeren Communitys ausschließt, sind **Barrieren**, die weniger behinderten Menschen nicht einmal auffallen. Für Rollstuhlnutzer*innen führen Treppen, enge Gänge und sonstige Hindernisse dazu, dass sie gar nicht erst teilnehmen können. Dazu kommen fehlende barrierefreie Toiletten, extreme Lautstärken und Lichteffekte, fehlende Aufzüge und am Ende einfach intolerante und unaufgeklärte Menschen.

Es ist wichtig, einen Weg zu finden, unsere Community in einen zugänglichen Ort zu verwandeln. Oft sind die sozialen Gruppen und buchstäblichen Räume, in denen wir uns aufhalten, nicht barrierefrei und geplagt von ableistischer Sprache.

Damit nicht genug, unterm Strich sind Queers genauso oberflächlich wie der Rest der Menschheit, und Menschen mit Behinderung werden oft als unattraktiv abgestempelt. Das geht sogar so weit, dass ihr Begehren nicht ernst genommen und ihnen die sexuelle Freiheit abgesprochen wird. Das andere Extrem macht behinderte Menschen zu einem Fetisch, reduziert sie auf ihre Behinderung, um sexuelle Fantasien zu befriedigen.

Schwarze, indigene und Menschen of Color erleben dieses Extrem ebenfalls. Es existieren zahlreiche rassistische Klischees, sei es über die Maskulinität schwarzer Männer, die Leidenschaft lateinamerikanischer Personen und die Unterwürfigkeit ost- und südostasiatischer Personen. Braune und schwarze Hauttöne werden exotisiert, also als fremd und andersartig dargestellt, obwohl sie ebenso gewöhnlich sind wie weiße Haut. Viele weiße Menschen behaupten, dass sie einfach eine Vorliebe für Partner*innen mit heller Haut haben und sich nicht zu Menschen of Color hingezogen fühlen. Dass sie damit extrem rassistische Ansichten äußern, bemerken sie gar nicht.

Vorlieben lassen sich nicht immer erklären, aber Begehren ist etwas, das uns anerzogen wird. Wer sein Leben lang nur dünne Menschen als Schönheitsideale in Werbung und Film sieht, lernt, dass nur dünne Menschen begehrenswert sind. Wer sein Leben lang nur weiße Menschen in Werbung und Film sieht, lernt, dass nur weiße Menschen begehrenswert sind. **Deine sexuellen und romantischen Vorlieben sind niemals frei von Vorurteilen, die in der Gesellschaft herrschen.**

Gerade queere cis Männer müssen zum Beispiel Verantwortung dafür übernehmen, dass sie oft genug schädliche Vorstellungen mit sich durch die Welt schleppen. Das Motto kennen wir bereits: Wenn schon schwul, dann zumindest richtig männlich, oder? Und männlich sein heißt, alles Unmännliche zu verachten, inklusive Frauen, Lesben und trans Menschen. Das stinkt ordentlich nach Patriarchat, und das Patriarchat stinkt nach Schwulenfeindlichkeit.

Wozu der Zirkus? Einerseits ruht man sich auf seinen Privilegien aus, schließlich ist ein schwuler Mann weiterhin ein Mann, und das ist auf diesem männerdominierten Planeten der Hauptgewinn, inklusive grenzenloser Rechte und Freiheiten. Eine weitere Zutat in diesem toxischen Cocktail ist Angst, gepaart mit einer Prise Selbsthass. Gerade weil Homosexualität als Schwäche betrachtet wird, versuchen queere Männer, sich umso mehr an Heteros anzupassen.

Das führt dazu, dass schwule weiße cis Männer von der queeren Community häufig mit Misstrauen betrachtet werden. Schließlich gibt es eine lange Geschichte von solchen Männern, die QBIPOC und FLINTA* von Protesten und aus Schutzräumen ausgeschlossen haben. Diese Ausgrenzung findet auch heute noch statt.

Sonderlich schlau ist dieses Verhalten nicht. Man schadet nicht nur der eigenen Community, sondern auch sich selbst. Am Ende kann ein Mann nichts daran ändern, dass er Männer liebt, und wird der Verachtung niemals entkommen.

Aber wahre Solidarität entsteht nicht aus Eigennutz, sondern aus der Überzeugung, dass alle Menschen gerecht behandelt werden sollen, egal ob man die gleichen Erfahrungen teilt oder nicht.

Schwarze, indigene und Menschen of Color, Sinti*zze und Rom*nja, Juden und Jüdinnen und Migrant*innen machen also allerhand rassistische und fremdenfeindliche Erfahrungen bei Sex und Dating und allgemein in der queeren Community. Sie müssen in queeren Clubs und Bars mit Alltagsrassismus und direkten Anfeindungen rechnen oder werden gar nicht erst eingelassen. Das ist umso kränkender, weil queere nicht weiße Menschen schon immer die lautesten Stimmen im Kampf für queere Freiheit waren.

Schwarze und lateinamerikanische Sexarbeiter*innen, trans Frauen und Drag Artists sind queere Aktivist*innen der ersten Stunde.

Sie sind die Schöpfer*innen der queeren Kultur, wie wir sie heute kennen – von Mode zu Musik und Mundart. Doch den gebührenden Respekt erfahren sie nicht.

Ich kann mir nettere Zeitvertreibe vorstellen, als mit den eigenen Vorurteilen und Fehlern konfrontiert zu werden, aber es gcht hicr nicht um Nettigkeit, sondern um Gerechtigkeit. Wenn wir diskriminierungsarme Schutzräume wollen, in denen sich niemand ausgeschlossen und benachteiligt fühlt, müssen wir an uns selbst arbeiten.

Diese Arbeit zahlt sich doppelt aus, denn sie sorgt für Gerechtigkeit in der eigenen Community und darüber hinaus.

STIMMEN AUS DER COMMUNITY

Wie stehst du zu der Aussage, dass die queere Community ein »Safe Space« für alle queeren Menschen ist, und wie erlebst du die Community in dieser Hinsicht?

ANNA: Ich glaube, der »Safe Space für alle« ist das Zielbild, das wir verfolgen sollten. Allerdings gibt es hier noch einiges zu tun. Gerade bisexuelle Menschen haben oft damit zu kämpfen, dass sie als »nicht queer genug« gesehen werden, um Teil der Community zu sein. Das stimmt natürlich nicht, aber so etwas kann belastend sein. Hier sind gegenseitiges Zuhören, Aufklärung und Lernbereitschaft gefragt. Ich finde: Ganz unabhängig von unserer eigenen Sexualität und/oder Geschlechtsidentität müssen wir auch innerhalb der Community Allies, also Verbündete, füreinander sein. Trotzdem ist die Community ein toller Ort. Die Beziehungen, die ich mit meinen queeren Freund*innen pflege, sind tief und schön. Ich fühle mich direkt auf einem anderen Level verstanden und kann meine Erfahrungen und Gefühle offen teilen und weiß, ich werde gehört. Dafür bin ich unglaublich dankbar.

CHANTAL-FLEUR: Es gibt nicht eine queere Community, dafür sind unsere Lebensrealitäten und Erfahrungen zu verschieden, dafür reproduzieren wir alle noch immer zu viel der gesellschaftlichen Hierarchien und Ungleichverhältnisse. Queere Communitys können dennoch ein Safer Space sein, ein Rückzugsraum zum Durchatmen und Krafttanken, zum Feiern und Freudeteilen, zum Empowern und gegenseitigen Bestärken – davon bin ich ganz fest überzeugt.

DOMINIK: Ich rede häufig von der queeren Community, weil unser Auftreten nach außen dadurch stärker ist. Eigentlich gibt es jedoch diese eine queere Community nicht, und erst recht

nicht als Safe Space. Dafür sind wir trotzdem alle zu unterschiedlich. Denn auch wenn queere Menschen von Queerfeindlichkeit
betroffen sind und dadurch diskriminiert werden, bedeutet das
nicht, dass queere Menschen nicht auch andere Gruppen diskriminieren können. Auch in den queeren Communitys existiert
Rassismus, der sich zum Beispiel dadurch zeigen kann, dass
nicht weißen Menschen teilweise besondere sexuelle Eigenschaften zugeschrieben und sie nur darauf reduziert werden.
Also zum Beispiel, dass alle schwarzen Männer extrem große
Penisse haben und besonders dominant im Bett sind, ist nicht
nur Quatsch, sondern eben auch rassistisch. Es gibt einige Berei-
che, in denen die queeren Communitys noch sehr stark an sich
selbst arbeiten müssen.

EVELYNE: Für mich als aromantische und asexuelle Person ist
das manchmal ein schwieriges Thema. Denn einerseits sehe ich
mich durchaus als Teil der queeren Community und habe dort
auch schon viele Bekanntschaften schließen dürfen – andererseits erlebe ich es leider immer noch viel zu oft, dass asexuelle
oder aromantische Menschen ausgeschlossen werden, weil wir
ja »quasi straight« seien. Das ist natürlich kompletter Unsinn –
aber es beweist, dass auch queere Menschen anderen gegenüber diskriminierend sein können.
Ich glaube, es wird manchmal vergessen, dass die queere Community keine homogene Masse ist. Wir sind ein bunter Haufen
aus unterschiedlichen Meinungen und Lebenserfahrungen. Und:
Nur weil man queer ist, macht einen das nicht zur Expertenper-
son für alle queeren Themen. Die Lebensrealitäten eines schwulen Manns und einer trans Frau haben nicht viel gemeinsam –
beide erleben unterschiedliche Herausforderungen im Alltag.

STIMMEN AUS DER COMMUNITY

Das zu verstehen und einander zuzuhören ist für mich die wichtigste Grundlage, um einen »Safe Space« innerhalb der queeren Community zu schaffen, in dem tatsächlich *alle* willkommen sind.

MARIUS: Ich denke, dass wir innerhalb der queeren Community durchaus einige Probleme haben. Hier stoßen nun mal viele verschiedene Menschen aufeinander, und nicht bei allen besteht Offenheit gegenüber anderen Identitäten oder Lebensweisen trotz eigener Erfahrungen, was es bedeutet, ausgegrenzt und diskriminiert zu werden. Je nach »Art der Queerness« sind Privilegien anders verteilt, und wenn dann noch Mehrfachmarginalisierungen hinzukommen, werden die Unterschiede umso größer. Alles in allem verbinde ich persönlich aber eine sehr warme, herzliche Willkommensatmosphäre mit der queeren Community, die über Grenzen hinweg von gegenseitiger Unterstützung und Zusammenhalt geprägt ist. Ich bin froh und dankbar darüber, ein Teil davon zu sein, und habe dort einen Platz gefunden, wie er mir lange Zeit gefehlt hat.

SOPHIE: Wenn ich ehrlich bin, dann hadere ich als pansexuelle polyamore Frau mit der Community. Oft erscheint es mir, als wäre dort nur Platz für Lesben oder Schwule, also »richtig« queere Menschen.

Und wie auch in der echten Welt sind es hier die Männer, die am lautesten sind und den meisten Raum bekommen.

Seit meinem Outing wurde ich innerhalb der Community oft angefeindet und musste mich immer wieder beweisen oder erklären. Gründe dafür gab es viele: Ich sei ja nicht richtig lesbisch. Ich wäre verwirrt, wenn ich dann doch einen Mann an meiner Seite hatte. Untreu, verlogen und unstet, weil Monogamie nicht meiner Art zu leben entspricht.

Erst vor wenigen Wochen hat ein Barkeeper in einer queeren Bar versucht, mir meine Sexualität abzusprechen, bevor er sich einem anderen Besucher gegenüber transfeindlich geäußert hat. Das ist für mich kein sicherer Ort.
Ich schaffe mir also meinen eigenen Safe Space – aus der Community heraus.

WAS BEDEUTET ES, EIN ALLY ZU SEIN?

Queerpolitik hat sowohl das Ziel, queeren Menschen die ihnen zustehenden Rechte zu sichern als auch, nicht queeren Menschen klarzumachen, dass diese Rechte unantastbar sind. Immerhin sind es Heteros und cis Menschen, die in der Gesellschaft den Ton angeben, weil sie die Mehrheit bilden. Umso wichtiger ist es, dass sie gar nicht erst auf die Idee kommen, die Rechte queerer Menschen anzufechten.

Endoallocishet Allies, um sie alle beim Namen zu nennen, respektieren queere Menschen nicht nur, sie fordern Gleichberechtigung. Sie erkennen das existierende Ungleichgewicht und setzen alles daran, es zu beenden. Nicht, weil dabei etwas für sie rausspringt, sondern weil Gerechtigkeit erstrebenswert ist.

Allies haben es nicht nötig, ihren Verbündetenstatus hinauszuposaunen. Sie lassen ihre Taten sprechen, ohne die Stimmen der Betroffenen zu übertönen.

Du bist ein Ally. Du fühlst eine aufrichtige Verbundenheit mit queeren Menschen. Sie sind deine Geschwister, deine Freund*innen, deine Mitschüler*innen und Kolleg*innen, deine Mitmenschen. Selbstverständlich willst du, dass es ihnen gut geht, dass sie gerecht behandelt werden.

Vielleicht erkennst du dich selbst in queeren Menschen wieder. Sie sind deine Vorbilder, deine Inspiration. Manchmal ist große Sympathie die Vorstufe einer Selbsterkenntnis. Die starke Loyalität ist ein Herantasten an eine queere Identität, die langsam in dir erwacht. Es wäre nicht das erste Mal, dass jemand in einem Jahr als Ally bei einer Pride-Parade mitläuft und im Jahr darauf die Bi-Flagge schwenkt. Ein Ally zu sein beschränkt sich nicht auf queere Gerechtigkeit. Du bist eine verbündete Person mit all denen, die menschenunwürdig behandelt werden.

Du bist solidarisch mit Menschen, die aufgrund ihres Glaubens, ihres Geschlechts, ihres Körpers, ihrer Herkunft, ihrer Sozialschicht oder ihrer Hautfarbe ungerecht behandelt werden.

Du bist dir bewusst, dass die Vorteile, die dir in die Wiege gelegt wurden, dir den Weg ebnen, wo andere Berge erklimmen müssen. Du und das Baby neben dir in dem Säuglingszimmer hattet wahrscheinlich nicht dasselbe Geschlecht, denselben Kontostand auf dem Bankkonto der Eltern oder denselben Bildungsweg. Auf all das hast du keinen Einfluss, aber eure Leben werden allein deswegen unterschiedlich verlaufen.

Vielleicht fühlst du dich deswegen schuldig. Ganz ungewollt werden andere Menschen benachteiligt, während dabei für dich Vorteile rausspringen. Aber du musst dich nicht schuldig fühlen, wenn du versuchst, der Benachteiligung ein Ende zu setzen.

Vielleicht schämst du dich, denn manchmal hast du dich rücksichtslos verhalten und es verkackt. Die Sache ist, kein Mensch hat die Kapazität, vierundzwanzig Stunden am Tag hilfsbereit und achtsam zu sein. Du hast das Recht, Fehler zu machen, und verdienst eine Chance, die Dinge wieder gerade zu rücken. Anstatt dich vom schlechten Gewissen entmutigen zu lassen, wandelst du es in Taten um.

Du hörst zu, lernst dazu, nimmst deine Bildung selbst in die Hand, anstatt anderen die Verantwortung für deine Aufklärung zu geben. Andere Menschen haben nicht die endlose Energie, dir jedes Detail ihrer Diskriminierungserfahrungen zu schildern. Es kostet Kraft und Geduld, einer Person zu verklickern, warum etwas wehtut, warum etwas ungerecht ist. Podcasts hingegen sind kostenlos, und auch die Google-Suchleiste ist allzeit bereit für dich. Und dann ist da noch die wunderbare Welt der Bücher und Büchereien.

Einige tolle Menschen haben sogar mit Mut und Wahrhaftigkeit ihre Erfahrungen aufgeschrieben. Hier mal eine Auswahl davon:

Aus eines Mannes Mädchenjahren von Karl M. Baer

Daheim unterwegs: Ein deutsches Leben von Ika Hügel-Marshall

Das Archiv der Träume von Carmen Maria Machado, übersetzt von Anna Nina-Kroll

Eine Frau ist eine Frau ist eine Frau von Phenix Kühnert

Ich bin Linus von Linus Giese

Ich, ein Kind der kleinen Mehrheit von Gianni Jovanovic & Oyindaloma Alashe

Mehr als binär von Alok Vaid-Menon, übersetzt von Linus Giese, illustriert von Julius Thesing

Mein Weg von einer weißen Frau zu einem Mann mit Migrationshintergrund von Jayrome C. Robinet

Und Gad ging zu David, Gad Beck

Am Ende heißt Ally-Sein nicht, dass du fehlerfrei und aufopfernd bist. Du bist ein Mensch mit eigenen Sorgen und Wünschen und einem Leben, das nicht immer rundläuft. Doch du erkennst, dass Ungerechtigkeit herrscht, und du willst nicht untätig zusehen. Du willst, dass sich die Welt verändert, und bist bereit, ein Teil dieser Veränderung zu sein.

Was zählt, ist deine Solidarität.

Damit ist noch lange nicht alles gesagt und erst recht nicht getan. »Alles« wäre ein endloses Projekt, das dieses Buch zu einem tonnenschweren und unbezahlbaren Türstopper machen würde. Die Rückenschmerzen ersparen wir dir, aber ein paar Fragen und Gedanken wollen wir dir an dieser Stelle noch mitgeben.

WAS HAT QUEERNESS MIT KAPITALISMUS ZU TUN?

Sobald es am 1. Juni Mitternacht schlägt, vollzieht sich weltweit ein faszinierendes Phänomen. Zebrastreifen werden plötzlich bunt, Schaufenster schreien uns »LOVE IS LOVE« entgegen, und Logos von Alkoholherstellern bis hin zu Zugunternehmen hissen die Regenbogenflagge. Wie aus dem Nichts erstrahlt die Welt in den buntesten Farben. Es ist Pride Month.

Aber bunte Zebrastreifen ändern nichts daran, dass inter* Kinder weiterhin gegen ihren Willen operiert werden. Kein »LOVE IS LOVE«-Schaufenster beendet die Diskriminierung von queeren Eltern. Kein regenbogenfarbener Zug stoppt die Abschiebung von queeren Geflüchteten in ein Land, das ihren Tod will.

Firmen haben irgendwann entdeckt, dass sie mit queeren Menschen Profit machen können. Geld ist sexyer als Menschenrechte, daher ist es kein Wunder, dass die Priorität von Firmen eine prima Marketingkampagne ist, während die gerechte Behandlung queerer Mitarbeitender höchstens eine Nebensache ist.

Der Trick funktioniert gut, dafür bin ich das beste Beispiel. Oft genug habe ich Socken mit süßen Regenbogenstreifen oder T-Shirts mit Pride-Prints gekauft, ohne darüber nachzudenken, dass der Firmenbesitzer sein Geld schwulenfeindlichen Politiker*innen in die Tasche steckt. Oft genug klicke ich den Kauf-Button auf Amazon, obwohl ich bestens weiß, dass die Firma ihre Arbeiter*innen schlecht behandelt und queere Menschen diskriminiert – mehr Infos dazu findest du in einem Artikel von *In These Times*, hinten im Quellenverzeichnis vermerkt.

Würde meine Arbeit als Autor nach beglichenen Rechnungen und meinem (zugegeben selbstverschuldeten) Bücherkaufverhalten noch ausreichend Geld für ein Auto hergeben, hätte ich wohl auch schon längst eines – ganz ohne Gedanken darüber, ob der Hersteller auch Waffen produziert und in Länder liefert, wo queere Menschen damit bedroht werden.

Queerfeindlichkeit ist nur ein Grund von vielen, meine Kohle nicht an solche Firmen zu verprassen, schließlich gibt es auch noch den Klimawandel, Hungerlöhne, Kinderarbeit und andere Gräuel zu bedenken.

Wenn Modeketten, Smoothiehersteller und Filmstudios mit Diversität werben, ist das immer mit Vorsicht zu betrachten. Meist ist das nichts als eine ausgeklügelte leere Geste, um das Image aufzupolieren und dich im gleichen Zug um ein paar Scheinchen zu erleichtern. Nur wenige Firmen arbeiten wahrhaftig darauf hin, die Umstände für queere Menschen zu verbessern. Schließlich ist der Kampf gegen Ungerechtigkeit harte Arbeit, harte Arbeit ist viel Geld, und viel Geld ist etwas, das Firmen nicht für einen netten Zweck ausgeben, sondern in Massen anhäufen wollen.

Viele Queers haben die Nase voll von dieser Geldmacherei, vor allem auf den großen Pride-Paraden, und das mit gutem Recht. Dabei ist es nicht nur die Scheinheiligkeit geldgieriger Firmen, die nervt, sondern auch der Versuch einiger fragwürdigen Gruppierungen, sich als menschenfreundlich darzustellen, wenn sie menschenunwürdig handeln. Daher sind alternative Pride-Events abseits des CSDs entstanden, wo Banken oder staatliche Einrichtungen wie die Polizei unerwünscht sind.

Wie du merkst, ist es unmöglich, dass dein Geld nicht in Taschen fließt, aus denen Unrecht angestellt wird.

Deswegen will ich dir auch keine Schuld einreden.

Aber je bewusster uns wird, was mit unserem Geld passiert und wer versucht, von scheinheiliger Solidarität zu profitieren, desto einfacher wird es, diese Firmen zu vermeiden und stattdessen großartige queere Zwecke zu unterstützen. Nichts macht mir mehr Freude, als Geld für eine queere Autorin oder einen queeren Künstler auszugeben. Es ist ein kleiner Moment, in dem wir uns gegenseitig zelebrieren und beide etwas dazugewinnen (zumindest rechtfertige ich so meinen überenthusiastischen Kaufkonsum).

Denk dran: Augen auf beim Pride-Kapitalismus!

Hier eine Auswahl queerer Buchläden, wo deine Scheinchen helfen, queere Kultur und Literatur am Leben zu erhalten:

Artemis Books – Aachen

Buchhandlung im Schanzenviertel – Hamburg

Eisenherz Buchladen – Berlin

Erlkönig – Stuttgart

Löwenherz – Wien

Paranoia City – Zürich

QueerBooks – Bern

SheSaid – Berlin

Transfabel – online

WAS IST REPRÄSENTATION, UND
WIESO IST SIE WICHTIG?

Queerbaiting ist ein Symptom des Regenbogenkapitalismus und funktioniert etwa so: Ein großes Filmstudio, berühmt für seine balladenschmetternden Prinzessinnen, wirbt mit der »ersten queeren Figur« in seinem neuesten Animationsfilm, damit den angelockten Queers das Popcorn aus dem Mund fällt, wenn sie feststellen, dass diese revolutionäre Figur nichts als ein tanzender Pfau mit bunten Federn ist, der im gesamten Film genau zwei Komma fünf Sekunden Screentime bekommt. Das Studio klopft sich für diesen solidarischen Akt auf die Schulter und freut sich, den Queers einen Batzen überteuerter Kinotickets vertickt zu haben. Das ist, als würde mich jemand auf ein Maultaschen-Date einladen und mir Knödel servieren – blockiert und gemeldet, ernsthaft. Es ist eine Tradition der Filmwelt, queere Repräsentation anzudeuten, ohne sie durchzuziehen, damit das cishet Publikum nicht mit lesbischen Küssen oder trans Figuren vergrault wird, der Film aber trotzdem Lobpreisung absahnt und selbstverständlich Profit einfährt. Mittlerweile hagelt es für derartige Scheinheiligkeit stattdessen Kritik – zu Recht.

Was jedoch gar nicht geht, ist, Einzelpersonen zu unterstellen, sie würden Queerness faken, um Ruhm oder Kohle einzuheimsen.

Menschen können nicht queerbaiten. Unternehmen schon.

Beispielsweise wurde dem Schauspieler Kit Connor Queerbaiting vorgeworfen, weil er es wagte, eine Frau zu daten, obwohl er in der Serie *Heartstopper* einen bisexuellen Schüler spielt. Der Aufschrei war so groß, dass Connor sich gezwungen sah, seine Bisexualität öffentlich zu machen. Das ist nicht nur Bi-Feindlichkeit auf höchstem Niveau, es ist ein brutaler Angriff auf seine Privatsphäre, Sicherheit und Gesundheit.

Zwar habe ich bisher keine Chance ausgelassen, diese Botschaft zu verdeutlichen, aber ich kann es nicht oft genug sagen:

Du schuldest niemandem eine Erklärung deiner Sexualität und deines Genders.

Du musst kein Zeugnis über deine Queerness ablegen, keine Beweise vorbringen oder dich überhaupt definieren. Das gilt für dich, dein direktes Umfeld und Personen des öffentlichen Lebens, die dir (leider) niemals über den Weg laufen werden.

Wieso aber löst (vermeintlich) vorgetäuschte Queerness so eine stürmische Reaktion aus? Was kümmert es uns, ob die inter* Figur von einer inter* Person gespielt wird oder der Roman mit der aromantischen Hauptfigur von einer aro Person geschrieben wurde? Es ist eine Mischung aus Repräsentationsmangel und Misrepräsentation – zwei komplizierte Worte, deren Bedeutung du wahrscheinlich instinktiv kennst –, die uns sehr empfindlich macht, wenn es um Queersein geht. Erstens wachsen viele von uns mit dem Gedanken auf, dass sie allein oder anders sind, weil queere Erfahrungen in den Medien und der Gesellschaft nur wenig verbreitet sind – es gibt noch immer nur eine kleine Auswahl an Musik, Videogames und Kunst, in der wir uns wiederfinden können. Zweitens ist die Darstellung queerer Menschen in den Medien und der Gesellschaft klischeebeladen und schädlich, denn wir werden weiterhin als Stereotypen, als reine Nebenfiguren, als psychisch krank oder sogar gefährlich dargestellt. Selbst dort, wo endoallocishet Menschen queere Geschichten mit guten Vorsätzen aufzeichnen, unterlaufen Fehler, die uns schlecht dastehen lassen. In der Dokumentation *Disclosure* wird beschrieben, dass cis Männer, die in die Rollen von trans Frauen schlüpfen – zum Beispiel Eddie Redmayne als Lili Elbe in *The Danish Girl* –, die gefährliche Idee weiterverbreiten, dass trans Frauen eben doch nur Männer in

Frauenkleidung seien. Zumal es toll wäre, wenn auch trans Schauspieler*innen große Rollen bekämen, anstatt immer nur auf Sexarbeiter*innen und Mordopfer reduziert zu werden, wie in vielen
Filmen und Serien. Die Welt ist schon so voll mit Vorurteilen über
uns, dass wir nicht noch mehr davon brauchen. Ich persönlich will
kein Buch mehr lesen, in dem schwule Männer seitenlang gequält
und am Ende abgemurkst werden, damit sich Leser*innen die Augen ausheulen und freuen können, dass ihr Leben nicht halb so
miserabel ist. Ich muss auch keine Serie mehr sehen, in der sich
ein homofeindlicher Schulhoftyrann in sein Opfer verliebt und
mit ihm zusammenkommt.

**Gleichzeitig werde ich auch keinem Menschen vorschreiben,
was er lesen oder schreiben darf. Dieses Urteil steht mir nicht
zu, aber was ich selbst konsumiere und kreiere, entscheide am
Ende allein ich.**

Ein weiterer Punkt, der ausbleibende oder schädliche Repräsentation so enttäuschend macht, ist die wirtschaftliche **Chancenun-
gleichheit**, weil queere Menschen aufgrund von Diskriminierung
in Alltag und Beruf den Kürzeren ziehen. Queere Menschen, die
Games konzipieren und Drehbücher schreiben und somit queere
Repräsentation erschaffen, von der wir alle etwas haben, sind
queere Menschen, die bezahlt werden. In der Literatur nennt sich
so etwas **Own Voice**, also eine marginalisierte Stimme, die über
Erfahrungen schreibt, welche sie selbst macht. Manche finden den
Begriff hilfreich, andere finden ihn einschränkend – ob er sich fest
etabliert oder weiterentwickelt, werden wir noch herausfinden,
wie das mit Sprache eben so ist. Fest steht, dass gelebte Erfahrung
hilfreich ist, wenn wir bestimmte Themen durch Kunst ausdrücken wollen.

Positive Repräsentation zeigt queere Menschen in ihrer ganzen Komplexität. Das sind Bücher, Serien, Kunst und Comedy, in denen Queerness sich entfalten kann, ohne sich beschränken zu müssen. Darin wird mit Klischees gespielt, und sie werden gesprengt; Queerness steht im Fokus, wird nebensächlich oder bleibt undefiniert, Figuren dürfen widersprüchlich oder unsympathisch sein, und vor allem wird sie von queeren Menschen geschaffen. Positive Repräsentation ist bestärkend. Sie zeigt uns unser volles Potential, hilft uns dabei, unsere Stimme zu finden, oder unterhält uns einfach nur richtig toll.

Positive Repräsentation bedeutet viel und vielfältige Repräsentation, denn unsere Erfahrungen sind zahlreich und können nicht von wenigen Beispielen widergespiegelt werden.

Wie du merkst, ist es wichtig, dass queere Menschen ihre Geschichten erzählen, anstatt sie von alloendocishet Menschen erzählen zu lassen. Gleichzeitig steht es uns nicht zu, die Identität anderer infrage zu stellen, zu prüfen, für wahrhaftig oder mangelhaft zu befinden – und da haben wir den Salat. Denn wie stellen wir sicher, dass queere Geschichtenerzähler*innen und Repräsentant*innen gehört werden und obendrauf die Anerkennung und angemessene Bezahlung für ihre Arbeit erhalten, während wir verhindern wollen, dass Queerness für Profit und Prestige ausgenutzt wird? Die Antwort ist: gar nicht, denn Queerness darf nicht überwacht und eingeschränkt werden. **Die beste Lösung ist deine bewusste Unterstützung von queeren Stimmen, denn es gibt keine bessere Methode, um sicherzustellen, dass queere Kunstschaffende (aber auch Aktivist*innen & Co.) gehört werden, als sie zu bezahlen, sie auszuzeichnen, sie weiterzuempfehlen und ihnen zuzuhören.**

Kommen wir nun zu einem ganz besonderen Schlag Künstler*innen, die nicht nur unsere ungeteilte Aufmerksamkeit, sondern auch einen besonders tiefen Griff in die Geldbörse verdienen. Die Investition lohnt sich, denn kaum jemand weiß Queerness und Identität besser in Szene zu setzen als waschechte Drag Artists.

DRAG

Eine queere Kunst- und Protestform, die am stärksten von ihren Outfits und von Make-up lebt und so queere Präsentation in den Fokus rückt, ist Drag.

Drag dramatisiert und kritisiert Genderrollen und zelebriert queere Identität.

Dabei setzt ein*e Performer*in Kleidung und Make-up ein, um eine überdramatisierte Gender-Illusion zu erschaffen.

Drag Kings performen Männlichkeit; typisch mit aufgemalten oder angeklebten Bärten, tiefen Stimmen und einem unübersehbar ausgestopften Schritt.

Drag Queens performen Weiblichkeit, typisch mit turmhohen Perücken, hohen Stimmen und einem Paar künstlicher oder realer Brüste, selbstverständlich ins allerbeste Licht gerückt.

Dabei verwischen Drag Artists die Grenzen zwischen den Geschlechtern, indem sie mit Femininität und Maskulinität spielen und Genderrollen neu interpretieren. Drag ist für alle da, und man muss kein bestimmtes Gender haben, um ein Drag King, eine Drag Queen oder ein genderrebellischer Drag Artist zu sein.

Drag gebührt Respekt. Drag Artists sind seit Jahrzehnten Aktivist*innen für queere Menschenrechte an vorderster Front und erleben seither Ausgrenzung und Gewalt, nicht nur von der

Allgemeinheit, sondern auch innerhalb der queeren Community. Mittlerweile sind vereinzelte Drag Artists, darunter RuPaul und Pablo Vittar, zu Weltstars aufgestiegen; sie füllen Konzerthallen, stolzieren über Laufstege und verkaufen Make-up, Alben und Bücher. Aber erst seit Kurzem erfreuen sie sich der Beliebtheit eines Massenpublikums. Andere Formen von Drag, wie beispielsweise Drag Kings, erfahren bei weitem nicht die gleiche Aufmerksamkeit wie Drag Queens.

Drag ist ein essentieller Teil queerer Kultur, aber nicht jede Person in Drag ist queer. Manche sehen den Ursprung von Drag zu Shakespeares Zeiten, als es Frauen verboten war, auf Bühnen aufzutreten, und daher Männer regelmäßig in Frauenrollen schlüpften. Diese Tradition ist sogar so alt, dass sie auf die Antike zurückgeht. Fest steht, dass Männer sich schon seit Jahrtausenden in Frauenkleider stecken und vor Publikum auftreten. Auch heute gibt es cishet Männer, die sich in Schale werfen und über unseren Bildschirm huschen, zum Beispiel in *Manche mögen's heiß* (1959) mit Marilyn Monroe oder die RTL-Show *Viva la Diva*.

Drag-Kultur, wie wir sie heute kennen, entwickelte sich in den USA. Schon in den 1860ern schmissen schwarze Männer und Frauen in Harlem, New York, den »Hamilton Lodge Ball« oder auch »Faggots Ball«, wo sie in Drag die Nächte durchtanzten. Drag wurde zu einem festen Teil der New Yorker Ballroom-Szene und bald entstanden Schönheitswettkämpfe für Drag-Performer.

> **»Fag«** beziehungsweise **»Faggot«** ist ein heftiges englisches Schimpfwort gegen männerliebende Männer, das niemals verwendet werden sollte – außer es wird von männerliebenden Männern als positive Selbstbezeichnung benutzt.

Ähnlich rauschende Bälle wie in den USA fanden in den Goldenen Zwanzigern auch in Berlin statt. Auf beiden Seiten des Ozeans richtete die Polizei ein festes Auge auf diese Vorgänge, denn wer sich gegen Konventionen auflehnte, war ihr ein Dorn im Auge.

Drag ist in seinem Kern ein Protest gegen Fremdbestimmung und Diskriminierung.

Drag ist kein Synonym für Transidentität. Es kann völlig unabhängig von der eigenen Genderidentität performt werden, aber so manche Person hat durch das Spiel mit Kleidung, Make-up und Genderperformance festgestellt, dass sie nicht cis ist. Drag hat eben eine magische, befreiende Wirkung.

Der Diskurs um Drag ist groß und nicht kritiklos. Konservative Politiker*innen werfen Drag vor, pervers zu sein und Kinder zu sexualisieren. Dabei leisten Drag-Artists wichtige Aufklärungsarbeit und wollen gute Unterhaltung bieten. Daneben hagelt es feministische Kritik, die Drag Queens vorwirft, Frauen in geschmacklose Witzfiguren zu verwandeln. Leider gibt es Menschen, die Drag ausnutzen, um Frauen durch den Dreck zu ziehen, aber in erster Linie ist Drag selbst eine Kritikform an Geschlechterrollen, und es gibt viele Frauen, die als Drag Queens, Kings und Artists auftreten.

Zuletzt wird Drag mit jeder neuen Staffel des weltweiten Reality-TV-Hits *RuPaul's Drag Race* und jeder Beauty-Kampagne eines Drag-Artists kommerzieller. Drag ist eine Geldmaschine geworden, und die Angst ist groß, dass die politische Message auf der Strecke bleibt. Dann wiederum stellt sich die Frage: Was ist so schlecht daran, wenn queere Künstler*innen endlich eine breite öffentliche Plattform bekommen?

Diese Debatte lässt sich noch ewig weiterspinnen, aber da darfst du dir gern deine eigene Meinung bilden. Das Wichtigste ist, dass der Kern von Drag – das Auflehnen gegen Gendernormen, queerfeindliche Gewalt und Rassismus – erhalten bleibt.

Queerness hat das Potential, aus dieser Welt einen sichereren Ort zu machen, in dem alle Gehör finden. Sie ist mein Kampfgeist; eine kleine Flamme, die mich antreibt und mir unerschöpfliche Hoffnung gibt. Ich glaube, dass in jeder queeren Person eine solche kleine Flamme brennt. Deswegen ist Verantwortung kein böses Wort. Es fordert viel von uns, aber es verbindet Menschen und schafft eine starke Community. Wenn Queers weltweit für Menschenrechte einstehen, können wir nicht ignoriert werden und erzeugen wahrhaftigen Wandel.

Ein Triumph für dich ist ein Triumph für mich ist ein Triumph für uns alle. Darin liegt das Glück, ein queerer Mensch zu sein.

QUEERES GLÜCK

Ein queerer Therapeut hat mir einmal gesagt, dass Queersein einer Schifffahrt gleicht. Mal sind die Wasser ruhig und sanft, mal sind sie stürmisch. Dann dockt das Schiff an, der Bug wird repariert, die Segel werden geflickt, und es legt mit frischem Schwung wieder ab. Natürlich hoffe ich, dass das Schiff auf seinem Weg keine Seeungeheuer trifft, aber früher oder später wird es das tun – und siegreich aus der Begegnung hervorgehen. Trotz Ungeheuern gibt es immer wieder atemberaubende Sonnenaufgänge und rauschende Partys an Deck. Du und ich sind noch für einen letzten Moment angedockt. Wir sind dabei, dein Lager wieder aufzufüllen, und setzen eben den letzten Schliff an deiner nächsten Route.

Sobald wir fertig sind, stichst du wieder in See, ohne mich, aber niemals allein.

Bevor du gehst, wollen wir uns auf etwas konzentrieren, das jeden queeren Menschen begleitet: Glück.

Es gibt viele Dinge, die ich binnen eines Wimpernschlags aus der Welt wünschen würde, sollte ich jemals eine der berüchtigten guten Feen zu fassen bekommen. Ganz oben auf der Liste stehen Mandelentzündungen, die mir schon die ein oder andere traumatische Erfahrung verschafft haben, dicht gefolgt von Klebestickern auf Büchern. Die Polkappen würden plötzlich nicht mehr schmelzen, metaphorische Schiffe würden nie von metaphorischen Seeungeheuern geplagt werden, und ganz unter uns – auch bei all dem Gerede von Selbstakzeptanz und Jugendwahn – gibt es da diese Sorgenfalte zwischen meinen Brauen, die für mein junges Alter bereits viel zu tief ist. Die Liste ist lang. Aber eine Sache ist nicht darauf zu finden.

Meine Queerness würde ich niemals davonwünschen.

Es gibt Erinnerungen, die ich lieber vergessen würde, und Charakterzüge, auf die ich nicht stolz bin, aber meine Queerness ist perfekt. Ich habe absolut nichts an ihr auszusetzen, und das ist eine absolute Seltenheit, denn ich bin eine dieser Personen, die immer etwas zu bemäkeln haben. (Und wer jetzt mein Sternzeichen wissen will, es ist wahr, ich bin eine perfektionistische Jungfrau.) Aber ich finde meine Queerness weder zu laut noch zu nervig. Ich werde ihrer niemals überdrüssig, verspüre keinen Verbesserungsdrang, gebe ihr zehn von zehn Punkten.

Sicher, das war nicht von Anfang an so. Sie und ich, wir waren nicht immer die dicksten Freund*innen. Es hat Zeit gebraucht, bis ich sie als Teil von mir akzeptiert hatte, noch mehr Zeit, bis ich mich traute, sie nicht zu verstecken, und ich glaube, es gibt noch viele Seiten an ihr, die ich nicht vollständig verstehe oder kenne.

Wir haben Zeit. Über die nächsten Jahrzehnte hinweg werden wir zusammenwachsen. Denn ich bin meine Queerness, und meine Queerness ist ich. Wir sind nicht voneinander zu trennen.

Es ist beruhigend, in dieser wilden Welt etwas zu haben, das beständig ist. Beziehungen beginnen und enden, Lebensmittelfirmen ändern die Rezeptur deines Lieblingssnacks, und selbst Landesgrenzen sind nicht in Stein gemeißelt. Aber deine Queerness wird dir nicht von der Seite weichen. Deine Queerness ist du, und du bist deine Queerness. Ihr seid nicht voneinander zu trennen. Selbst wenn sie eine alte Haut abstreift und eine neue Form annimmt, bleibt sie immer ein Teil von dir. Wenn dich dieser Gedanke jetzt noch einschüchtert, wird er sich irgendwann ganz vertraut anfühlen.

Das mit der Zeit ist so eine Sache. Ich spreche viel von ihr und behaupte, dass die Dinge besser werden. Das ist keine leere Floskel. Es ist ein Wunsch, den ich hege, es ist eine Erfahrung, die ich selbst gemacht habe, und es ist eine Überzeugung, an der ich festhalte. Ich möchte aber auch, dass du weißt, dass du nicht aufs Queersein warten musst. Du kannst das Wort »queer« jederzeit für dich beanspruchen. Wenn du willst, passt es dir schon jetzt. Dafür benötigst du keinen Test, keine Prüfung. **Es ist voll und ganz deins.** Queerness ist kein Ziel, das du irgendwann erreichst. Ganz im Gegenteil, es ist eine ziemlich treue Reisebegleitung.

Viele junge Queers können es kaum erwarten, endlich erwachsen zu sein. Das hat sicher viel damit zu tun, dass wir als Kinder und Jugendliche unsere Identität nicht immer ausleben können. Aber wenn du dich umschaust, geht das den meisten Teenagern (und auch vielen Erwachsenen) so, ob sie queer sind oder nicht. Bevor sich die Zwanzig in unser Alter schleicht, machen wir superviele einzigartige Erfahrungen. Das sind wertvolle Jahrzehnte, die nicht verschwendet werden sollten. Du musst nicht ausharren, bis du älter bist, um deine Queerness auszuleben. Warte nicht darauf, irgendwo anzukommen, sondern nimm jetzt mit, was du kannst.

Klar, ich muss nicht daran erinnert werden, dass Jugendliche (und Erwachsene), die hetero und cis, die endo und allo sind, sich nicht den gleichen Herausforderungen wie wir stellen und nur wenige oder keine dieser Anforderungen erfüllen müssen. Wir haben schon viel über diese Herausforderungen gesprochen und wissen, dass sie uns immer wieder begegnen werden. Gerade deswegen dürfen wir die schönen und friedvollen Dinge nicht vergessen.

Wenn du darüber nachdenkst, was dich als queeres Wesen glücklich macht, was fällt dir ein? Im ersten Moment bleibt dein Kopf vielleicht leer. Persönlich bin ich auch viel besser darin, all die Dinge aufzuzählen, die mich nerven. Das kommt wie aus der Pistole geschossen. Aber dann fällt mir das queere Kinoprogramm ein, das in meiner Stadt so groß ist, dass ich gar nicht dazu komme, alle Filme zu sehen. Noch dazu wird mir jedes Mal warm ums Herz, wenn ich durch die Straßen laufe und an einem fremden Balkon oder in einem Fenster eine Pride-Flagge wehen sehen.

Queeres Glück gibt's auch in Form dieser Zeitschriften und (Online-)Magazinen:

Daddy Magazine

Glitter

Hart Magazine

L-Mag

Literarische Diverse

Mannschaft Magazin

Out! Das Jugendmagazin von Lambda e.V.

Queer.de

Queer*Welten

Queerspiegel

Siegessäule

Veto Magazin

Was bedeutet für dich »queeres Glück«?

ANNA: Die authentischste Version, meiner selbst zu leben, mich nicht zu verstecken, sondern stolz darauf zu sein, wer ich bin, und offen zu lieben, wen und wie ich möchte.

CHANTAL-FLEUR: Ich selbst sein zu können und mit anderen zusammen einen Ort zu kreieren – räumlich, gedanklich, emotional oder spirituell –, an dem wir alle einfach nur wir selbst sein können. Hört sich klein an, ist aber für mich immer noch und immer wieder einfach riesig groß!

DOMINIK: *Nice to have.* Das ist etwas, was ich allen da draußen wünsche. Und besonders der Person, die das hier gerade liest.

EVELYNE: Bei dem Begriff kommt mir spontan das Gefühl in den Sinn, das ich jedes Mal verspüre, wenn ich bei uns in Zürich an der Pride-Parade mitlaufe. Nirgendwo sonst erlebe ich es, dass Menschen so radikal sie selbst sein können. Alle tragen, was sie wollen, lachen und tanzen und singen miteinander, und niemand wird von anderen verurteilt. Diese grenzenlose Freiheit und Selbstliebe – ich glaube, das ist etwas vom Schönsten, was man erleben kann!

GIALU: Für mich sind queere Personen eine starke Inspiration, denn letztendlich bedeutet beispielsweise trans sein in unserer Gesellschaft, dass ich als Person das mache, was mich glücklich macht, und dass ich das, was mich glücklich macht, über die Erwartungen der Gesellschaft stelle. Und wenn du eine Person siehst – beispielsweise eine trans Person –, die ihr eigenes Glück über das Gefallen der Gesellschaft stellt, dann hast du in diesem Moment zwei Optionen: Entweder ist das etwas, was du auch für dich willst, und du wirst davon inspiriert – oder du beginnst zu hassen und denkst, wenn du dich der Gesellschaft beugen musst, dann muss das diese andere Person auch. Für mich bedeutet, das eigene queere Glück über die Gesellschaft zu stellen, Widerstand und Freiheit.

LENI BOLT: Für mich bedeutet »queeres Glück«, dass ich meine queere Identität frei leben kann, ohne Angst vor Ausgrenzung und Diskriminierung haben zu müssen. Ich wohne seit über zwei Jahren in Spanien (in einem kleinen Dorf, hätte ich vor ein paar Jahren niemals gedacht), und ich muss sagen, dass ich mich hier so akzeptiert und sicher fühle. Leider gibt es immer noch viele Länder, in denen Menschen aufgrund ihrer Sexualität eingesperrt oder sogar zum Tode verurteilt werden. Ich wünsche mir Freiheit und Sicherheit für alle Menschen aus der LGBTQIA+-Community.

MARIUS: Meine Queerness nicht nur anzunehmen, sondern als Bereicherung zu betrachten, diese Facette von mir zu lieben und zu feiern, da sie mich als Mensch erst vollständig macht.

SOPHIE: Momente wie diese: Ich war Mitte zwanzig und brachte eine wunderschöne Frau nach unten zum Auto. Die Sonne schien. Wir waren zwei Tage nicht draußen gewesen, nur in meinem Bett, dabei kannten wir uns die Woche davor noch gar nicht. Es war schön, aber ich wusste, dass wir uns nie wiedersehen würden. Das war der Deal. Ich stand da auf der Straße und küsste sie zum Abschied. Und erst Stunden später dachte ich an all die Menschen, die an uns vorbeigelaufen waren und komisch geschaut hatten.

Da wurde mir bewusst, dass ich zum ersten Mal nicht darauf geachtet hatte, weil mich deren Meinung nicht mehr interessierte. Ein queerer Glücksmoment!

Am Anfang des Buches habe ich dir von der Wahrheit erzählt, dass Queersein wunderschön ist. Falls du nun am Ende unserer gemeinsamen Reise noch Zweifel hegen solltest, will ich mein kühnes Argument mit ein paar weiteren Punkten stärken:

Queersein verbindet. Meine Queerness beeinflusst die Beziehungen, die ich zu den Menschen in meinem Umfeld habe. Von den zwei netten Leuten, die mich so großzügig in die Welt gesetzt haben, bis zu Fremden, die sich einen Pride-Pin an die Jacke stecken oder Hand in Hand mit ihrem queeren Partner oder ihrer queeren Partnerin durch die Straßen spazieren. Queerness wirkt sich darauf aus, wie ich Menschen begegne und sie mir. Sie bringt dich mit den unterschiedlichsten Leuten zusammen. Ähnlich wie ein Familienname oder eine Nationalität formt sie eine Gemeinschaft, aber sie ist nicht an Blut, Grenzen oder gar an Sprache gebunden. Queerness ist eine geteilte Erfahrung. Es ist ein stilles Verständnis, das dir überall auf der Welt begegnen kann. **Ein queerer Mensch kommt selten allein. Wir finden immer einen Weg zueinander.**

Queersein bildet. Dabei spreche ich nicht von Dingen, die sich in Lehrbüchern finden, ironischerweise ist dort nämlich selten von queeren Dingen die Rede. Weil vieles in dieser Welt von cishet Menschen erschaffen wurde, ohne dabei queere Menschen zu berücksichtigen, ist Umdenken gefragt. Wir lernen dazu, wir lernen um, wir entdecken und kreieren neu. Wir haben Mentor*innen und Vorfahr*innen, die ihr Wissen mit uns teilen. Am Ende bin ich auch nur ein queeres Kind, das versucht, sich die Welt zu erklären. Zwar mache ich meine eigenen Erfahrungen, aber ganz allein könnte ich das nicht. Glücklicherweise erhalte ich viel Rat und Unterstützung und die Chance, all die Ratschläge an dich weiterzugeben. Wenn du möchtest, kannst du diese Person für andere queere Menschen sein.

Queersein befreit. Wer eine queere Brille trägt, stellt so einiges infrage, was die Gesellschaft als Tatsachen betrachtet. Angefangen bei Geschlechterrollen und Kleidung über Beziehungsformen und Sex bis hin zu Traditionen und Glaube. Dinge wie *Nagellack ist nur für Frauen, es gibt ausschließlich zwei Geschlechter* und *Sex ist die natürlichste Sache der Welt* verlieren schnell ihre Wirkung. Es gibt so viele Möglichkeiten, das eigene Leben so zu gestalten, dass rostige Konventionen keine Kontrolle mehr über uns haben. Konventionen sind keine Regeln, sondern höchstens Optionen, und wer über diese Grenzen hinauslugt, findet noch viele weitere Möglichkeiten. **Queersein gibt dir die Erlaubnis, dich auszuprobieren, zu experimentieren. Denn Queerness ist was? Fluide!**

Queersein inspiriert. Queere Kunstschaffende gehören zu den größten Ikonen der Welt: Ob Sappho oder Shakespeare, James Baldwin oder Marlene Dietrich, bis heute hält die Begeisterung an. Es gibt genügend zeitgenössische Künstler*innen, die uns mit ihrer Arbeit regelmäßig den Atem rauben und zu Tränen rühren. Ein einzigartiger Blick auf die Welt produziert die genialsten Alben, Bücher, Filme und Kunstwerke. Queere Menschen sind einfach zu Großem geboren, es gibt bei uns Talent im Überfluss.

Queersein perseveriert. Schwieriges Wort, aber heißt so viel wie: **überdauern, trotzen, bestehen.** Und das trifft es doch ganz gut. Wir haben schon großzügig über all die Herausforderungen geredet, die sich uns so stellen, deswegen müssen wir hier nicht noch mal ins Detail gehen. Aber denk mal drüber nach, dass du und ich trotz all dieser Herausforderungen weiterhin ein- und ausatmen. Wir leben, verbinden, bilden, befreien und inspirieren. Gestern, heute, morgen. 1A Alltagsbewältigung. Wir können sehr viel Kraft von dem Gedanken zehren, dass allein unser Dasein ein Zeichen von Stärke ist. Da haben queere Menschen schon für ihre Existenz Medaillen und Pokale im Übermaß verdient, find ich.

Queersein zelebriert. Als jemand, der nur selten davon abgeneigt ist, sich die Seele aus dem Leib zu feiern, bin ich Pride-Paraden und Partys voller Menschenmassen und dröhnender Musik nicht abgeneigt. Aber um die geht es mir hier gar nicht, oder zumindest nur bedingt. Queerness kann problemlos ohne Fanfare zelebriert werden, im Stillen, im Kleinen. Du kannst allein in deinem Zimmer sitzen und im Spiegel deine Wangen mit Konturenstift betonen, deine Lippen samtrot färben und im Glanz deiner Queerness baden. Du kannst mit deiner Freundin händchenhaltend durch Kunstgalerien bummeln. Du kannst mit deinem queerplatonischen Partner eingekuschelt auf dem Sofa Bücher lesen. Du kannst mit deiner Wahlfamilie brunchen. Alles kleine Dinge, die queere Menschen groß feiern.

Queeres Glück lässt sich überall finden. Zugegeben, manchmal muss man etwas suchen, aber erreichbar ist es immer. Wir haben ein ganzes Buch lang über queere Dinge gesprochen, und allein das ist ein Grund zur Freude. Wir haben uns mit Fragen rund um queeres Leben beschäftigt und sind mit etwas Glück am Ende dieses Buchs weniger verwirrt. Wenn du jetzt noch Zweifel und Fragen hast, möchte ich noch eine letzte Sache loswerden:

Du hast Queersein voll im Griff. Queersein ist wie Atmen. So simpel, dass du gar nicht drüber nachdenkst.

DANKSAGUNG

Das erste Dankeschön geht an dich. Fürs Leihen, Kaufen, Empfehlen und überhaupt fürs Lesen. Ich hoffe, es hat dich genauso sehr erfüllt wie mich das Schreiben dieses Buchs.

Das nächste Dankeschön geht an Team Meller, vor allem an Niclas, der dieses Buch möglich gemacht hat, und Hilke, die sich an meiner Stelle mit Zahlen rumschlägt.

Ein riesiges Dankeschön geht an Team LYX, allen voran Sonja, die mich bei jedem Schritt begleitet hat – das hier ist genauso dein Baby wie meines. Danke an Katharina und Steffi, an Cara, an Giuseppe und Maren, Andrea und Steffi, Sabrina, Jana und Carina, Jeannine und Sandra, Annett und Elke. Danke auch an Dobrovsky, meine tschechische Verlagsfamilie, für ihr Vertrauen.

Besonders dankbar bin ich für die Einsicht und Hilfe von #Out-InChurch, AktivistA, Intergeschlechtliche Menschen e. V., Keshet, rubicon, Marco vom LIB, Marius und Sophie.

Anna, Chantal-Fleur, Dominik, Evelyne, Gialu, Leni Bolt, und auch hier noch mal Marius und Sophie: Eure Stimmen sind unentbehrlich und wunderschön, hier auf diesen Seiten und außerhalb davon erst recht. Danke schön.

Ben, es gibt nicht genügend Dankeschöns auf der Welt. Du verdienst sie alle und noch viel mehr.

Danke an: Stella für die Beratung in Sachen Geschichte und Verhütung (ab in den Lebenslauf damit), für deine Geduld und deine Zeit. Laura für dein Feedback und deine Freundschaft. Karen, Annie und Matt für eure unglaubliche Großzügigkeit. Younes und Fabian, für die Gespräche über ... ihr wisst schon, worüber. Chloe und Sam für eure Ohren und euren Hund. Olive und Bryan für die Kuscheleinlagen. Jemima und Paula für Happy-Hour-Drinks und eure Schwesternschaft. Kathi für die zweite erste Vorbestellung. Maite für die Begeisterung. Jule für dein vorbildliches Verhalten, von dem ich mir eine Scheibe abschneiden darf. Brendan für die Schiff-Metapher – zu schade, dass du mit mir befreundet bist; einen guten Therapeuten kann man immer gebrauchen. Danke an Josia und unsere Buchclubfans, dass sie das *Pinke Sofa* möglich machen. Danke an die Bibliothekar*innen, Buchhändler*innen und Baristas, die mich mit Tee und einem stillen Arbeitsplatz versorgt haben. Danke an meine Familie – Mama, Nele, Papa –, die mich lieb hat, die ich lieb hab.

Ich könnte ein ganzes Buch mit Danksagungen füllen, und wenn man so will (und das will ich), habe ich das hier getan. Denn jeder genannten Person auf diesen Seiten – Autor*innen, Künstler*innen, Aktivist*innen, Wissenschaftler*innen, Filmemacher*innen u. v. m. – gehört mein größter Dank. Eure Arbeit ist ermutigend und unverzichtbar, für mich und für all die Menschen, die ihr dadurch berührt. Dieser Dank gilt auch den genannten Organisationen und Netzwerken, hinter deren Namen unzählige Menschen stehen, die so viele Leben bereichern.

Mein endloser, tiefer Dank geht an all die queeren Vorfahr*innen, die mir und queeren Menschen heute den Weg bereitet haben. Ohne den Mut all jener, die für Sichtbarkeit und Gerechtigkeit im Angesicht von Ignoranz und Hass kämpften, würde dieses Buch nicht existieren. Danke an Karl Heinrich Ullrichs, an Magnus Hirschfeld, an Emma Trosse, an Ika Hügel-Marshall, an all die bekannten und unbekannten Menschen, die Queerness lebten und liebten, sodass ich sie ebenfalls leben und lieben darf.

MITWIRKENDE

© Niklas Hundiger

ANNA RUHLAND

Anna (sie/ihr) ist sechsundzwanzig, lebt mit ihrem Mann und ihren Katzen in Stuttgart und ist bisexuell. Diese Findung war nicht immer einfach, aber hat ihr Leben positiv beeinflusst. Deswegen will sie ihre Erfahrungen weitergeben und klärt in ihren Podcasts »Wie Frau Liebt« und »Bi Your Side« über Bisexualität auf und zeigt die vielen wunderbaren Facetten.

Weitere Informationen unter:

Instagram: @wiefrauliebt

CHANTAL-FLEUR SANDJON

Chantal-Fleur Sandjon (sie/ihr) ist eine afrodeutsche, pansexuelle Autorin, Lektorin und Literaturaktivistin. »Die Sonne, so strahlend und Schwarz«, ein Schwarzer queerer Jugendroman in Versen, erschien 2022 im Thienemann-Verlag. Sie begleitet zahlreiche Projekte, die sich mit diversitätsgerechter Kinder- und Jugendliteratur

© Radesh Moodley

beschäftigen, u. a. das Kinderliteratur-Projekt DRIN des Goethe-Instituts Finnland.

Weitere Informationen unter:

Instagram: @cfsandjon

© Ron Reinert

DOMINIK DJIALEU

Dominik Djialeu (er/ihm) ist 1986 in Kassel geboren und in Göttingen aufgewachsen. Der Podcaster, Veranstalter und Schauspieler hat in Hamburg und Berlin Schauspiel studiert und lebt seit 2008 in Berlin. Dominik identifiziert sich als queer und afrodeutsch (deutsche und kamerunische Wurzeln). 2014 gründete er die inklusive Hip-Hop-Partyreihe BERRIES – eine Plattform für queere BIPoC und queere Künstler*innen im Rap. Seit 2019 ist er gemeinsam mit Co-Host Zuher Jazmati Gründer und Moderator von BBQ – Der Black Brown Queere Podcast und moderiert für Deutschlandfunk Kultur den mehrsprachigen Podcast Voice Versa.
Weitere Informationen unter:
Instagram: @tchuani_

EVELYNE ASCHWANDEN

»Ich will die Bücher schreiben, die ich als Teenie immer gebraucht hätte!« Mit diesem Vorsatz schreibt und veröffentlicht Evelyne Aschwanden (sie/ihr) seit 2017 Fantasyromane mit queeren und diversen Figuren im Mittelpunkt. Sie wünscht sich einen bunteren Buchmarkt, in dem sich alle Menschen repräsentiert sehen können. Wenn sie nicht

© Evelyne Aschwanden

gerade schreibt, ist sie auf ihrem Instagram-Account als Aktivistin für Asexualität und Aromantik unterwegs, um mehr Awareness und Verständnis für diese Themen zu schaffen.
Weitere Informationen unter:
Website: www.evelyneaschwanden.ch
Instagram: @evelyne_aschwanden

GIALU

Gialu (er/dey) hat nach seinem Abitur ein Semester in den USA studiert und 2021 erfolgreich deren Bachelor abgeschlossen. Seit 2022 arbeitet dey als Content Creator und Model.

Weitere Informationen unter:
Instagram: @gialu.mx

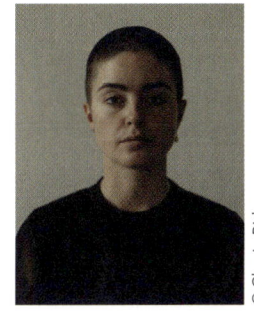
© Cherie Birkner

© Sophia Emmerich

LENI BOLT

Leni Bolt (sie/ihr) ist bekannt aus der Netflix-Serie »Queer Eye Germany«, in der fünf queere Persönlichkeiten das Leben der Kandidat*innen mit ihrem Fachwissen positiv umgestalten. In der Makeover-Serie ist Leni als Work-Life-Expertin für den Bereich mentale Gesundheit im (Arbeits-) Alltag zuständig. Die Neunundzwanzigjährige identifiziert sich als nicht binäre Person und ist ein Vorbild für viele Menschen in der LGBTQ+-Community.

Weitere Informationen unter:
Website: lenibolt.de
Instagram: @lenibolt

MARIUS SCHAEFERS

Marius Schaefers (er/ihm), 1995 geboren, ist Autor, Blogger und Sensitivity Reader. Er veröffentlichte seinen Debütroman mit achtzehn Jahren im Selbstverlag, gefolgt von weiteren Selfpublishing- und Verlagsveröffentlichungen. In seinen romantischen und fantastischen Geschichten schreibt er über die Suche nach dem Glück und den

© Ju Wohlgemuth

Mut dazu, man selbst zu sein. Auf Instagram teilt Marius als @derunbekannteheld regelmäßig spannende und bunte Lesetipps, außerdem spricht er offen über seine Transidentität und Queerness und setzt sich für mehr Diversität in der Unterhaltungsliteratur ein.
Weitere Informationen unter:
Website: marius-schaefers.de
Instagram: @derunbekannteheld

© Silja Fröhling

SOPHIE BICHON

Sophie Bichon (sie/ihr) wurde 1995 in Augsburg geboren. Dort studierte sie Germanistik und Kunstgeschichte, bevor sie sich ganz dem Schreiben widmete. Inzwischen lebt und arbeitet sie direkt auf dem bunten Hamburger Kiez, umgeben von Büchern und ihren geliebten Pflanzen. Sophie Bichon liebt lange Schreibnachmittage in Cafés, durchtanzte Nächte und Tage, an denen die Sonne scheint. In ihren Büchern schreibt sie nicht nur über die kleinen und großen Momente des Lebens, über Fehler und neue Chancen, sondern auch über die Liebe in all ihren wunderschönen Facetten. Weitere Informationen unter:
Instagram: @sophie.bichon

BERATUNGS- UND ANLAUFSTELLEN

Antidiskriminierungsstelle des Bundes
Verfügbar in leichter Sprache und Gebärdensprache
Telefon: 0800 5465465
E-Mail: beratung@ads.bund.de
Kontaktformular: antidiskriminierungsstelle.de

Courage*, Beratungsstelle Österreich
Telefon: +43 585 6966 (Mo.–Do., 9–15 Uhr)
E-Mail: info@courage-beratung.at
Vor Ort: Wien, Graz, Linz, Salzburg, Innsbruck, Klagenfurt

Du Bist Du, LGBT+ Peer-Beratung Schweiz
Online & vor Ort: du-bist-du.ch

Gewalt an Männern, Hilfetelefon
Telefon: 0800 1239900 (Mo.–Do., 8–20 Uhr & Fr., 8–15 Uhr)
Online-Beratung: maennerhilfetelefon.de
(Mo–Do, 12–13, 17–19 Uhr)
E-Mail: beratung@maennerhilfetelefon.de

Gewalt gegen Frauen, Hilfetelefon
In achtzehn Fremdsprachen und mit Möglichkeit der Gebärden-
sprachdolmetschung
Telefon: 0800 0116016 (durchgehend)
Online-Beratung: hilfetelefon.de (täglich 12–20 Uhr)
E-Mail: verschlüsselt, per Anmeldung online

Gewaltfrei Leben, Beratungsstelle für Lesben, Trans* und queere Menschen
Telefon: 069 43005233 (Di.–Do., 11–18 Uhr)
Krisentelefon: 0151 25049749 (Sa. & So., 18–20 Uhr)
E-Mail: beratung@broken-rainbow.de
Facebook: gewaltfreilebenfrankfurt
Vor Ort: Frankfurt

HateAid, gegen Hass im Netz und digitale Gewalt
Telefon: 030 25208838 (Mo. 10–13 Uhr, Di. 15-18 Uhr, Do. 16–19 Uhr)

In & Out Jugendberatung (Telefon, Chat & E-Mail)

Intergeschlechtliche Menschen e. V.
Telefon, SMS oder Messenger-Apps: 0160 95731572
E-Mail: beratung@im-ev.de
Vor Ort: bundesweit, einsehbar auf im-ev.de

Krisenchat (WhatsApp, SMS)
Telefon: 0157 35998143
Online: Krisenchat.de

Lambda Peersupport
Online: lambda-online.de
Instagram: @lambda.peersupport

LGBTIQ Helpline, Schweiz
Telefon: 0800 133 133 (Mo.–Fr., 19–21 Uhr)
Online-Beratung: lgbtiq-helpline.ch
E-Mail: hello@lgbtiq-helpline.ch (Antwort innerhalb 24 Std.)

MANEO, schwules Anti-Gewalt-Projekt
Telefon: 030 2163336 (täglich 17–19 Uhr)
E-Mail: maneo@maneo.de (Mo., Mi., Do., 10–12 Uhr)
Vor Ort: Berlin

Nummer gegen Kummer (Telefon, Chat & E-Mail)
Kinder- & Jugendtelefon: 116111 (Mo.–Sa., 14–20 Uhr)
Elterntelefon: 0800 1110550
Chatberatung: Mi. und Do., 14–18 Uhr
E-Mail: www.nummergegenkummer.de

Queer-Lexikon (Kummerkasten, E-Mail)
Kummerkasten: queer-lexikon.net/askbox/
E-Mail: hallo@queer-lexikon.net

rubicon, queere Beratungsstelle
Telefon: 022 119446
Online-Beratung: rubicon-koeln.de (Mo.–Do., 10–18 Uhr)
E-Mail: antigewalt-beratung@rubicon-koeln.de
Vor Ort: Köln mit Beratung in ganz NRW

Strong!, LGBTQI*-Fachstelle gegen Diskriminierung und
Gewalt in Bayern
Telefon: 089 856346427 (Mo., Mi., Fr., 10–12 Uhr)
Per Formular: strong-community.de
Vor Ort: München mit Beratung in ganz Bayern

**Verband der Beratungsstellen für Betroffene rechter,
rassistischer und antisemitischer Gewalt e.V.**
Telefon: 030 33859777
E-Mail: info@verband-brg.de
Vor Ort: in ganz Deutschland, einsehbar auf verband-brg.de

Weisser Ring, Hilfsorganisation für Kriminalitätsopfer
Telefon: 116 006 (täglich 7–22 Uhr)
Online-Beratung: weisser-ring.de
Vor Ort: Über vierhundert Außenstellen, per PLZ online einsehbar

DAS TEAM HINTER DEM BUCH

Lektorat:
Sonja Petraitis
Katharina Larue

Textredaktion:
Cara Rogaschewski

Presse & Veranstaltung:
Andrea Berlauer und Steffi Ebert

Marketing:
Sabrina Weber, Jana Winkel und Carina Bäcker

Cover & Umschlaggestaltung:
Jeannine Schmelzer

Layout:
Elke Günzel, two-up

Lizenzen:
Giuseppe Terrano und Maren Kodet

Herstellung:
Sandra Krings

Vertrieb:
Annett Brandt und das gesamte Vertriebsteam

Sensitivity Reader:

#OutInChurch

AktivistA – Verein zur Sichtbarmachung des
asexuellen Spektrums

Intergeschlechtliche Menschen e. V. Bundesverband

Keshet Deutschland e. V. – die jüdische LGBTQI*-
Community in Deutschland

Liberal-Islamischer Bund e. V.

Marius Schaefers

pro familia

rubicon e. V.

Sophie Bichon

QUELLEN

#OutinChurch https://outinchurch.de/ [31.01.2023]

AktivistA https://aktivista.net/ [27.12.2022]

Bundesministerium des Innern und für Heimat, Bundeskriminalamt (2022). *Politisch motivierte Kriminalität im Jahr 2021: Bundesweite Fallzahlen.* https://www.bmi.bund.de/SharedDocs/downloads/DE/veroeffentlichungen/nachrichten/2022/pmk2021-factsheets.pdf;jsessionid=1A36132E8E-6A84382B62448FBD83027E.2_cid373?__blob=publicationFile&v=2 [19.09.2022]

Bundesministerium für Familie, Senioren, Frauen und Jugend (2017). *Gutachten: Regelungs- und Reformbedarf für trans-geschlechtliche Menschen.* https://www.bmfsfj.de/resource/blob/114064/460f9e28e5456f6cf2eb-db73a966f0c4/imag-band-7-regelungs-und-reformbedarf-fuer-transge-schlechtliche-menschen-band-7-data.pdf [12.01.2023]

Deutsches Institut für Wirtschaftsforschung (2021). Geringere Chancen auf ein gesundes Leben für LGBTQI*-Menschen. https://www.diw.de/documents/publikationen/73/diw_01.c.810350.de/21-6-1.pdf [04.07.2022]

Erneut Ermittlungen gegen Frankfurter Polizisten wegen verfassungsfeindlicher Chats. (2022, 30. Juli). WELT. https://www.welt.de/vermischtes/article240205679/Hessen-Neue-Ermittlungen-wegen-Nazi-Chats-bei-Frankfurter-Polizei.html [29.12.2022]

European Union Agency for Fundamental Rights (2020). *A long way to go for LGBTI equality.* https://fra.europa.eu/sites/default/files/fra_uploads/fra-2020-lgbti-equality-1_en.pdf [13.12.2022]

Green, Amy E. et al. (2022). Association of Gender-Affirming Hormone Therapy With Depression, Thoughts of Suicide, and Attempted Suicide Among Transgender and Nonbinary Youth. *Journal of Adolescent Health*, Volume 70 (4), P643-649. https://www.jahonline.org/article/S1054-139X(21)00568-1/fulltext [04.08.2022]

Intergeschlechtliche Menschen e. V. Bundesverband https://im-ev.de/ [10.10.2022]

Irwig, S. Michael. (2022). Detransition Among Transgender and Gender-Diverse People – An Increasing and Increasingly Complex Phenomenon. *The Journal of Clinical Endocrinology & Metabolism*, Volume 107 (10), e4261–e4262.

Keshet Deutschland https://keshetdeutschland.de/de/ [26.12.2022]

Lazare, Sarah (2022, 14. April). The LGBTQ Rights Group That Helped Launder Amazon's Image. *In These Times*. https://inthesetimes.com/article/amazon-human-rights-campaign-lgbtq-workers-amazon-labor-union

Liberal-Islamischer Bund e. V. https://lib-ev.de/ [03.02.2023]

Müller, Roland. (2022, 8. Dezember). *Hakenkreuze in Chatgruppen: 70 Polizisten im Visier, Ausgangspunkt in Ulm*. Südwest Presse. https://www.swp.de/baden-wuerttemberg/ermittlungen-gegen-70-polizisten-in-bw_-haken-kreuze-und-hitlerbilder-in-chats-68047549.html [29.12.2022]

profamilia https://www.profamilia.de/ [17.10.2022]

Queer-Lexikon https://queer-lexikon.net/ [06.06.2022]

Rechtsextreme Chats bei SEK-Polizisten in Münster. (2022, 15. Juli). WELT. https://www.welt.de/regionales/nrw/article239937809/Muenster-Acht-Polizisten-wegen-rechtsextremer-Chats-suspendiert.html [29.12.2022]

Scottish Transgender Alliance (2010). *Out of sight, out of mind? Transgender People's Experiences of Domestic Abuse*. https://www.scottishtrans.org/wp-content/uploads/2013/03/trans_domestic_abuse.pdf [06.08.2022]

Statement on the Genocidal Nature of the Gender Critical Movement's Ideology and Practice. (2022, 29. November). Lemkin Institute for Genocide Prevention. https://www.lemkininstitute.com/statements-new-page/statement-on-the-genocidal-nature-of-the-gender-critical-movement%E2%80%99s-ideology-and-practice [29.12.2022]

The Trevor Project (2022). *2022 National Survey on LGBTQ Youth Mental Health*. https://www.thetrevorproject.org/survey-2022/ [06.08.2022]

U. S. Department of Justice, Truman, J. L. und Morgan, R. E. (2022). Violent *Victimization by Sexual Orientation and Gender Identity, 2017–2020*. https://bjs.ojp.gov/content/pub/pdf/vvsogi1720.pdf [06.08.2022]

Dieses Buch enthält potenziell triggernde Inhalte.

Diese sind:

Queerfeindlichkeit
(inklusive Homo-/Bi-/Trans-/Inter-/Ace- & Aro-Feindlichkeit)

Rassismus, Sexismus, Ableismus,
Antisemitismus und Islamfeindlichkeit

Körperliche, seelische und sexualisierte Gewalt
(in schädlichen und ungesunden Beziehungen)

Schlechte mentale Gesundheit, Mobbing,
Depressionen, Suizid

Auseinandersetzungen mit deutscher Geschichte

Schwangerschaftsabbruch

Geschlechtskrankheiten (STI) inklusive HIV & AIDS

Drogen